7일 만에 끝내는 스트레스 처방전

CONTENTS

PART 07 스트레스 처방 7일 차

내 하루의 시작과 끝은 어떤 모습인가

일상에서 기쁨 포착하기

책을 마치며

레드·옐로·
그린·블루 마인드,
나의 스트레스
기준선은?

스트레스가 없는 세상에서 살고 싶은가?

상상해 보라. 걱정이 없다. 불안이 없다. 압박감이 없다.

근사해 보이는가?

잠시 동안은 그럴지 모른다. 하지만 스트레스는 우리 삶의 경험에 너무 깊숙이 본질적으로 얽혀 있어서 스트레스를 삶 자체에서 떼어내는 것은 불가능하다. 때로는 스트레스에 대처하기가 녹록지 않겠지만 스트레스가 없다면 우리는 더욱 초라해질 것이다. 인간이 스트레스에 반응하는 데는 그만한 이유가 있다. 스트레스는 지금 이 순간과 앞으로 다가올 매 순간에 해야 할 일에 대해 몸과 마음을 준비시킨다. 진화론적으로 볼 때 우리 몸의 자연스러운 스트레스 반응이 선사시대 조상들의 목숨을 거듭해서 구했다. 그 덕분에 오늘날 우리가 이곳에 존재하며 지금도 우리는 스트레스를 통해 동기를 부여받는다. 에너지와 명확성을 얻는다. 도전에 맞설 수 있는 신체적, 정신적 자원을 얻는다. 나아가 (스트레스를 한 번 경험한 후에 빠르게 회복하는) 건강한 '절정과 회복 스트레스peak and recover stress' 반응은 실제로 몸에 긍정적인 영향을 끼친다. 인간은 스트레스를 처리하도록 절묘하게 설계되었다. 사실 우리에게는 스트레스가 필요하다.

용량과 빈도만 적절하다면 스트레스는 세포를 젊고 활기차게 유지하는 데 이롭다. 하지만 현대인은 대부분 스트레스 문제에 시달린다.

우리는 언제나 스트레스에 '켜짐' 상태다. 스트레스라는 바다에서 헤엄치고 있다. 아침에 눈을 뜨는 순간부터 밤에 눈을 감는 순간까지 요구사항, 마감일, 계획, 할 일 목록, 예상치 못한 크고 작은 위기, 까다로운 대화 등 스트레스 유발 요인의 홍수에 끊임없이 휩쓸린다.

우리 몸의 스트레스 반응을 촉발시키는 요인은 무척 다양하며 혈류를 타고 흐르는 강력한 스트레스 호르몬 혼합물을 활성화함으로써 심박수부터 소화, 지방 축적, 사고방식에 이르기까지 온갖 현상에 영향을 끼친다. 심지어 우리의 생각마저 스트레스를 유발하고 우리 몸은 그 스트레스에 반응한다. 사실 가장 흔한 형태의 스트레스는 우리의 생각이다.

그렇다면 어떻게 해야 할까?

스트레스를 없앨 수는 없다. 시도할 만한 가치가 있는 일이라면 모름지기 도전, 불편함, 위험 등 스트레스를 일으키는 요소가 곳곳에 도사리고 있다. 이는 우리가 바꿀 수 없는 것이다. 그렇지만 스트레스에 대한 반응은 바꿀 수 있다. 빠른 속도로 변화하는 예측 불가능한 이 세상에서 우리는 매우 다양한 방법으로 스트레스 반응을 바꿀 수 있다.

일례로 예상치 못한 것을 예상하는 법을 배울 수 있다.

예상치 못한 일은 항상 일어난다

동네 이웃인 브라이언 코프먼은 50대 중년이다. 브라이언과 아내 야나는 샌프란시스코의 조용하고 녹음이 우거진 한 동네에서 산다. 그들의 집은 우리 집 건너편에 있다. 브라이언은 장기 요양 시설에서 고령자들을 돌본다. 그는 자신의 일과 자신이 살고 있는 도시, 그리고 결혼생활을 즐긴다. 누군가 그에게 묻는다면 그는 "인생은 멋지다"라고 말할 것이다.

하지만 그의 삶이 항상 그렇게 안정적이고 만족스러웠던 것은 아니다. 브라이언은 러시아에서 자랐다. 스무 살이라는 젊은 나이에 결혼해 새신랑이 되자마자 사회생활을 시작했다. 간호사가 되는 것이 꿈이었으나 소련군에 징집되어 북극 기지로 파견되었다.

그는 망연자실했다. 학교와 커리어, 가족을 뒤로하고 영하 50도까지 내려가는 지방에서 2년간 훈련을 받아야 했다. 보호 장비를 제대로 갖추지 않으면 목숨을 잃을 수 있는 곳이었다. 그는 소중한 것을 모두 잃었다. 목숨마저 잃을지 몰랐다. 훈련을 견뎌내지 못하는 사람도 더러 있었는데 그가 훈련을 마친다면 아프가니스탄에 배치될 가능성이 높았다.

위험 부담이 컸다. 얻는 것은 전혀 없고 모든 것을 잃을 것 같았다. 그는 불안감이 이루 말할 수 없을 정도였다고 당시를 회상한다. 무슨 일이 일어날지 모르고 완전히 통제 불능이라고 느끼면서 그의 신경계는 늘 흥분 상태였다.

만성 스트레스는 몸에 유독한 스트레스다

짐작건대 북극의 툰드라 지역에 파병된 경험이 없는 사람이라
도 브라이언이 느끼는 스트레스가 낯설지 않을 것이다. 나는 스트레
스와 스트레스가 행복과 노화에 미치는 영향을 연구하는 사람이다.
스트레스를 면밀히 관찰하며 스트레스가 세포 구조, 특히 텔로미어
telomere(염색체 말단에 있는 염기서열로, DNA 복제 과정이 일어날 때마다 조금
씩 소모되며 DNA를 보호하는 것으로 알려져 있다 — 옮긴이)까지 변화시킬
수 있는지를 조사했다. 염색체의 말단에 있는 '캡'으로, 건강과 노화
의 중요한 생물학적 지표로 밝혀진 텔로미어는 각 세포 내부에 숨겨
진 미세한 '시계'라 할 수 있다. 내가 연구한 결과는 이렇다. 수년 동
안 지속되는 만성 스트레스는 몸에 유독한 영향을 미친다. 세포를
조기에 마모시킨다.

삶의 스트레스에 대처하는 데 이로운 조언이 많지만 완벽하지
는 않다. 스트레스 요인을 제거하라. 긴장을 풀기 위한 전략을 배워
라. 지당한 말이다! 첫걸음으로는 훌륭하다. 실제로 이 책에서도 스
트레스가 심한 상황을 줄이고 진정한 휴식을 취할 수 있는 효과적인
전략을 제시한다. 하지만 한 가지 중대한 단서가 붙는다.

첫째, 모든 스트레스 요인을 제거할 수는 없다. 어림없는 말이

다. 가장 즐겁고 성취감이 큰 삶의 단면들과 스트레스는 떼려야 뗄 수 없다. 육아부터 커리어 성장, 인생의 대망을 이루고자 노력하는 일에 이르기까지 모든 일이 심한 스트레스를 일으킨다. 신경 쓸 일이 많다 보니 스트레스를 많이 받는다. 신경을 끊을 수가 없고 그러기를 원치도 않는다.

둘째, 긴장을 풀기 위한 여러 전략은 결국 임시방편으로 끝난다. 장기적으로는 그다지 도움이 되지 않는 일회용 반창고다. 다음번에 스트레스 물결이 밀려올 때면 그것은 언제나처럼 압도적이다.

앞서 말했듯이 스트레스가 이로울 수 있다. 하지만 만성 스트레스는 전혀 이롭지 않다. 오로지 해로울 따름이다. 비만, 심장병, 당뇨병, 우울증, 치매 등에 걸릴 위험이 증가하는 등 만성 스트레스가 건강에 미치는 영향은 매우 다양하지만 그중에서도 그것이 세포에 침투한다는 사실에 주목해야 한다. 만성 스트레스는 코르티솔, 산화 스트레스, 염증이라는 3대 스트레스 요인의 혈중 농도를 높인다. 그리고 이것들이 세포 안에 내내 존재하면 염색체 말단에 있는 보호 캡인 텔로미어가 마모된다. 텔로미어가 짧아지는 속도가 점점 빨라진다. 이 사실이 왜 중요할까? 텔로미어가 치명적으로 짧아지면 세포에 에너지를 공급하고 세포를 건강하게 유지하는 세포의 배터리인 미토콘드리아가 손상되는 까닭이다. 안타깝게도 마모된 세포가 더 이상 건강한 상태를 유지할 수 없을 때 노화라는 돌이킬 수 없는 해로운 상태(일명 복제성 노화replicative senescence)에 접어든다.[1] 다행히도 세포가 이런 상태에 도달하기 전에 상황을 되돌릴 수 있다.

　　우리 몸의 여러 조직이 건강을 유지하려면 재생되어야 한다. 즉 새로운 세포를 만들어야 한다. 면역 세포, 심혈관 내벽 세포, 기억과 기분에 중요한 뇌의 영역인 해마 등 몸의 중요한 영역에서 재생이 일어나야 한다. 세포가 계속 분열할 수 있는 기간을 결정하는 것은 궁극적으로 텔로미어 길이다. 텔로미어가 길어지면 세포가 분열하고 스스로 복제하며 조직을 재생할 수 있는 횟수가 늘어난다. 텔로미어가 지나치게 짧아지면 이 과정이 더 이상 일어나지 않는다. 세포가 노화되어 재생이 중단된다. 세포가 죽거나 염증을 일으킨다. 수명이 다한 것이다.

　　혈액 세포의 텔로미어가 짧다면 이는 질병이나 사망으로 이어지는 단계에 접어들었다는 징후다. 그래서 우리는 이 문제를 심각하게 생각한다. 사람들은 이따금 내게 텔로미어 길이가 (나이를 반영하는 세포의 '기록' 같은) 노화의 지표인지 아니면 (노화를 일으키는) 노화의 메커니즘인지 묻는다. 정답은 지표이자 메커니즘이다. 유전적으로 텔로미어가 길면 심장병 같은 만성 노화 질환의 발병률이 낮을 가능성이 높으며 이는 텔로미어가 기계 작용과 같은 역할을 한다는 뜻이다. 만성 스트레스는 여러 경로로 조기 노화를 유발할 수 있는데 텔로미어가 이 메커니즘 가운데 하나다. 만성 스트레스 때문에 텔로미어가 마모되고 염증이 생기면 기능 장애 노화 세포를 생성하는 과정을 통해 조기 노화가 유발된다.

이는 스트레스 연구원인 내게 큰 걱정거리다. 너무 오랫동안 스트레스에 시달리다 보면 생물학적 노화의 속도가 빨라지고 질병이 이른 나이에 발생하기 때문이다. 연구에 따르면 평균적으로 우리의 스트레스 수준이 계속 높아지고 있다.

점점 높아지는 스트레스 수준

코로나19바이러스 팬데믹으로 말미암아 우울증과 불안감이 급증했으나 한 인구집단으로서 우리의 스트레스 수준은 이미 수년 전부터 증가 추세였다. 스트레스 연구원들은 사람들의 일상을 추적하면서 스트레스가 심한 사건과 그 후에 그들이 느낀 기분에 대해 질문했다. 그 결과 지난 20년 동안 스트레스가 심한 사건을 경험하는 빈도가 증가했으며 그로 인해 사람들이 스트레스를 더 많이 느끼는 것으로 나타났다.[2]

대체로 우리는 (소련군에 징집되는 것처럼) 스트레스가 심한 사건이 일어나야만 스트레스가 발생한다고 생각한다. 이는 극단적인 경우이며 이별이나 상실 같은 중대한 사건이 일어나면 확실히 몇 달 동안 스트레스 수준이 높아진다. 하지만 (출퇴근길 교통 체증 같은) 일상적인 상황 또한 스트레스 반응을 급증시킨다. 스트레스 연구원들은 흔히 스트레스를 유발하는 사건에 초점을 맞춘다. 그러나 어떤 식으로 머릿속에서 스트레스를 계속 붙들고 있는지 이해하기 위해서는 평상시에 우리가 얼마나 편안해하거나 경계하는지에 초점을 맞추는 편이 훨씬 더 효과적일 수 있다. 그러니 우리의 일상적인 상태, 즉 기본 스트레스 기준선에 대해 살펴보자.

스트레스 반응은 상당히 단순하다. 환경에서 오는 위협 신호를 감지할 때 우리 몸은 그 신호를 처리해 뇌에 비상 신호를 보낸다. 하지만 다가오는 위협이 눈에 띄게 명확하지 않을 때, 막연한 불확실성이 존재할 때 뇌는 어떻게 할까?

(고대 밀림이나 현대 도시를 막론하고) 세상은 언제나 불확실성과 위험으로 가득하다. 그래서 우리는 위험을 찾고, 경계를 늦추지 않으며 생존하도록 설계되어 있다. 이런 기본 모드에서 우리 뇌는 안전과 확실성의 신호를 찾으며 이 과정에서 뇌의 포도당 에너지가 고갈된다.[3] 이는 배터리 모드를 항상 높게 설정해 놓는 것과 같다. 불확실성은 우리 뇌에 계단식 효과를 일으켜 먼저 전방 피질과 편도체(공포 중추)에 신호를 보낸다. 그러면 편도체는 스트레스 반응 네트워크를 활성화한다. 이처럼 고도 배터리 모드에서는 만에 하나 무슨 일이 일어날 경우에 대비해 낮은 수준의 스트레스가 내내 온몸에 확산된다. 반면 안전하다고 느끼고 긴장을 풀 수 있는 확실한 상황이라면 '절전 모드'로 전환해 에너지를 절약할 수 있다. 하지만 안타깝게도 대부분의 경우 열성적으로 일하며 확실성을 추구하는 우리의 뇌는 '비절전 모드'로 돌아간다.

나의 스트레스 기준선 찾기

우리는 대부분 긴장을 풀거나 괴로운 생각과 감정을 회피함으로써 스트레스에 대처하고자 노력한다. 하지만 이런 식으로는 현대인의 치명적인 스트레스를 확실하게 해결할 수 없다. 이것만으로는 충분치 않다.

'긴장을 풀어' 기준선으로 돌아갈 수 있으나 우리 기준선의 전형적인 수준은 지나치게 높다. 기준선을 더 낮게 재설정할 수 있어야 한다. 그래야만 스트레스 반응에서 벗어났을 때 진정으로 회복하고 복구할 수 있다.

우리는 일반적으로 '휴식 상태'가 아니다. 휴식을 취할 때에도 푹 쉬지 못한다. 일반적인 휴식보다 더 바람직하고 더 보기 드문 상태가 있다. 바로 깊은 휴식이다. 깊은 휴식 상태에 도달하면 생물학적인 회복이 가능하다. 하지만 스트레스 기준선이 너무 높으면 사실상 이 상태에 도달할 수 없다.

안타깝게도 우리 스트레스 기준선은 대체로 지나치게 높은 수준에 '고정'되어 있어 깊은 휴식을 취하기가 어려운 것으로 나타났다. 알렉산드라 크로스웰 박사가 이끄는 캘리포니아대학교 샌프란시스코캠퍼스UCSF의 우리 연구진은 인간이 경험할 수 있는 '마인드 상태'의 범위를 도식화하고 스트레스 회복탄력성과 행복에 중요하지만 많은 사

마인드 상태에 따른
생리학적 스트레스와 회복 정도

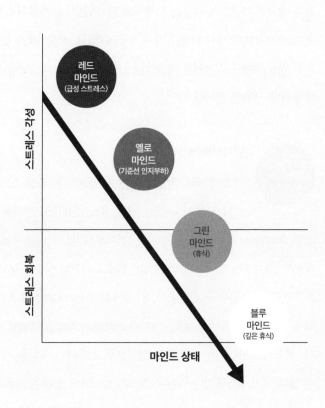

람이 놓치고 있는 '깊은 휴식' 상태가 있음을 확인했다.4 앞 장의 그래프를 왼쪽 상단부터 살펴보자.

급성 스트레스(레드 마인드)

스트레스가 심한 사건이 발생하면 우리에게 '적색경보'가 발령된다. 몸이 급성 스트레스 반응을 일으킨다. 간혹 생각이 파국으로 치닫는 사람도 있다. 이런 급성 스트레스 반응은 (금세 가라앉기만 한다면) 건강에 이로울 수 있다. 적색경보가 울리면 모든 일을 제쳐두고 에너지 생성에 우선순위를 둔다. 포도당을 듬뿍 방출한다. 내달릴 준비를 한다.

인지부하(옐로 마인드)

평소 우리의 각성 수준은 이 마인드다. 급성 스트레스보다 낮아서 우리는 이를 휴식 상태라고 생각하지만 실상 휴식과는 거리가 멀다. 우리의 '인지부하'(뇌가 제한된 기억 은행에 한꺼번에 저장하려는 정보의 양)는 일반적으로 여전히 상당히 높다. 옐로 마인드의 요점은 이것이다. 일을 끝마쳤거나 스트레스를 느낄 일이 눈앞에 없는데도 우리 몸은 여전히 스트레스 각성을 경험할 수 있다. 위협적이거나 아주 부정적인 생각으로 스트레스 요인을 자극할 수 있다. 스트레스를 받는다는 사실조차 인식하지 못하는 경우가 압도적으로 많다. 연구원들은 이런 높은 각성 상태가 무의식적인 불안감과 관련이 있다고 생각한다. 특히 외롭거나, 지위가 낮다고 여기거나, 차별받는다고 느끼거나, 혹은 아동기에 정신적 외상을 입어 환경이 안전하지 못할 것이라고 예상하는 사람이라면 더욱 그렇다.[5] 하지만 누구라도 미묘하고 무의식적인 불확실성 스트레스 때문에 만성적인 다중감각 과부하 상태로 치달을 수 있다. 전자기기를 통해 들어오는 부정적인 정보와 요구사항을 포함해 다양한 자극에 대처하지만 우리는 일반적으로 멀티태스킹에 익숙하지 않다. 대부분의 경우 우리의 기본 기준선(일반적으로 스트레스를 느끼는 정도)은 휴식보다 스트레스 각성도가 훨씬 높은 이 옐로 마인드에 자리한다.

휴식(그린 마인드)

그린
마인드
(휴식)

이는 여가 활동에 수동적으로 참여하거나 주의를 완전히 몰두해 즐거워하는 임무를 적극적으로 수행할 때 경험하는 기분 좋은 이완 상태로, 때때로 '몰입' 상태라고 일컫는다. 아울러 무언가를 하라는 요구를 받지 않는 상태다. 자연, 아름다움, 예술, 오락을 관찰하는 것과 같은 수용적인 상태에 가깝다. 어떤 상태든 간에 멀티태스킹이 아닌 모노태스킹(정해진 시간에 한 가지 일에만 집중해 처리하는 것 — 옮긴이)을 통해 편안함과 안전함을 공통적으로 느낀다. 이런 종류의 활동은 무엇보다 뇌간의 기저부에서 온몸으로 이동하는 것으로 알려진 미주신경을 활성화한다. 그러면 몸이 이완되는 데 도움이 되고 시간이 지나면 미주신경 긴장도가 증가해 스트레스에서 더 빨리 회복할 수 있다. 휴식이나 깊은 휴식 상태에서 보내는 시간이 많으면 신경계가 더 오랫동안 회복 모드에 머물도록 단련시킬 수 있다.

깊은 휴식(블루 마인드)

블루 마인드 (깊은 휴식)

이는 자극적인 상태에서 조용하고 안전한 상태로 환경을 변화시킴으로써 조성되는 깊은 회복 상태다. 대개 물리적으로 고립되어 있으며 주의 초점이 좁아지거나 아니면 마음껏 움직이는 상태를 의미한다. 몸의 심리적, 생리적 스트레스 각성 수준이 가장 낮은 상태인 블루 마인드는 심신 수련이나 명상처럼 긴장을 완전히 푸는 활동을 할 때 발생하며 일반적으로 오래 지속되지 않는다. 블루 마인드는 세포 재생을 비롯해 몸이 완전히 회복할 수 있는 상태다. 몸의 회복력이 가장 높은 단계인 깊은 수면 상태 또한 깊은 휴식을 취하는 시간이다.

요컨대 우리는 대부분의 삶을 레드 마인드와 옐로 마인드 상태로 보낸다. 블루 마인드는 고사하고 그린 마인드에도 접근하지 못한다. 우리의 임무는 기본 기준선을 진정한 휴식에 더 가깝게 내리는 일이다. 스트레스와 잘 지내려면 기본 기준선을 낮춰야 한다.

스트레스 회복탄력성 키우기

이제 우리는 스트레스 생물학과 노화 생물학이 직결된다는 사실을 안다. 만성 스트레스에 시달릴 때 우리 몸은 더 빠른 속도로 약화되며 만성적인 불확실성은 가장 보편적인 형태의 만성 스트레스다. 따라서 해독제가 필요하다. 불확실성에 대한 위협 반응을 '꺼야' 한다. 불확실성에 맞서 싸우거나 위협을 느끼기보다는 불확실성을 삶의 결정적인 조건으로 받아들이는 마인드셋으로 전환해야 한다.

러시아의 북극 군 기지에서 내 친구 브라이언은 전환점을 맞았다. 그는 자신이 처한 상황에 대한 불안과 스트레스가 대부분 자신의 통제권을 완전히 벗어나 있다는 사실을 깨달았다. 그곳에 있을지 말지를 스스로 선택할 수 없었다. 그냥 머물러야 했다. 언제 기상할지, 언제 밥을 먹을지, 시간을 어떻게 보낼지를 통제하지 못했다. 통제할 수 없는 힘에 휘둘리며 그의 삶이 대대적으로 개편되는 이 시기에 그는 관점을 전환했다. '나는 이 상황을 다르게 볼 수 있다.' 머릿속으로 현실과 싸우다 보면 기쁨을 느낄 수 있는 기회가 사라진다. 동료들은 극도의 불안을 느꼈지만 그는 선택의 여지가 없다는 사실에 오히려 선물이 담겨 있음을 깨달았다. 그러자 그때껏 그를 짓누르던 무게가 사라졌다.

그는 일상에 존재하는 소박한 위안에 집중하기 시작했다. 그러자 사소한 일들이 의미 있게 다가왔고 다른 사람들과 더 깊이 교감

하고 있다는 느낌이 들었다. 인근 도시에서 하루 휴가를 보낼 때 그는 먹거리를 선택하고, 새로운 사람들과 대화하고, 심지어 버스 요금을 지불할 수 있는 자유에 순수한 환희를 느꼈다. 편지를 쓸 때마다 내용이 공개되고 대개 검열을 받았기 때문에 그는 집에 편지 쓰기를 일찌감치 그만두었다. 하지만 이제는 어떻게든 검열을 피할 만한 긍정적인 내용을 담아 편지를 다시 쓰기로 마음먹었다. (극한의 상황에서도) 긍정적인 것을 찾기 시작하자 눈에 띄는 것이 생각보다 훨씬 더 많았다. 지금 그는 이때를 그의 삶에서 행복과 살아있다는 기쁨을 가장 많이 경험하고 감사했던 시기로 회상한다.

다행히 브라이언은 아프가니스탄에 파병되지 않았다. 2년간의 훈련이 끝난 후에 집으로 돌아갈 수 있었다. 하지만 그는 당시의 경험과 관점 전환이 어떻게 도움이 되었는지를 결코 잊지 않는다.

코로나19바이러스 팬데믹이 시작된 첫해에 브라이언의 아내 야나는 그들의 노인요양 사업(입주 노인들이 코로나에 감염되면 어쩌지?)과 그녀가 사랑하는 사람들(아들이 대학을 그만두면 어쩌지?)을 생각하며 사사건건 불안과 걱정에 시달렸다. 그녀의 분주한 마음은 잠재적인 참사를 찾아내는 전문가였다. 반면 브라이언은 불확실하고 통제권이 없는 상황에 익숙했다.

그는 공감할 수는 없지만 사랑이 담긴 미소를 지으며 아내에게 이렇게 묻곤 했다. "왜 콩 통조림과 화장지를 사재는 거야?"

브라이언은 불확실성이 삶을 좌지우지한다는 사실을 마음속

깊이 새기고 있다. 내가 통제할 수 없는 일이 많다는 사실을 안다. 하지만 그는 도전을 극복할 수 있다는 사실 또한 안다. 스트레스가 많고 불확실한 세상에서도 기쁨을 찾고 휴식을 취하는 방법을 안다. 혹독한 북극에서 젊은 병사로서 무탈하게 생활하고, 삶을 즐기고, 휴식과 평온의 순간을 찾을 수 있다면 그는 어디서든 그럴 수 있을 것이다. 물론 그는 로봇이 아니니 스트레스를 받는 사건도 있다. 하지만 그를 괴롭히는 것은 미래에 대한 불확실성이 아니다.

불교 수행자들은 (만물은 변하고 영원한 것은 없으며 우리네 삶도 예외가 아니라는) 무상함을 받아들이는 것이 핵심교리이며 이것이 불확실성이라는 도전을 받아들이는 데 도움이 된다는 사실을 안다. 달라이 라마 성하와 위기 대처법에 대해 면담할 기회가 있었을 때 나는 어떻게 하면 불확실성에 더 편안하게 대처할 수 있느냐고 질문했다. 그는 주저 없이 곧바로 이렇게 대답했다.

"불교 신앙의 관점으로 불확실성을 논하자면, 상황은 항상 변화하고 미래는 예측할 수 없습니다. 우리가 마주한 몇몇 문제는 자연적으로 발생하지만 기후 변화를 비롯해 현재 우리가 마주한 여러 문제는 우리가 자초한 겁니다." 이어서 그는 불확실성을 예상하고 우리의 심신을 단련해 침착하고 냉철하며 따뜻한 마음을 유지해야 할 필요성을 언급했다.[6]

그래서 우리가 가장 우선시해야 할 목표는 예상치 못한 상황을 예상하는 것이다. 유연하고 개방적이며 현재에 집중하는 태도로 스트레스에 대처하는 방법을 배울 것이다.

예상치 못한 일을 예상하면 일이 어긋나거나 그저 기대한 바와 다를 때 그래도 괜찮다는 정신적 변화가 일어난다. 이런 변화를 통해 삶의 모호성과 불확실성을 더 편안하게 견딜 수 있다. 예상치 못한 일을 예상하면 실제로 그런 일이 일어날 때 투쟁/도피 반응이 과장되거나 오래 지속되지 않는다. 심장이 쿵쾅거리지 않는다. 몸이 '위협'에 반응하며 긴장하지 않는다. 데이터에 따르면 불확실성을 받아들이고 이와 더불어 편안하게 존재할수록 상황이 힘들어질 때 만성 스트레스, 불안, 우울증, 외상 후 스트레스 장애 등이 발생할 가능성이 줄어든다. 이를테면 팬데믹이나 자연재해처럼 지속적이고 예측할 수 없는 스트레스 요인에 대한 회복탄력성이 커진다. 외상성 스트레스 요인으로부터 더 빨리 회복할 수 있다. 밖으로 더 많이 나가고 더 충만한 삶을 살 수 있다.

유전자부터 개인사, 현재 생활환경에 이르기까지 '스트레스 프로파일'이 결정되는 출발점은 제각기 다르다. 우리의 유전자와 과거가 우리를 결정한다. 그러나 한편으로 우리에게는 신경가소성이 있다. 신경가소성은 새로운 생각이나 행동을 계속 되풀이함으로써 신경 연결점을 형성하거나 재조직하는 뇌의 놀라운 능력이다. 우리는 경험을 조정하고 더욱 유연하며 평온한 방향으로 뇌의 반응을 결정할 수 있다. 몸과 마음을 단련해 스트레스 회복탄력성을 높일 수 있으며 이를 통해 우리가 이곳에 존재하는 동안 더 건강하게 살 수 있다.

이 책에서는 불확실성의 시대에 필요한 몇 가지 필수 도구들을 소개할 것이다. 우리가 통제할 수 없는 것이 너무나 많다. 하지만 삶이 던지는 변화구에 대한 우리의 반응은 상당 부분 통제할 수 있다. 비교적 단순한 몇 가지 새로운 습관을 통해 피할 수 없는 여러 스트레스를 긍정적인 방식으로 경험할 수 있도록 몸과 마음을 단련할 수 있다.

이 책 전반에서 배울 내용은 다음과 같다.

- 불확실성 끌어안기
- 통제할 수 없는 무게 내려놓기
- 스트레스 반응을 이용해 도전 극복하기
- 세포를 단련해 더 효과적으로 '스트레스 대사(代謝)하기'
- 자연에 몰입해 신경계 재조정하기
- 깊은 휴식 실천하기
- 바쁜 일정을 기쁨의 순간으로 가득 채우기

이 모든 것이 삶의 불확실성에 맞설 수 있는(파도 아래로 끌려들어 가지 않고 파도를 탈 수 있는) 자원과 회복탄력성을 제공할 것이다.

2020년 가을 캘리포니아 전역을 휩쓴 산불이 내가 사는 동네 근처까지 번졌다. 그때 필수용품을 담아 생존 배낭을 꾸렸던 기억이 난다. 생존 배낭은 운반하기 쉬울 뿐만 아니라 즉시 사용할 수 있는 유용하고 필수적인 물건만 챙겨 넣어 가볍고 휴대가 간편해야 했다. 그야말로 생존 배낭이었지만 지금 우리에게 필요한 것은 은유적인 의미의 생존 배낭이다. 이 배낭에는 삶에서 직면하는 불확실성과 스트레스를 처리할 수 있는 실질적인 도구가 담겨 있다. 이 책은 바로 그런 생존 배낭이 될 것이다.

이 책에서는 나와 스트레스와의 관계를 변화시키는 7일간의 계획을 제시한다. 매일 한 가지 새로운 기술을 익히도록 구성되어 있다. 이 인생 도구들이 내 곁에 머물며 나를 전진시킬 것이다. 이 수련에는 특별한 장비가 필요하지 않으며 최대 5~10분 정도 소요된다. 하루 만에 스트레스 수준이 달라질 수 있을까?

물론이다.

하루가 매우 큰 영향을 미칠 수 있다. 하루는 우리가 상당 부분 통제할 수 있는 시간 단위다. 우리는 하루를 중심으로 삶을 구성한다. 또한 하루는 우리의 걱정과 자기관리가 일어나는 시간이자, 행복을 결정하는 패턴과 루틴을 정립하는 시간이다. 사소한 변화만으로 삶을 경험하는 방식이 크게 변화할 수 있다.

스스로를 친절하게 대하고 융통성을 발휘하며 용서하는 마음으로 이 책과 각 수련에 접근하라. 일주일 동안 이 책을 읽을 여유가 없다면 애초에 시작하지 마라. 더 많은 스트레스를 일으키는 것은 우리가 원하는 바가 아니다. 한 장(章)을 하루나 일주일에 읽을 수 있다. 다음 단계로 넘어가기 전에 원한다면 며칠 동안 휴식을 취하고 수련을 반복할 수 있다. 자신에게 맞는 속도로 읽으면 된다. 바쁜 생활에 맞춰서 이 책을 활용할 방법을 모색해 스트레스가 아니라 기쁨을 더하는 것이 여러분의 임무다. 기본적으로 매일 한 가지 수련이라도 규칙적으로 실천한다면 일상에 큰 변화가 일어날 것이다. 그것이 바로 성공이다.

우리와 함께 시간을 보낸 후에 민첩하고 유연한 마인드셋, 자신의 스트레스 반응과 신경계에 대한 새로운 지식과 통찰, 그리고 이를 관리할 도구를 얻어 기쁨과 건강한 일생을 향유하기 바란다.

PART
1

DAY 1일 차

처방

일이란
어긋나기 마련이다

불필요한 걱정에서 벗어나는 법

연구에 차질이 생기고 있었다.

코로나19바이러스 팬데믹이 발생한 지 1년이 지난 무렵이었다. 어디에서 누구에게 어떤 상황이 펼쳐질지 전혀 점칠 수 없었다. 또다시 락다운이 시행될까? 새로운 변종이 확산될까? 학교에서 계획대로 등교를 재개할까? 우리 연구소의 상황도 불확실하기는 마찬가지였다. 실험 참가자와 연구소 직원들이 감염되어 격리에 들어갔다. 공급망이 붕괴되는 바람에 코로나 이전에는 수납 공간에 가득했던 중요한 비품들이 졸지에 부족해졌다.

도무지 믿기지가 않아서 한 연구조교에게 "피펫(주로 액체를 옮길 때 사용하는 가늘고 긴 실험 기구 - 옮긴이) 팁이 떨어졌다고요?"라고 물었던 기억이 난다. 이 단순한 플라스틱 조각이 없으면 가장 기본적인 몇몇 절차를 진행할 수 없을 터였다. 공급망 문제로 인해 전국의 연구소에서 피펫이 동이 났다.

우리가 진행하던 연구들이 특히 시급해진 느낌이었다. 우리는 국립보건원National Institutes of Health, NIH(미국 보건복지부의 공공보건국 산하기관 가운데 하나인 국립의학연구기관 - 옮긴이)의 보조금으로 팬데믹 우울증과 코로나19바이러스 백신을 시험하고 있었다. 백신의 효과가 우수하다는 증거가 나타나는 중이었고 이는 희망적인 소식이자 확실히 낙관할 만한 이유였다. 하지만 더 장기적으로는 어떨까? 항체가 얼마나 오랫동안 남아 있을까? 몸이 이 바이러스의 항체를 유지하는 과정에 이롭거나 해로운 요인들은 무엇일까? 다른 백신들을 통해 이미 알고 있듯이 수면 부족과 흡연, 그리고 심한 심리적 스트레스 같은 개인 습성이 백신 접종의 반응을 약화시킬 수 있다. 확실히 많은 사람이 팬데믹 스트레스 요인에 시달리고 있었고 이는 항체의 수가 줄어들 수 있다는 뜻이었다. 전 세계의 집단면역이 관건이 되는 상황에서 우리는 궁금했다. '일상적으로 기쁨을 느끼고 목적을 깨닫는 것과 같은 심리적 안녕이 스트레스로부터 우리를 지키고 면역 반응을 강화할 수 있을까?'

이와 같은 연구에서 우리는 사람들의 생활과 사고방식, 그리고 일상에서 그들이 경험하는 기쁨과 불안에 대해 더 많은 정보를 얻어야 한다. 오늘 일어난 일 중 스트레스를 가장 많이 받은 일은 무엇이었는가? 그 일을 얼마나 오랫동안 곱씹었는가? 교통 체증 같은 사소한 문제였는가? 아니면 배우자와 대판 싸운 일 같은 큰일이었는가? 이런 질문에 대한 답변에 생리학적 데이터를 합치면 개개인의 '스트레스 프로파일stress profile'(정신생리학에서 스트레스와 스트레스 반응의 특징을 대략적으로 묘사할 때 쓰는 용어 — 옮긴이)이라는 중요한 그림을 그릴 수 있다. 그리고 이는 예상과 스트레스의 상관관계를 이해하는 데 도움이 된다. 우리가 모든 사람에게 제시하는 질문 가운데 하나는 이것이다. '당신의 하루는 얼마나 예측 가능한가요?'

누구나 예측이 가능하기를 원한다. 인간은 예측가능성을 원하도록 설계되어 있다. 우리는 순간순간 내게 일어날 일을 예상하고 안정적인 지표를 중심으로 일일계획과 연간계획을 세울 수 있기를 간절히 바란다. 우리의 몸은 점심을 먹어야 할 시간에 점심을 먹고 싶어 한다. 우리가 차를 몰고 앞마당을 나설 때 우리의 뇌는 출근길이나 등굣길이 어제와 다름없기를(그리고 길이 막히지 않기를!) 원한다. 환경을 대부분 예측할 수 있을 때 우리는 더 안전하다고 느낀다. 스트레스를 일으키는 다른 일들이 예정된 상황이라 해도 얼마간 긴장을 풀 수 있다.

우리는 제각기 고유한 출발 기준선을 가지고 있는데 이는 우리가 평범한 하루를 보내는 동안 기준이 되는 스트레스 각성 수준을 뜻한다. 개개인의 출발 기준선은 저마다 다르다. 바짝 긴장하고 끊임없이 경계하며 예상치 못한 소음에 금세 깜짝 놀라는 사람이 있는가 하면 풍파를 일으키기 어려운 잔잔한 호수처럼 평온한 사람이 있다. 어디에서 시작하든 간에 스트레스 각성 기준선은 낮을수록 바람직하다. 그러면 스트레스가 심한 사건들이 최고조에 달할 때 견뎌낼 능력이 한층 커질 것이다. 반면에 우리의 기준선이 이미 높은데 일이 계획대로 진행되지 않는다면(예기치 못한 일이 느닷없이 닥친다면) 이미 높았던 그 기준선이 더 훌쩍 치솟는다. 단시간에.

나는 코로나19바이러스 연구를 위해 개인생활과 직장생활의 많은 부분을 뒤로 미루었다. 내 시간과 역량을 모조리 연구에 쏟아야 했다. 나는 이메일에 부재중 메시지(죄송합니다, 부재중입니다)를 올려 사람들을 당황스럽게 했고 강연 요청을 더 이상 받지 않았다. 연구 공동 책임자와 함께 24시간 내내 이 프로젝트를 진행하면서 연구조교들을 편성하고, 행정적인 안전 예방조치와 서류 작업이 완료되었는지 확인하고, 연구 프로토콜을 연수시키고, 갑자기 발생하는 모든 위기에 대응했다. 연구를 순조롭게 운영하고 NIH의 일정에 맞춰 진행하는 데 몰두한 나머지 뜻대로 되지 않는 모든 일이 공격처럼 느껴졌다. 그런데 상황은 줄곧 뜻대로 돌아가지 않았다.

우리가 참가자의 혈액을 채취하고 스트레스 반응을 측정할 일정을 정할 때면 간호사 한 명과 연구실 기술자 한 명 그리고 전체 연구진으로 편성된 팀 전원이 필요하다. 따라서 누군가 일정을 취소하면 큰 차질을 빚었다. 그런데 매일같이 취소하는 사람이 생겼다. 어떤 주에는 웨스트코스트에서 걷잡을 수 없이 번진 산불 때문에 우리 직원 몇 명이 집에서 대피한 상황이라 출근하지 못했다. 며칠 후 캘리포니아 산불에서 발생한 연기가 세상의 종말을 방불케 하는 붉은 벽돌색으로 샌프란시스코의 하늘을 물들였다. 대기 오염도 측정기는 최악의 등급인 짙은 보라색을 가리켰다. 설상가상으로 폭염까지 덮쳤다. 하지만 연기가 너무 심하다 보니 창문을 열어 더위를 식힐 수 없었다. 우리는 며칠 동안 연구소를 폐쇄하고 연구를 완전히 중단해야 했다.

다음에는 어떤 비상사태와 산불, 차질이 기다리고 있을지 노심초사하며 나도 모르게 긴장하고 있었다. 하지만 나는 스트레스 연구원이다. 거의 30년 동안 스트레스와 그것이 건강과 노화에 미치는 영향을 연구했다. 당시 내가 몸소 경험한 불확실성 스트레스가 세상에서 가장 해로운 형태의 만성 스트레스로 손꼽힌다는 사실을 안다. 스트레스가 눈에 보이지 않고 소리가 없으며 어디에나 존재하다 보니 몇 달이나 몇 년에 걸쳐 그것에 익숙해졌다는 사실을 우리는 알아차리지 못한다. 특히 불확실한 시기에는 스트레스 각성 기준선의 기정값이 더 높은 수준으로 올라가기 십상이다. 주의를 기울이지 않으면 휴식을 취하거나 심지어 잠을 자는 동안에도 이런 유형의 스트레스가 우리를 잠식할 수 있다.

스트레스의 적,
불확실성

인간의 뇌는 확실성을 선호한다. 확실성이 보장되면 신경계가 휴식을 취할 수 있다. 예측이 가능하고 안정적인 상황일 때 사고와 문제 해결, 창의적 활동에 이용할 수 있는 인지 능력이 증가한다. 어떤 일이 일어날지 계획하고, 질문하고, 걱정하고, 최악의 상황을 상상하는 데 정신적 자산을 소모하지 않는다.

그러나 최근 몇 년 동안 불확실성이 우리 삶을 결정짓는 환경이 되었고 그렇다 보니 우리 몸이 생물학적으로 타격을 입는다. 다음에 무슨 일이 일어날지가 물음표일 때 우리는 사방이 트인 드넓은 평원에서 우리 조상들이 했을 법한 방식으로 생리적인 반응을 보인다. 다시 말해 위험에 노출되어 공격당하기 쉬운 상황에서 고도의 경계 태세를 취한다. 몸은 물리적 준비 상태, 즉 금방이라도 투쟁하거나 도피할 태세로 전환된다. 미묘한 변화가 일어난다. 심박수가 살짝 빨라지고 (반드시 인지할 수 있는 정도는 아니어도) 근육이 긴장된다. 어떤 큰일을 예견하는 스트레스 전(前) 상태에서 우리 몸이 은밀하게 더 열심히 일하고 있는 것이다. 몸과 마음이 위험을 감지하는 것을 넘어 예상하는 경계 태세에 돌입한다. 우리는 불확실성이라는 보이지 않는 스트레스에 몰두한다.

선사 시대의 생존 상황이라면 이런 정신 자세가 아주 유리할 것이다. 불확실하거나 불분명한 상황에서 발동하는 스트레스 반응의 이런 경향은 분명 우리 호모 사피엔스의 목숨을 백만 번 넘게 구했고 우리가 한 종으로서 여전히 여기에 남아 있는 이유와 무관하지 않다. 그리고 필요할 때 우리의 모든 동력 장치를 점화시킬 수 있다는 점에서 급속도로 전개되는 상황에 대한 스트레스 반응은 여전히 우리에게 무척 이로울 것이다.

코르티솔이 시상하부에서 혈류로 방출되면 몸의 포도당 수치가 높아진다. 당의 한 종류인 포도당은 에너지로 변환된다. 우리는 실제로 만성적인 예측 스트레스chronic anticipation stress가 세포에 어떤 영향을 미칠 수 있는지 알고 있다. 동료인 컬럼비아대학교의 마틴 피카드는 획기적인 새 연구에서 만성적으로 코르티솔에 노출될 경우 세포의 수명에 어떤 영향을 미치는지 실험했다. 실험 결과 세포는 항상 위협을 예견하며 일종의 적색경보를 발령한 상태였다. 세포의 물질 대사가 증가했다. 다시 말해 세포가 고도 배터리 모드로 돌입했다. 그 결과 텔로미어가 급격히 짧아지고 복제 횟수가 줄어들었

39

으며 더 일찍 소멸했다.[1]

예컨대 연설이나 발표처럼 불확실성이 따르는 단기적인 상황에 처하면 정신적, 육체적 에너지가 폭발적으로 분출된다. 하지만 불확실성이 그토록 흥미로운 동시에 문제시되는 점은 불확실성이 편재해 있다는 사실이다. 불확실성은 어느 하루나 한 주의 몇 차례 특별한 순간에만 국한되지 않는다. 어디에나 존재한다. 내가 진행 중인 이 연구에서 다음에 무슨 나쁜 일이 일어날지는 불확실하다. 하지만 이보다 더 중대한 모호성이 존재한다. 내 인생에서 무슨 일이 일어날까? 내 아이에게 무슨 일이 일어날까? 나라, 경제, 지구에 무슨 일이 일어날까?

또한 불확실성은 우리 눈에 보이지 않는다. 명백한 스트레스 요인은 흔히 나부끼는 붉은 깃발처럼 확실히 눈에 띈다. 우리는 그것을 보고, 그것에 대비하며, 그리고 그것으로부터 회복한다(이 문제는 나중에 더 살펴볼 것이다). 불확실성은 미묘하다. 의식적으로 선택하지 않으면 우리(모든 사람)는 깨어 있는 시간뿐만 아니라 잠자는 시간에도 위험을 감지하는 데 무의식적으로 일정량의 주의를 기울일 것이다. 신경생물학적으로 빈틈없는 경계 상태를 유지하는데 그러면서도 이를 인식하지 못한다. 이것이 이른바 옐로 마인드다.

교감 신경계(투쟁/도피)와 부교감 신경계(휴식과 소화)의 활동이 균형을 이룬 상태가 우리 몸의 건강에 가장 이상적이다. 불확실성 스트레스는 교감 신경계를 끊임없이 활성화시킨다. 몸을 회복할 기회가 주어지지 않는다.

　　만약 불확실성에 내성이 없는 마인드셋을 가지고 있다면 만성 스트레스 상태에 머물게 된다.

불확실성 내성을
길러라

불확실성은 기분과 스트레스뿐만 아니라 의사결정 과정에도 영향을 끼친다. 한 연구에서는 참가자들에게 단순한 컴퓨터 게임을 하라고 요구했다. 게임을 하는 중에 (바위 아래 숨은 뱀을 발견하는 것과 같은) 특정한 결과를 얻으면 손에 가벼운 전기 충격이 가해진다. 이 때 연구진은 결과를 다양하게 바꾸었다. 즉 어떤 참가자에게는 충격을 전혀 가하지 않았고 어떤 참가자에게는 절반만 가했으며 마지막 집단에는 항상 충격을 가했다. 실험 결과 불확실성(생리학적 스트레스)을 가장 심하게 경험한 집단은 절반만 충격을 받은 사람들로 나타났다. 그들의 교감 신경계 경계도가 높았고 심박수가 증가했으며 동공이 확대되었다. 스트레스가 급증한 원인은 충격 자체가 아니라 불확실성이었다. 그리고 흥미롭게도 불확실한 상황에 처한 사람들은 게임 성적이 가장 나빴으며 결정을 내리기까지 시간이 더 많이 걸

렸다.[2]

　　스트레스와 백신 접종 반응에 관한 연구에서 우리는 불확실 성에 대한 내성 수준을 측정해 팬데믹 동안 그것이 스트레스 반응 에 미친 영향을 살펴보았다. 결과는 예상한 대로였다. 불확실성 내 성이 낮은 사람들은 팬데믹으로 말미암은 외상 후 스트레스 수준이 훨씬 더 높았고 시간이 지남에 따라 더 많은 침투적 사고(의식 속에 우연히 떠오르는 원치 않는 불쾌한 생각 – 옮긴이)와 회피, 불안을 경험하 는 경향이 있었다. 또 다른 팬데믹 연구에서는 불확실성에 대한 내 성이 낮은 사람들이 화장지나 통조림과 같은 물건을 더 많이 사재 기하는 것으로 나타났다.[3] 한편 우리가 알다시피 불확실성을 견뎌 낼 능력이 클수록 더 심각한 심리 상태에 빠지는 경향이 적다. 불확 실성에 대한 내성이 클수록 불안과 우울증의 발생률이 낮다. 불안을 느끼는 사람들은 불확실성에 영향을 특히 많이 받는다. 불확실성이 존재할 때 그들은 위험을 인식하는 인지 편향을 보이며 흔히 불확 실한 상황에 전면적인 위협 반응으로 대응하곤 한다.[4]

　　대부분 그렇듯이 불확실성 내성은 다양한 범주로 나타난다. 어떤 사람은 모호성이라는 '열린 공간'에서 합리적으로 훌륭하게 대처할 수 있으며 이들의 신경계는 이런 유형의 상황에 더 적절하 게 맞춰져 있다. 반면에 이런 상황에 아주 힘들어하고 훨씬 더 민감 하게 반응하는 사람들이 있다. 유전, 양육 환경, 성격, 인생 경험 등 다양한 요인이 합쳐져 불확실성 내성을 결정한다. 쥐를 대상으로 실시한 한 연구에서는 불확실하게 느껴지는 환경이 존재할 때 변연계의 특정한 뉴런 집합체가 불안한 행동을 유발한다는 사실이 입증되었다.[5] 쥐는 자신을 보호하기 위해 본능적으로 좁고 어두운 공간에 끌리고 탁 트인 공간을 본질적으로 위협적이라고 인식한다. 야생에서는 포식자에게 들킬 확률이 상당히 높으니 이는 충분히 이해할 만하다. 이 연구에서 쥐들이 열린 공간에 있을 때 뇌의 기억과 감정 영역에 있는 특정한 뉴런들('고차원적인' 문제 해결과 사고를 무력화시키는 뉴런들)이 활성화되어 쥐의 반사적인 회피 행동을 촉발했으며 그래서 쥐들은 어둠 속으로 황급히 돌아갔다. 하지만 연구진이 이 '불안 뉴런'을 근본적으로 차단하자 쥐들은 긴장을 풀고 열린 공간을 탐험하기 시작했다.

결코 이성적 경계가 필요하지 않다는 뜻이 아니다. 만일 모든 쥐의 불안 뉴런을 차단하면 그들은 올빼미의 저녁거리가 될 것이다. 핵심은 불확실성이 불안과 완전한 위협 반응을 일으키고 결국 불확실하거나 불분명한 것을 회피하게 된다는 점이다. 불확실성 내성이 대체로 낮은 사람들은 불안과 스트레스를 훨씬 더 많이 경험한다. 극단적인 예로, 임상 프로파일에 따르면 사람들이 지극히 소량의 위험조차도 견딜 수 없을 때 (그들은 종종 모호성을 위험한 것으로 간주한다) 우리가 '범불안장애generalized anxiety disorder'라고 일컫는 현상이 발생한다. '위험 탐색' 모드에 주의를 고정시키고, 지나치게 걱정하고, 신체적 불안 증상[새로운 상황의 회피, 신체 긴장, 놀람 반응(빛, 큰 소리, 이동 따위의 예기하지 않는 갑작스러운 자극에 대한 몸과 마음의 반응 — 옮긴이)]을 보이는 것이 범불안장애의 특징이다. 범불안장애에 시달리는 사람들은 대개 반복적으로 확신을 추구하고 불분명한 '열린 공간' 상황을 회피한다. 그러나 불확실성이 약간 내포된 상황을 회피하다 보면 다양한 삶의 경험과 기회를 스스로 차단하게 된다. 우리는 쥐가 되고 삶은 올빼미가 되는 것이다.

내 친구 셰릴은 경계하는 탐색가다. 장담하건대 그녀는 불확실성에 대한 내성이 낮을 것이다. 아이들이 어렸을 때 우리가 함께 동네를 산책할 때면 그녀는 이따금 갑자기 숨을 몰아쉬며 "데비는 어디 있지?"라고 소리를 지르곤 했다. 데비는 언제나 멀리 있지 않았다. 나는 그녀가 왜 그렇게 심한 놀람 반응과 높은 경계심을 보이는지 알고 있었다. 과거에 외상을 남긴 사건을 많이 겪은 탓에 그녀의 신경계는 바짝 긴장하고 있다. 그렇게 힘든 일을 겪은 지 20년이 지났어도 그녀의 강력한 경보 시스템은 그럴 필요가 없을 때조차 끊임없이 울린다.

이제 아이들은 다 컸지만 우리는 여전히 함께 반려견을 산책시킨다. 그녀의 휴대전화에는 '시티즌Citizen'이라는 앱이 깔려 있어서 시내 전역에서 사건이 발생하면 언제든 알림이 울린다. 그녀가 알림 소리에 휴대폰을 꺼내면 "3마일 거리, 셔우드코트에 침입 사건

발생"이라는 메시지가 보인다. 나는 그녀에게 왜 그런 앱을 사용하는 거냐고 물은 적이 있다.

그녀의 대답은 이랬다. "바보 같은 습관인 건 알아. 알림을 보면 걱정스러운 마음이 들지. 하지만 통제감이 느껴져."

통제감은 스트레스 문제에 도움이 된다. (다음 장에서 이 점에 대해 살펴볼 것이다.) 그러나 끊임없이 경계하다 보면 계속 스트레스 각성 상태에 머물게 된다. 결코 쉴 수 없는 옐로 정신 상태로 지내는 것이다. 불확실성에 익숙해지도록 노력하는 편이 더 바람직한 전략이다. 모든 것을 알 수 없어도 괜찮다는 현실에 신경계를 적응시켜라. 불확실성에 대한 내성이 커질 때 다른 사람들을 신뢰하고 협력하며 협업할 가능성이 더 커진다.[6] 나아가 진보적이든 보수적이든 상관없이 극도로 양극화된 완고한 정치적 견해(스트레스의 주된 원인!)를 가질 가능성이 적어진다.[7]

결국 셰릴은 범죄 알림 앱을 삭제했다. 나로서는 끊임없이 탐색하는 일을 조금 줄일 수 있으니 잘한 일이라고 생각한다. 항상 스트레스에 자동적으로 심하게 반응하는 사람이라면, 이를 근본적으로 바꾸기란 거의 불가능하다. 하지만 다음에 무엇을 할지는 바꿀 수 있다. 불확실성 내성 스펙트럼에서 어느 지점에 위치하는 사람이건 간에 이 점을 기억하라. '내가 바늘을 움직일 수 있다. 내 일상과 삶, 미래의 불확실성에 대한 내성을 키울 수 있다.'

왜 나만 이래?
vs. 나라고 다르겠어?

비비안과 그녀의 성인 딸 앨리샤는 매일 전화 통화를 한다. 비비안과 앨리샤는 서로 다른 지역(비비안은 샌프란시스코, 앨리샤는 뉴욕에 산다)에 살지만 꽤 가까운 사이다. 비비안은 지리적으로 멀리 떨어져 있는데도 딸과 규칙적으로 연락을 주고받으며 앨리샤의 일상을 생생하게 느끼는 것이 좋다. 그런데 마음에 걸리는 것이 하나 있다. 두 사람의 대화가 언제나 앨리샤의 하소연으로 끝난다는 것. 앨리샤는 예상한 대로 일이 진행되지 않는다며 짜증을 낸다. 비비안이 보기에 앨리샤는 어떤 일이 일어나도 똑같이 괴로워하는 것이 분명하다. 이를테면 그녀는 외출할 때 주차 공간을 찾느라 애를 먹는 일과 아이가 ADHD^{attention deficit hyperactivity disorder}(주의력 결핍 과잉 행동 장애 – 옮긴이)라며 걱정하는 어떤 교사에게 똑같이 화가 나는 모양이다. 앨리샤는 이따금 이런 사건이 일어나기 전날에는 상황이 어땠는지 돌아보기도 한다. 그러고는 계획이 틀어진 이야기들을 자기가 가장 잘 쓰는 말로 마무리한다. "항상 무슨 일이 일어나!"

비비안은 이 말이 당황스럽다. 그녀는 항상 이렇게 대꾸한다. "물론 그렇지. 근데 왜 넌 항상 오늘은 다를 거라고 기대하는 거야?"

비비안은 궁금하다. 사람들은 어찌해서 그렇게 다른 마인드셋을 갖게 되었을까? 그녀가 생각하기에 인생이란 본디 그런 것이다. 어떤 일이든 순조롭게 진행될 것이라고 믿을 만한 이유가 없다. 어린 시절 그녀의 가족은 이사를 많이 다녔고 그녀는 새로운 환경에 빠르게 적응하며 상황을 최대한 이용하는 법을 배웠다. 딸이 태어났을 때 비비안은 좀 더 안정적인 환경을 만들어주고 싶었다. 가정에 소홀해질까 봐 한두 번 좋은 기회를 포기한 적도 있다. 그녀는 앨리샤가 자기보다는 일관성 있는 삶을 살기를 바랐다. 그런데 이제는 의문스럽다. '내가 앨리샤에게 세상이 언제든 통제 가능하고, 예측하고, 계획과 기대에 맞출 수 있는 곳이라는 인상을 심어주었을까?' '내 눈앞의 난관들을 헤쳐 나가는 데 급급한 나머지 현실적인 삶에 딸을 대비시키지 못했나?' 비비안은 살면서 언제든 우회로나 공사 현장을 마주칠 수 있다고 예상했다. 하지만 앨리샤는 직선 도로와 녹색 표시등, 그리고 순항을 기대했다.

비비안은 연구 참가자가 아니라 내 친구다. 그래서 나는 비비안을 실험실로 데려가 혈액을 채취하거나 스트레스 설문조사를 검토하거나 세포를 관찰한 적이 없다. 하지만 만일 그럴 기회가 있었다면, 그래서 그 결과를 딸과 비교했다면 어땠을지 궁금하다. 세월이 흘러도 비비안과 앨리샤의 실제 나이는 서른두 살 차이로 변함없겠지만 생물학적 나이의 격차는 줄어들지 모른다. 일상이 그녀에게 날리는 발길질과 주먹질에 유연하게 대처하는 비비안은 예상치 못한 돌발 상황에 직면해도 스트레스 반응을 보이지 않을 듯싶다. 반면 앨리샤가 도로 폐쇄 표지판에 보이는 생리적 반응은 완전히 다르다. 그녀의 교감 신경계는 금세라도 이 위협에 맞서 싸우려고 행동을 개시한다. 그런데 이런 일이 자주(매일같이) 일어나면 바람직하지 않을 것이다.

일이 어긋날 때 우리는 스트레스 반응으로 대응하는 경향이 있다. 불교에서는 이를 제2의 화살 문제라고 생각한다. 나쁜 일이 일어날 때면 우리는 언제나 두 개의 화살에 맞는다. 첫 번째 화살은 고통스러운 사건이고 두 번째 화살은 그 나쁜 사건에 대한 우리의 반응이다. 다시 말해 문제(제1의 화살)는 피할 수 없지만 고통(제2의 화살)은 선택사항이다. 사건은 일어나기 마련이다. 누구에게나 제1의 화살이 날아간다. 하지만 우리가 그 고통으로 괴로워한다면 이는 우리가 스스로 두 번째 화살을 날리고 있다는 뜻이다. 그래서 고통은 항상 2연타가 된다. 앨리샤에게 이런 일이 일어나는 한 가지 이유는 '기대 위반'에 있다. 앨리샤는 '왜 나만 이래?'라고 생각한다. 비비안의 반응은 다르다. '나라고 예외겠어?'

우리는 항상 나의 하루나 한 주, 심지어 여생이 어떻게 진행될지 아니면 어떻게 진행되어야 하는지를 시각화하고 상상한다. 인간의 뇌에는 일어날 수 있는 결과를 시각화하는 놀라운 능력이 있다. 어떤 일은 전혀 힘들이지 않고 무의식적으로 시각화한다. 햇빛이 비치는 공원 벤치에 앉아 점심을 먹는 모습을 시각화한다. 오후 회의를 시각화하고 곤란한 상황에 처하면 무슨 말을 할지 상상한다. 원하는 일자리를 얻는 미래를 시각화한다. 그런데 이런 기대가 어긋나면 비극이 일어난 듯 느끼기 쉽다. 내가 잘못을 저지른 것 같다. 마치 피해자가 된 것 같다. 하지만 만성적인 레드 마인드 상태에서 사는 것 말고도 미래를 계속 꿈꾸며 사는 다른 방법도 존재한다. 이제부터 그 구체적인 방법을 소개할 것이다.

기대를 낮추면
달라지는 것들

코로나19바이러스 연구를 시작하면서 나는 이전 연구가 진행된 방식을 토대로 어떤 상황이 전개될 것이라는 상당히 확고한 몇 가지 기대를 품었다. 수납 공간에는 우리에게 필요한 비품이 구비되어 있을 것이다. 스태프가 부족하지 않을 것이다. 참가자들이 계획대로 출석할 것이다. 당시에는 미처 깨닫지 못했으나 그런 기대가 분명히 존재했다. 그래서 기대가 어긋날 때면 위협을 받는다는 느낌이 들었다. 예상치 못한 사건이 일어나면 아드레날린이 솟구치고, 심장이 뛰고, '이제 어쩌지?'에 대한 답을 찾기 위해 머리가 바삐 움직였다.

나를 대신해 연구를 재구성한 사람은 함께 연구를 지휘하던 애릭이라는 동료였다. 문제와 위기가 가득했던 피곤한 일주일이 지난 후 나는 최후의 결정타를 맞았다. 한 참가자가 반지형 바이오센서(생물이 가지고 있는 기능을 이용하여 물질의 성질 등을 조사하는 기계 — 옮긴이)를 분실한 것이다. 집에 불이 나 다 타버렸기 때문이었다. 갑자기 나는 우리의 모든 연구 활동에 의구심이 들었다. 이런 생각이 들었다. '이 참가자는 더할 나위 없이 충격적인 한 사건을 겪었고 다른 사람들도 그럴 거야. 이 연구를 시작하지 말았어야 했는데! 차라리 우리 모두 산불 대피소에서 일손을 돕는 편이 나을 거야.' 심지어 다 포기하고 보조금을 돌려줄까도 생각했다. 그러나 애릭은 연구 과정은 순조롭게 진행되기보다는 어긋나기 마련임을 차분하게 짚어주었다. 갑자기 달라질 거라고 기대할 이유가 있을까?

지당한 말이었다! 팬데믹 공급망의 붕괴, 코로나 감염이나 육아 공백에서 비롯된 스태프와 자원봉사자의 일정 취소, 산불로 인한 도로 차단, 그리고 강제 대피 등 우리는 이런 일들이 계속 반복되리라고 충분히 예상할 수 있었다. 남은 연구 기간 동안 나는 일어날 수 있는 모든 일, 심지어 또 다른 위기에도 열린 자세로 매일 아침을 맞이했다. 일이 어긋날 때면 그냥 어깨를 으쓱하며 "예상했던 일"이라고 말하곤 했다. 일이란 어긋나기 마련이라고 예상했다가 그 예상이 맞아 떨어지면 우리는 힘든 상황에 적응하는 새로운 경지에 올랐다. 예상 밖의 일이 일어났는데도 상황이 순조롭게 흘러갔을 때는 오히려 감사함을 느꼈다. 하루하루 절대적인 불확실성을 받아들이자 불확실성은 더 이상 내게 위협이 되지 않았다.

따라서 자신의 스트레스 반응을 바꾸고 싶다면 무엇보다 이

번 주에도 일은 어긋나기 마련이며 그래도 괜찮다는 사실을 깨달아야 한다. '어긋난다'가 반드시 '나쁘다'는 의미는 아니다. 긍정적(고대하는 일)이든 부정적(두려워하는 일)이든 상관없이 큰 기대가 상처를 입힐 수 있다. 최대한 기대를 낮추는 편이 바람직하다.

우리 요가 선생님은 "기대는 현재의 가능성을 배제한다"고 말한다. 기대란 미래를 내다보는 일이니 나는 더 이상 지금 이곳에 존재하지 않는다. 하지만 실제로 확실성을 경험할 수 있는 곳은 '이곳'뿐이다.

그렇다고 인생에서 어떤 일이 일어날지 예상하지 말라는 의미가 아니다. 우리의 뇌는 예측 기계다. 우리는 언제나 자동적으로 예측을 한다. 예측을 완전히 포기하는 것은 현실적으로 불가능하다. 우리는 상상하고 꿈꾸어야 한다. 하지만 지나치게 집착하면 기대는 문제로 변한다. 이때 해결책은 기대를 그만두는 것이 아니라 큰 기대가 있을 때 알아차리고, 미소를 짓고, 기대에 집착하지 말고 덜어 내라고 되새기는 것이다.

'지금 이 순간'을 사는
마인드셋

스트레스 연구원들은 스트레스 관리 능력을 향상시키는 강좌들을 평가할 때 사람들의 행복도가 어느 정도 개선되고 그것이 얼마나 오래 지속되는지를 조사한다. 현재 우리가 알아낸 바에 따르면 특정한 테크닉(특정 유형의 호흡이나 고강도 인터벌 운동(20~45초 동안 운동하고 10~15초 동안 휴식을 취하는 운동 방법 — 옮긴이))이 효과적이지만 반복하지 않으면 효과가 사라진다. 반면에 현재 중심적인 마음가짐의 단련에 기반을 둔 명상이나 마음챙김 수련은 매일 실천하지 않더라도 효과가 오래 지속된다.

동료들과 나는 명상에 경험이 없는 여성을 모집하고 두 집단으로 나누어 연구를 진행했다. 통제 집단(실험연구에서 실험의 효과를 비교하기 위해서 선정된 집단, 대조군이라고도 한다 — 옮긴이)은 수영과 산책, 휴식을 할 수 있는 고급 리조트에서 일주일간 휴가를 보냈다. 다른 집단은 같은 리조트에 머물렀지만 매일 8시간씩 만트라 명상(특정 단어를 읊조리는 방식의 명상 — 옮긴이)과 요가, 자기 성찰 수련을 했다. 우리는 궁금했다. 길고 편안한 휴식이 명상만큼 스트레스를 완화시킬 수 있을까? 아니면 명상이 그 이상의 효과가 있을까?

일주일이 지날 무렵 모든 사람이 실제로 효과를 보았다. 참가자들은 모두 굉장히 기분이 좋아졌다고 느꼈다. 활력감이 극적으로 개선되고 스트레스와 우울증이 감소했다고 보고했다. (명상과는 상관없이 아름다운 리조트에서 인간 신경계의 작용이 원활해진다는 사실은 새삼스러운 일도 아니다!) 하지만 거의 1년이 지난 후에 추적 조사를 실시했을 때 두 집단의 행복도에 차이가 나타났다. 통제 집단은 휴가를 떠나기 전의 스트레스와 우울증 수준으로 곧바로 돌아갔다. 마치 휴가를 보낸 적이 없는 것 같았다. 한편 명상 집단은 실제로 1년 후에도 스트레스와 우울증 수준이 계속 낮았다. 개중에는 명상을 계속한 사람도 있었지만 그것만으로는 집단 전체에 나타난 긍정적인 결과를 완전히 설명할 수 없었다. 추측건대 짧은 명상 훈련만으로도 정신적 여과(주어진 상황의 주된 내용은 무시하고 특정 일부의 정보에만 주의를 기울여서 전체 의미를 해석하는 오류 — 옮긴이)에 변화가 일어나고 마음의 작동 방식에 대한 새로운 인식이 생기는 것으로 보인다. 생각이란 실제 사건이나 진술이 아니라 찰나의 관찰이라고 인식함으로써 그것이 불필요한 스트레스 반응을 유발하지 않도록 힘을 빼는 능력을 얻는 것이다. 마음을 관찰하는 이런 능력을 메타인지라고 일컫는다.

나는 오랫동안 명상을 스트레스 관리 계획에 포함시켰다. 명상 수련을 위한 시간을 매일 내지는 못하지만 적어도 1년에 한 번씩은 수련회에 참석해 몸으로 체화하는 연습을 했다. 수련회에 다녀오고 나면 꽤 오랫동안 수련회의 잔류 효과를 경험한다. 하지만 내가 발견한 바로는 묵상하는 동안 도달할 수 있는 깊은 휴식 상태를 떠나 바삐 돌아가는 스트레스가 많은 일상으로 돌아갈 때면 이런 급격한 전환에 혼란을 느낄 수 있다. 나 역시 수련회에 참석했다가 돌아가는 길에 혼란스러웠던 적이 있다. 자동차 운전석에 앉아 안전벨트를 매고 시동을 켜자 조금 전까지만 해도 차분하게 중심을 잡고 있던 내 마음이 갑자기 자동차 엔진과 함께 부릉부릉하며 움직이는 것 같았다. 나는 남은 하루를 예측하는 예상 계획 모드에 급속도로 푹 빠져서 다음 작업, 그 다음 작업을 연달아 떠올렸다. 해야 할 일 목록이 다섯 가지로 불어났고 그렇게 익숙한 시간과의 줄달음질이 시작되었다. 온몸이 긴장하기 시작했다. '이제 어떻게 해야 하지?'

나는 시동을 끄고 주말을 함께 보낸 명상 사범님에게 전화를 걸어 이렇게 말했다. "방금 일주일 내내 수련했던 걸 모조리 잊어버렸어요. 떠나자마자 제 뇌에 있는 스위치가 꺼진 것 같아요. 명상 이전으로 돌아가 버렸습니다."

그녀는 이렇게 답했다. "알았어요. 잠시 멈춰봐요. 몸을 확인해 보세요. 몸을 앞으로 숙이고 있나요?"

실제로 그랬다.

그녀는 말을 이었다. "계획의 소용돌이에 휘말릴 때 우리의 정신은 그렇게 한답니다. 그러니까 지금 몸을 뒤로 젖히세요. 그리고 정신도 젖히세요. 그러면 경험이 당신에게 다가옵니다. 시간이 시시각각 펼쳐지고 몸이 어디에 있든 간에 시간이 당신을 맞이합니다. 우리 몸은 시간 여행을 하지 못해요. 지금 이 순간에 몸을 맡기세요."

나는 몸을 뒤로 젖히고 천천히 숨을 쉬었다. 반갑게도 효과가 나타났다.

우리는 계획을 세우고 불확실성을 제거하려고 애쓰면서 앞날을 예측하는 데 너무 많은 시간을 소비한다. 물론 하루하루 일정은 파악해야 한다. 하지만 생산적인 계획으로 시작한 일이 쳇바퀴 돌리기로 바뀌는 바람에 지치고, 기분이 다운되고, 한시도 몸을 쉬지 못하는 상황이 되기 십상이다. 그날 나는 몸의 자세가 이런 상태를 위한 훌륭한 해독제라는 사실을 배웠다. 몸을 앞으로 숙인다면 그것은 마음에게 현재보다 미래를 선택하라고 말하는 것이다. 그러면 우리는 근본적으로 몸에서 분리되어 더 이상 내가 어디에 있는지 느끼지 못할 수 있다. 몸을 뒤로 젖히면 마음이 다시 몸으로 돌아온다. 이제 현재에 발을 붙이고 있으니 지금 이 순간의 확실성을 경험할 수 있다.

이런 의문이 들지 모른다. '하지만 잠재적인 문제에 대비해야 하는 경우는 어떨까? 어떻게 반응할지 계획하는 편이 더 낫지 않을까?' 설령 예측한 대로 부정적인 일이 일어난다 해도 하루 종일 그 상황을 예상하다 보면 자칫 부정적인 반응이 악화될 수 있다. 한 연구에 따르면 사람들이 앞으로 닥칠 스트레스 요인을 예상할 때 실제 스트레스 요인과 똑같이 부정적인 감정이 일어나는 것으로 나타났다. 이는 새삼스러운 현상도 아니다. 그런데 정작 나중에 예상하던 사건이 실제로 일어나면, 그 문제에 대비하지 않은 사람들보다 대비한 사람들의 회복탄력성이 더 떨어졌다. 그들이 보인 스트레스 반응은 예상치 못한 사건에 대한 반응과 별반 다르지 않았다.[8] 다시 말해 걱정은 손톱만큼도 도움이 되지 않았다. 우리 연구에 따르면 만성 스트레스에 시달리는 사람들은 미리부터 다음 과제를 예상하고 반응하며 그 결과 코르티솔이 일찍부터 치솟을 뿐만 아니라 이후 한 시간 동안 산화스트레스(체내 활성산소가 많아져 생체 산화 균형이 무너진 상태를 이르는 말 — 옮긴이)의 수치가 높아진다.[9]

문제를 예상하는 것은 하등 도움이 되지 않는다. 스트레스 반응이 증가하고 대비하려던 도전적인 사건이 일어나는 동안 부정적인 경험을 할 가능성만 높아질 뿐이다. 그러니 상황이 어떤 식으로 전개되리라는 예상에 매달리기보다는 '모른다'는 마인드, 즉 호기심, 겸손, 중립의 열린 상태를 연습해 보자. '모른다'를 받아들일 때 더 이상 결과에 집착하지 않고, 파국적인 결과에 대한 사설을 버리고, 다양한 결과를 받아들일 수 있다. 누군가에게 (짜증이 아니라 진심을 담아!) "모른다"고 대답하면 상대방은 의외라는 미소로 화답할 것이다. 2020년, 연구를 진행하는 동안 '모른다'는 마인드는 내게 일종의 갑옷과 같았다. 나는 이제 (무엇이 될지는 모르지만) 다음번 팬데믹에 좀 더 준비가 되었다는 마인드셋을 얻었다.

오늘, 스스로에게 이렇게 질문하자. '나는 미래에 대해 확고한 기대를 가지고 있는가?' 그렇다면 그 기대를 낮추고 이렇게 되새겨라. 오늘은 가능성이 활짝 열린 공간이다.

오늘 그리고 매번 수련을 시작하기 전에 아래와 같은 파도 그림을 떠올릴 것이다. 이는 몸을 뒤로 젖히고, 길게 천천히 호흡하고, 새로운 경험을 흔쾌히 받아들이라는 시각적인 알림이 될 것이다.

잡기와 놓기
불확실성 수용하기

오늘의 수련

오늘 우리는 불확실한 순간이 오면 긴장하는 대신 긴장을 푸는 연습을 한다. 불확실성은 흔히 체화된 스트레스로 나타나는데, 이는 스트레스와 부정적인 감정이 몸의 느낌, 감각, 긴장으로 바뀌는 것을 말한다. 다행히도 신체 감각이 반대로 감정을 불러일으킬 수도 있어서 몸의 긴장을 풀면 감정 상태가 바뀐다.

지금 앉아 있는 상태가 아니라면 우선 앉을 만한 곳을 찾는다. 조용하고 편안한 곳이 가장 이상적이지만 지하철이나 버스, 직장 등 어디든 무방하다. (가능하다면 이어버드를 귀에 꽂아 방해 요소를 차단하거나 차분한 음악을 듣는다.) 그런 다음 아래 단계를 따른다.

몸에 집중한다

눈을 감는다. 내면으로 들어가라. 천천히 아랫배까지 세 번 숨을 들이마신다. 앉아 있는 의자의 느낌, 방의 온도 등 잠시 지금 경험하고 있는 몸의 감각에 주목한다.

체화된 스트레스를 탐색한다

약 60초 동안 머리끝에서 시작해 점차 발끝까지 내려가면서 주의를 집중하고 천천히 몸을 탐색한다. 스트레스는 우리 몸에 존재하지만 사람마다 스트레스를 담아두는 위치가 다르다. 목, 어깨, 허리 등 어디에 긴장이 쌓여 있는지 주목한다. 긴장을 푼다. 주먹을 불끈 쥐고 있다면 주먹을 편다. 어깨가 긴장되어 있다면 어깨를 뒤로 젖힌다. 그래도 긴장이 풀리지 않고 무거운 부위가 있다면 그곳으로 숨을 들이마신다. 그곳이 바로 내가 불확실성을 붙잡고 있는 지점이다.

이제 스스로에게 다음과 같이 묻는다

- 다음 날, 다음 주, 더 먼 미래를 생각하면 지금 무엇이 머리에 떠오르는가?
- 가장 불확실하게 느껴지는 것은 무엇인가?
- 일이 어떻게 진행될지에 대해 어떤 기대를 품고 있는가?

기대를 버린다

일이 어떤 식으로 진행되어야 한다는 생각에 대한 강한 집착을 알아차리고 그것의 실체를 확인한다. 그것은 일어날 수 있는 한 가지 결과일 뿐 확실한 것이 아니다. 다음 날이나 다음 주의 계획을 머릿속에서 지운다. 예상치 못한 긍정적인 일을 포함해 어떤 일이든 일어날 수 있다는 사실을 되새긴다. 불확실성을 흔쾌히 받아들인다. 이제 실체를 확인했으니 그것을 향해 미소를 짓고 숨을 불어넣는다. 그것은 미지의 것, 예측할 수 없는 것, 시간이 지남에 따라 펼쳐질 미스터리다.

마지막으로 몸을 뒤로 젖힌다

의자에 앉은 채로 몸을 뒤로 젖힌다. 앉은 자리에서 뒤로 더 젖히면 앞으로 일어날 일에 대해 좀 더 수용적이고, 편안하고, 열린 마음을 갖게 된다. 편안하게 몸을 젖히고 몸의 편안한 자세에 마음의 자세를 맞춘다. 이 순간의 확실성을 음미하면서 순간순간 경험이 펼쳐져 내게 다가오게 한다. 이 순간, 나는 안전하다. 긴장을 풀어도 된다.

보너스 수련

불확실성의 스트레스는 은밀히 다가오는 경향이 있다. 이 사실의 추가 증거가 필요하다면 하루 동안 불확실성 스트레스가 몸에 자리 잡는 순간을 포착하라.

체화된 불확실성 스트레스를 포착할 시간을 하루에 세 번 선택한다

해당 시간에 알람이 울리도록 휴대폰에 타이머를 설정한다. 귀여운 차임벨이나 종소리로 알림 소리를 선택한다.

타이머가 울리면 하던 일을 잠시 멈추고 미소를 짓는다

내 몸을 돌아볼 시간이다! 앉을 곳을 찾아서 앞의 실습을 반복한다. 지금 어떤 것이 불안한가? 몸을 탐색해 스트레스와 긴장을 찾고 풀어준다.

오늘 언제든 긴장하고 있는 자신을 발견한다면

무의식적인 스트레스의 실체를 확인함으로써 그것을 의식적인 스트레스로 만들어 해소할 수 있다. 눈을 감고, 몸을 뒤로 젖히고, 호흡에 집중한다. 마음을 열고 이 순간을 끌어안는 따뜻한 느낌을 흔쾌히 받아들인다. 미래(지금으로부터 5분 후일지라도!)에 대한 불확실성은 기정사실이다. 언제든 원할 때마다 현재를 중심에 두고 지금 이 순간의 확실성과 편안함을 경험할 수 있다.

문제 해결

이따금 우리는 무언가에 대한 걱정을 멈추지 못한다. 통제감을 포기하기란 쉽지 않으니 모쪼록 스스로를 너무 몰아붙이지 마라. 특히 아동기 외상이 있는 사람은 아주 질긴 습관이 마음에 자리 잡아 쉽게 안전하다고 느끼지 못할 뿐더러 '집착하지 않는다'의 의미를 경험하지 못한다. 무언가가 머릿속을 떠나지 않는다면 다음 몇 가지 방법을 시도하라.

위험 가능성을 현실적으로 평가하라

일어날 가능성이 있는 어떤 일이 걱정스럽다면 가정해 보라. 최악의 상황은 무엇일까? 실제로 그 상황이 일어날 가능성은 얼마나 될까? 만사에는 얼마간 위험이 따르지만 위험 가능성은 대개 지극히 낮다. 가능성이 있는 일이 아니라 가능성이 높은 일에 집중하라.

흔히 범불안장애라고 일컫는 중증 불안에 시달리는 사람은 만성적인 걱정으로 말미암아 쇠약해질 수 있다. 그러나 인지행동치료로 걱정을 줄이고 마음껏 삶에 참여할 수 있다. 작은 규모의 불확실성 실험을 구성하라. 어떤 문제(예컨대 사교적인 사람이 되고 싶지만 파티에 가는 것이 불안하다)를 떠올리고 상황을 예측하라('파티에 가면 대화 상대가 없어서 외톨이가 될 거야'). 그런 상황을 견딜 수 있을까? 아마 그럴 것이다. 실험을 진행하면서 경과를 기록하라. 여러분은 이미 불확실성 근육을 단련했다. 반복해서 근육을 키워라. 가장 두려운 결과가 얼마나 자주 발생하는지(생각보다 훨씬 적을 것이다!)에 대한 더 정확한 데이터를 얻게 될 것이다.

계획을 세워라, 그리고 옆으로 치워두어라

계획을 세우고 싶은 욕구는 스스로 편안하다고 느낄 수 있는 정신적 준비가 필요하다는 신호다. 계획을 세워라. 하지만 그런 다음 멈추어라. 머릿속으로 끊임없이 계획을 세우지 마라! 일단 스트레스가 심한 상황이 닥치면 그 순간에 집중하고 상상한

대로가 아니라 있는 그대로 상황을 보아야 효과적으로 대처할 수 있다. 현재 중심적 마인드셋은 민첩하고 탄력적인 사고방식이다. 상황에 대한 구체적인 계획을 세우되 그 목록을 내려놓아라. 그러면 지금 이곳에 존재할 수 있다.

개인적으로 강력한 통제욕구에서 회복 중인 한 사람으로서 나는 긴장을 푸는 야간 의식을 통해 한 가지 평생 습관을 길렀다. 해야 할 일 목록을 작성한 다음 옆으로 치워둔다. 이렇게 하면 잠자는 동안에도 그 목록을 외우거나 항목을 추가하면서 미래를 통제하려고 애쓰지 않을 수 있다.

만일 뉴스가 방해가 된다면……

여러분은 섬이 아니며 고립 상태에 존재하지 않는다. 세상살이는 불확실하고 세상사가 우리에게 영향을 미친다. 요즘 너나 할 것 없이 모든 사람이 뉴스를 많이 소비한다. 지난번 선거 때 나는 시시각각 상황을 파악하고 싶었다. 끊임없이 뉴스 사이트를 확인했다. 몹시 피곤한데도 숙면을 취하지 못했다. 한밤중에도 이따금 뉴스를 확인하곤 했다.

(특히 재난이 발생했을 때) 지나치게 미디어를 접하는 것은 사실 외상 후 스트레스 증상으로 가는 지름길이다.[10] 위기가 발생했을 때 뉴스 기사를 시청하면 기분이 나아지기는커녕 더 나빠진다는 것은 익히 알려진 연구 결과다. 9/11 테러 이후 실시한 한 연구에 따르면 대부분의 미디어, 특히 시각적 이미지를 많이 접한 사람들에게 길게는 3년 후까지 불안 증상과 건강 문제가 더 많이 발생했다.[11] 갈수록 서로 더 밀접하게 연결되는 세상에서 우리는 대부분 쉴 새 없이 뉴스를 접한다. 하지만 과학에 입각한 진실은 그러지 말라고 말한다! 끊임없이 뉴스를 확인하는 것은 불확실한 세상에 대처하는 바람직한 방법이 아니다.

스스로에게 물어보라. '지금 확인하는 것이 도움이 될까, 아니면 나중에 보아도 될까?' 뉴스는 결코 멈추지 않는다. 확인해야 할 뉴스는 언제나 존재한다. 사실 우리는 실시간으로 뉴스를 볼 필요가 거의 없다. 무언가를 확인하고 싶은 충동을 느낄 때 이렇게 되뇌어라. '나중에. 이 뉴스는 나중에도 볼 수 있어.'

PART
2

2일 차

내 삶의 진정한
통제력 갖기

바꿀 수 있는 일과 없는 일을 구분하라

STRESS INDEX

제인은 바로 얼마 전에 마흔다섯 살이 되었다. 행사 기획자였던 그녀는 십 대 시절부터 시달렸던 우울증 때문에 삶의 의욕을 잃었다. 여느 때는 우울증 관리법(치료와 약물 복용)을 잘 알고 있었다. 하지만 이번에는 시기를 놓쳐버렸다. 도움이 필요하다는 사실을 깨닫기도 전에 이미 우울증의 소용돌이에 휩쓸려 버렸다. 그 무렵 그녀는 일하던 고급 레스토랑에서 해고되었고 안정적인 수입도 사라졌다. 그녀가 살던 도시는 물가가 비쌌다. 그때껏 그녀는 다달이 생활하기에 급급했고 모아둔 돈은 없었다.

한 시간 거리에 살고 있던 어머니의 집에 여분의 방이 있어서 그녀는 어머니 집으로 들어갔다. 재기할 때까지 임시방편으로 내린 결정이었다. 새로 행사 기획 일자리를 구했지만 그것은 회사 급식을 담당하는 계약직이라서 한 단계 급이 떨어진 일 같았다. 그러는 동안 청구서는 쌓여갔고 그녀는 저축을 못 한다는 사실에 계속 스트레스를 받았다. '어떻게 해야 집을 구할 수 있을까?' 그런데 생각지도 못한 일이 일어났다. 어머니가 뇌졸중으로 쓰러진 것이었다.

병원에서 받은 MRI 결과는 희망적이지 않았다. 주치의는 제인의 어머니가 물리 치료를 통해 일부 기능을 회복할 수 있으나 여러 가지 장애가 영구적으로 남을 것이라고 말했다. 유능하고 비교적 젊었던 제인의 어머니는 하루아침에 정상 생활이 불가능한 처지가 되었다.

두어 달 후로 훌쩍 넘어가 보자. 제인의 어머니는 상당히 회복되었다. 사실 의사들이 생각한 이상이었다. 이제 어머니는 보행기의 도움을 받아 거동할 수 있다. 말씀도 곧잘 한다. 재치 있는 유머 감각도 되찾고 뇌졸중으로 쓰러지기 전에 즐기던 대부분의 일을 할 수 있다. 하지만 오른쪽 다리와 손의 힘이 약해졌다. 혼자서 요리를 하지 못한다. 제인은 자신이 직장에 있는 동안 어머니가 낙상할까 봐 걱정스럽다. 하지만 어머니가 도우미를 들이고 싶어 하지 않아서 제인은 적어도 어머니의 상태가 호전되지 않는 한 이사를 나갈 수 없다고 생각한다. 의사는 호전될 가능성이 얼마나 되는지 명확하게 말해주지 않았다. 그러는 동안 제인은 직장에서 전에는 곧잘 했던 일들에 전전긍긍하고 있다. 행사 직전에 완벽하지 못한 테이블 세팅이 눈에 띄고 결제 오류가 일어난다. 이따금 온종일 안절부절못하는 기분이 든다. 만사가 완전히 통제 불능처럼 느껴진다.

통제감은 스트레스 수준을 오르내리게 하는 중대한 한 가지 요인이다. 우리는 통제를 무척 좋아한다. 앞 장에서 배웠듯이 인간의 뇌는 예측 가능성을 원한다. 미래를 알고 싶어 한다. 그리고 미래를 아는 수준을 넘어 최대한 좌지우지할 수 있는 힘을 갖고 싶어 한다. '통제한다'고 느끼면 스트레스 중에서도 특히 만성 독성 스트레스(감내하기 힘든 강도로 지속적으로 가해져 몸과 마음에 치명적인 결과를 초래하는 독성을 띤 스트레스 ─ 옮긴이)가 줄어든다. 물론 그래도 스트레스가 심한 사건들을 마주칠 것이다. 하지만 하루를 통제하는 힘이 있다고 느끼면 기준선으로 재빨리 돌아가 몸과 마음에 이로운 건강한 '절정과 회복 스트레스 반응'을 경험할 도구가 많아진다. 반면에 자신의 하루나 일, 혹은 삶의 중요한 상황에 전혀 결정권이 없다고 느끼면 같은 유형의 스트레스 요인에 상반되는 방식으로 반응할 수 있다. 즉 절정에 도달하지만 결코 해결되지 않는 위협 반응, 그리고 불확실성과 무력감에서 발생하는 끊임없는 만성 스트레스 상태를 경험할 것이다.

삶에 대한 통제력이 높다는 인식은 행복과 건강, 부와 연관이 있다.[1] 삶을 통제한다는 느낌은 감정을 조절하고 회복탄력성을 높이는 데 도움이 된다. 예를 들어 통제감이 커지면 직장이나 가정, 소셜 네트워크에서 발생할 수 있는 스트레스 상황에 감정적 반응성이 낮아진다.[2] 통제력이 높다고 인식하는 사람은 스트레스가 심한 사건을 겪은 후에 불안감, 두통, 복통, 통증 같은 신체적 증상이 더 적게 일어난다. 그리고 자신의 삶에 대한 통제감이 더 커질수록 긍정적인 감정을 느끼는 빈도와 강도는 높아지고 부정적인 감정을 느끼는 빈도와 강도는 낮아진다. 통제감은 정서적 안정을 향상시킨다.

퇴직자들에게 몇 가지 희소식이 있다. 특히 고령자들에게는 통제력이 심한 스트레스의 부정적인 영향을 막을 보호막이 되는

데 코로나19바이러스 팬데믹 동안에도 이와 마찬가지 결과가 나타났다.[3]

하지만 통제에는 양면성이 있다. 통제감은 무력감 대신 힘이 있다는 느낌을 제공해 두려움과 불안, 스트레스를 줄여줄 수 있다. 하지만 통제할 수 없는 것을 통제하려고 애쓸 때는 정반대의 결과가 일어난다.

통제할 수 있는
일상의 작은 것들에 집중하라

스트레스를 관리하려면 내가 통제할 수 있을 때 통제한다는 진정한 통제력을 느낄 뿐만 아니라 어떤 것이 내가 변화시킬 수 있는 영향권을 넘어서는지를 파악해야 한다. 더 많이 통제해서 '더 예측 가능'하고 '더 안전한' 세상을 만들려고 애쓰는 것은 삶의 불확실성에 대한 자연스러운 반응이다. 상황이 내 통제권에서 빠져나가는 것처럼 느껴지면 더 세게 움켜쥐는 것이 본능이다. 그러나 내 영향권을 넘어서는 상황을 내 뜻대로 움직이려고 애쓴다면 독이 되어 돌아온다.

개코원숭이에 대한 한 흥미로운 연구는 이 점을 여실히 보여준다. 인간은 옷을 입은 개코원숭이와 다름없다. 둘 다 매우 사회적인 생물이고 그래서 사회적 서열이 이들의 건강에 영향을 미친다. 개코원숭이는 서열을 중시하는 영장류로, 우두머리 수컷이 하위계

층의 상호작용에서 일반 자원에 이르기까지 모든 것을 통제한다. 자신의 지위와 환경을 통제할 수 있는 우두머리 수컷과 암컷 개코원숭이는 건강 상태가 전반적으로 양호하고 심혈관계 질환이 적은 경향이 있다.[4]

하지만 수컷들 간의 서열이 불안정해지면 상황이 달라진다. 죽음, 이상기후나 기타 환경 변화, 다른 집단과의 갈등, 그리고 집단 내 갈등으로 인해 개코원숭이의 사회적 서열이 붕괴될 수 있다. 우두머리 수컷이 안정적이고 예측 가능한 환경을 잃으면(예컨대 새로운 우리로 옮겨지는 바람에 새로운 사회 집단의 구성원으로서 자신을 입증해야 하는 경우) 그의 생리학적인 우위는 권력 서열과 함께 사라진다. 하위 계층보다 심혈관계 질환에 걸릴 확률이 높아진다. 문제는 예전처럼 통제력이 없다는 사실만이 아니다. 그들이 계속해서 통제욕구를 내려놓지 못한다는 사실 또한 문제다. 아무리 본능적인 반응이어도 그것은 마치 벽돌담에 몸을 던지는 것이나 다름없고 그래서 그 대가를 치르게 된다. 즉 스트레스 호르몬과 질병이 많아진다.[5]

통제력은 내 손에 있을 때는 멋지지만 아무리 애를 써도 손에 넣을 수 없을 때는 고통스러워진다. 통제는 양날의 검이다. 안정적이고 예측이 가능한 환경에서는 전술로 작용하나 다른 환경이라면 그렇지 않다. 앞 장에서 살펴보았듯이 '예측 가능성'은 언제든 사라질 수 있다. 예측 가능한 환경은 여러 가지 이유로 그것이 사라질 때까지만 존재한다.

현대인의 삶에서 예측할 수 없는 가장 큰 한 가지 혼란은 질병이다. 중환자를 돌본 경험이 있는 사람이라면 그들이 처한 상황 때문에 틀림없이 무력감을 느꼈을 것이다. 커리어를 쌓는 동안 나는 돌봄 제공자에 대한 포괄적인 연구를 진행했다. 돌봄 제공자의 삶에는 통제할 수 없는 요인이 많아서 스트레스 연구원들은 그들의 경험을 이해하는 데 특히 관심이 많다. 우리는 스트레스 건강 연구에 (유료 돌봄 제공자가 아닌) 가족 돌봄 제공자를 참여시킨다. 통제할 수 없는 혹독한 스트레스가 수년에 걸쳐 누적되어 건강에 영향을 미치기 때문이다. 동료 재니스 키콜트—글레이저와 세상을 떠난 그녀의 남편 론 글레이저는 이 분야의 전형적인 연구를 실시했다. 연구 결과 이를테면 돌봄 제공자의 상처는 회복과 치유 속도가 더 느린 탓에 완전히 치유되기까지 9일이 더 걸리는 것으로 나타났다.[6]

수년간 돌봄 제공에 대해 공부하고 몸소 돌봄 제공자가 되어본 결과 나는 통제 문제가 매우 중요하다는 사실을 발견했다. 정신질환을 앓는 가족을 돌볼 때 돌봄 제공자의 앞날은 특히 험난하다. 압박감, 부담감, 갑갑증 같은 감정과 관련된 뇌 영역인 편도체에 경보가 울린다. 돌봄 비용이 발생하고 생산성과 수입이 감소함에 따라 재정적으로도 영향을 받는다. 우울증과 불안이 심해지고 의료 서비스 이용률도 높아진다.[7] 따라서 살아남으려면 자신이 통제할 수 있는 소소한 일에 집중해 스트레스 회복탄력성을 극대화해야 한다.

돌봄 제공자는 무엇보다 먼저 '내가 통제할 수 있는 것은 무엇인가?'를 파악해야 한다. 그들은 사랑하는 사람에게 힘이 되고 싶어 한다. 환자가 쾌차하는 데 필요한 지원과 치료를 제공하고 싶어 한다.

하지만 의학적 질환이나 유전적 장애를 바꿀 수는 없다. 그것들이 어떤 식으로 전개될지 예측할 수도 없다. 어떤 진단을 받았든 간에 (당사자와 보호자 모두에게) 미래가 여러모로 불확실해진다. 이런 상황에서 돌봄 제공자의 과제는 통제하지 않고 돕는 방법을 배우는 것이다. 즉 시간을 허비하거나 결코 움직일 수 없는 산을 옮기려고 애쓰기보다는 언제 어떻게 사랑과 에너지를 쏟아야 할지 파악해야 한다.

이는 끊임없는 정신적 교정의 과정이며 비단 돌봄 제공이나 자녀양육에만 국한되지 않는다. 중독자를 돌보는 일에도 이런 과정이 적용된다. 정치사회적 활동, 의료, 사회 복지 사업처럼 봉사와 변화에 헌신하는 일도 마찬가지다. 결과에 매달리다 보면 자칫 통제할 수 없는 대상과의 오랜 싸움에 휩쓸리기 쉽다. 하지만 이런 싸움에서는 대부분 이길 수 없다. 원하는 통제력을 얻지 못할 뿐더러 건강도 악화될 것이다.

이런 유형의 상황에서는 통제할 수 있는 것과 통제할 수 없는 것으로 상황을 구분하는 법을 배워야 한다. 나는 오랫동안 달라이 라마의 명언을 냉장고에 붙여두었다.

바로잡을 수 있는 문제라면,

무언가를 할 수 있는 상황이라면, 걱정할 필요가 없다.

고칠 수 없는 문제라면, 걱정해도 소용이 없다.

오늘 우리는 이 명언을 실천할 것이다. 할 수 있는 것은 통제하고 나머지는 내려놓아라.

내 정신 에너지가 어디를 향하고 있는지 더욱 정확하게 인식하면 도움이 될 것이다. 내 능력은 유한하다. 주의력은 소중한 유한 자원이다. 아직 일어나지 않은 일을 예상하거나 이미 일어난 일을 곱씹느라 긴 시간을 허비하고 있다면 주목하라. 무언가가 정신적 능력을 좀먹고 있다면 이렇게 자문하라. '이건 내가 통제할 수 있는 일인가?'

이 책의 서두에서 소개한 내 친구 브라이언을 기억하는가? 그에게 깨달음의 순간(자신이 통제할 수 없는 것에 맞서 싸우고 있다는 사실을 깨달은 순간)은 인생의 전환점이 되었다. 그는 스스로 통제할 수 없는 것을 받아들이고 통제할 수 있는 작은 것에 집중했으며 그 결과 무한한 해방감을 느꼈다. 이 깨달음은 회복탄력성의 한 형태로 탈바꿈했고 그 결과 그의 행복도와 기쁨을 만끽할 능력이 향상되었다. 스스로 통제할 수 있는 일상의 작은 것들에 주의를 집중하면서 그는 감각의 세계가 열리고 새로운 방식으로 삶의 풍요로움을 경험할 수 있다고 느꼈다. 온전히 살아 있다고 느끼며 감사할 수 있었다. 사람들과 더 깊이 교감하고 상대의 감정을 더욱 확실하게 읽을 수 있었다. 이런 행복감이 몇 달 동안 지속되었으며 그는 그 느낌을 결코 잊지 못한다. 이 무렵이 그의 인생에서 가장 스트레스가 없던 시기라는 사실은 역설적으로 보인다. 하지만 여기에 배울 점이 있다. 통제할 수 있는 것에 집중하고 그 밖의 모든 것을 받아들인다면 우리의 일상은 어떻게 변할까?

스트레스 목록
작성하기

흔히 우리가 통제할 수 없는 것이 우리를 힘들게 한다. 이를테면 아이의 행동이나 질병, 상대의 의견이나 상대가 나를 대하는 태도, 사랑하는 사람이 힘들어하는 문제, 선거 결과, 심지어 화재, 홍수, 이상기후 같은 자연재해와 팬데믹 등이 있다. 우리는 바꿀 수 없는 상황에 많은 에너지를 쏟는다. 우리 몸은 통제할 수 없는 것을 통제하려고 '행동 개시' 스트레스 반응을 준비하지만 아무런 효과도 없이 스트레스 기준선만 높아질 뿐이다.

따라서 오늘 우리는 주된 스트레스 요인들을 두 부류로 분류할 것이다.

1. 내게 바꿀 수 있는 힘이 있는 것
2. 내가 바꿀 수 없는 것

앞 장에서 우리는 불확실성 스트레스의 모호성을 살펴보았다. 불확실성 스트레스가 너무 만연하다 보니 더 이상 그것이 우리의 (물리적이든 인지적이든 간에) 자원을 고갈시키고 있다는 사실을 깨닫지 못한다. 우리는 스트레스를 받는 순간에 자신을 붙잡았다가 풀어주는 '잡기와 놓기'를 실천하고자 노력했다. 이제 이를 바탕으로 삼아 성장할 것이다. 삶의 스트레스 요인을 명확하게 살펴보자.

스트레스는 개개인에게 다르게 비친다. 사람은 누구나 과거 경험과 유전적 특질 등에 의해 형성된 독특한 렌즈를 통해 세상을 인식하기 때문이다. 어떤 사람은 북적한 출퇴근 시간에 스트레스를 받아 혼자 있는 시간을 좋아하는가 하면 적막강산에선 단 한 시간도 있지 못하는 사람도 있다.

잠시 시간을 내어 아래 박스에서 설명한 스트레스 목록 적기 지침을 따르라.

스트레스 목록 적기

필기도구를 준비해서 (계속 기록할 수 있는 공책이면 더 좋다) 지금 당장 압박감, 스트레스, 분노 혹은 불확실성을 느끼게 만드는 일을 생각나는 대로 모두 적어라. 일상, 인간관계, 일이 떠오를 수 있다. 되도록 폭넓고 상세하게 적는다.

요주의: 지금 당장 해결책을 떠올리려 하지 마라. 지금 해야 할 일은 그저 떠올릴 수 있는 모든 스트레스 요인을 적는 것뿐이다.

목록이 완성되면 살펴보라. 우선 가지치기를 하듯이 삭제할 수 있는 항목이 있는지 확인한다. 이따금 자신의 스트레스 목록을 훑어보고 이렇게 물어야 한다. '이걸 계속 남겨두어야 할까?' 통제력을 행사할 수 있는 한 가지 방법은 무언가를 확인한 다음 거부하는 것이다.

스트레스 목록
줄이기

할 일이 너무 많을 때 우리는 통제 불능이라고 느낀다. 그럴 때는 그 가운데 몇 가지를 포기하는 것이 바람직하다.

내가 이렇게 조언하면 사람들은 으레 어느 것 하나도 포기할 수 없다고 반응한다. 모든 일이 중요하다. 사람들이 그 일에 의지하고 있다. 아무것도 내줄 수 없다. 하지만 이런 믿음에 의문을 제기해야 한다.

나는 1년에 몇 차례 대중을 대상으로 마음챙김 수련회를 개최한다. 심신 과학을 사람들이 활용할 수 있는 자원으로 변환하는 일을 좋아하는 나는 수련회에서 이 실습을 진행하곤 한다. 예상한 대로 사람들이 해야 할 일 목록을 포기할 수 없다는 식으로 답하면 나는 그들에게 그 답이 실제로 진실인지 곰곰이 따져보라고 요청한다. 현실적으로 그 일들을 모두 할 수는 없다. 포기해야 할 일을 찾아야 한다. 현재 진행 중인 일을 목록으로 작성하라. 적어도 한동안 내려놓을 수 있는 일이 있는가? 완전히 포기할 수 있는 일이 있는가?

제거하거나 쉬어가야 할 일을 알아내기가 항상 쉽지만은 않다. 목록에 포함된 일이라면 그만한 이유가 있을 것이다. 대부분 업무나 가족과 관련된 일일 것이다. 선택의 여지가 없는 것 같다. 그러나 이따금 한 걸음 물러서서 넓은 시야를 가지고 스스로에게 다음과 같이 물어야 한다.

목록에서 삭제해도 될까?

☐ 장기적으로 볼 때 이 활동이 얼마나 중요할까?

☐ 누가 이 일이 반드시 필요하다고 말하는가? 그 말이 사실인가? 누구의 목소리가 들리는가?

☐ 이 상황이나 책임에서 벗어나면 실제로 어떤 일이 일어날까? 다른 사람에게 맡기면 어떤 일이 일어날까?

☐ 단계적으로 줄일 수 있는 방법이 있을까?

☐ 삭제할 경우 일어날 수 있는 최악의 상황은 무엇인가? 내가 그 상황을 견딜 수 있을까? 그러면 어떤 이득이 있을까?

업무상 책임이 가장 어렵다고 생각하는 사람이 많다. 사람들은 인정이나 승진 욕구, 압박감, 팀에 소속되고 싶다는 생각, 실직에 대한 두려움 때문에 책임을 받아들여야 한다고 느낀다. 하지만 특히 업무에 쫓기고 있는 상황이라면 요청을 정중하게 거절하고 경계를 더 엄격하게 설정할 방법을 고려해야 한다. 때로는 직장에서 경계를 설정하는 것이 힘의 상징처럼 보인다. 애초에 동료들이 여러분의 시간을 더 존중하고 업무량을 줄여줄 수도 있다. 하지만 대부분은 스스로 경계를 설정해야 한다. 이때 거절하는 법은 직장에서 무척 요긴한 기술이다. 물론 업무 환경은 제각기 다르다. 안타깝게도 '아니오'라고 말하는 문화가 정착되지 않은 곳도 있다. 현재 업무 환경에서 거절이 용납되지 않는다면 더 건전한 조직문화를 가진 회사나 업계를 찾아 나서야 한다.

이상적인 직장에서는 행복도가 높아진다. 하지만 현실에서는 업무 때문에 번아웃(극심한 육체적, 정신적 피로를 느끼고 직무에서 오는 열정과 성취감을 잃어버리는 증상의 통칭 — 옮긴이)이 유발되고 건강을 해치는 상황이 여러 직장 문화에 내재되어 있다. 개인적인 실패보다는 자원이 열악하고 인력이 부족한 상황에 업무상 요구가 더해질 때 직장 번아웃이 유발된다. 번아웃은 만성 독성 스트레스의 한 형태로, 회복할 시간도 없이 수년에 걸쳐 끊임없이 요구가 계속될 때 일어난다. 그러면 정서적 피로감, 냉소적인 감정, 무능하고 성과를 내지 못하는 사람이라는 느낌 등 유해한 삼중고에 주기적으로 시달리게 된다. 하루하루를 가까스로 버텨낸다. 수면과 호르몬의 신체 리듬이 조절되지 않아 코르티솔 수치가 지나치게 높거나 경우에 따라서는 지나치게 낮아질 수 있다.[8] 따라서 대처 방식과 근무 조건을 바꾸거나 근무 조건을 개선할 수 없는 경우 진정한 해결책은 직장을 그만두는 것뿐이다.

여성은 흔히 서비스 중심적인 업무를 포함해 인정받지 못하고 눈에 띄지 않는 업무를 담당하는 경향이 크며 그렇다 보니 번아웃을 경험할 확률이 높다. 번아웃 연구의 선구자인 크리스티나 마슬라흐 박사는 번아웃을 예방하는 중요한 요소로 동료의 응원, 결정과 업무량에 대한 어느 정도의 통제권, 일로써 높이 평가받고 인정받는다는 느낌, 공정하고 공평하다는 느낌, 일에서 발견하는 의미 등을 꼽았다.[9] 나는 단순히 속도를 늦춰서 일상적인 압박감을 줄임으로써 내 몸과 일체가 되고, 감사하고, 회복하고, 사람을 업무상 거래의 일부가 아닌 전부로 볼 수 있는 순간들이 바람직한 삶의 중요한 요소임을 깨달았다. 끊임없이 시간에 쫓기는 생활은 삶의 질을 떨어뜨리는 주범이다. 따라서 일하는 중간에 단 몇 분만이라도 시간을 내어 의식적으로 숨을 고르고 다음 회의를 준비하며 긍정적인 목표를 세운다면 도움이 될 것이다.

사회적 책임 또한 만만치 않다. 우리는 중요한 사람들과의 약속을 지키고 싶어 한다. 하지만 이따금 성취감의 원천이 아니라 배출구가 되어버리는 사회적 의무의 홍수에 압도당한다. 물론 공동체는 매우 중요하다. 사회적 네트워크가 탄탄한 사람들은 스트레스 반응이 더 적다. 하지만 탄탄한 사회적 네트워크가 반드시 관계가 넓다는 것을 의미하지는 않는다. 연구와 설문조사에 따르면 나이가 들수록 사람들은 사회적 교제의 범위를 축소한다. 이는 이 세상에서 살날이 점점 짧아짐에 따라 이롭지 않거나 만족스럽지 않은 관계, 혹은 부정적인 영향을 미치는 관계에 더 이상 투자할 마음이 없어지기 때문이다. 모든 사람이 스스로에게 물어야 할 질문은 이것이다. 무엇 때문에 망설이며 사회적 네트워크를 축소해 더 긍정적이고 힘이 되는 네트워크를 만들지 못하는가? 무엇 때문에 긍정적인 관계에 우선순위를 두지 않는가?

어려움에 처한 친구를 버리라는 말이 결코 아니다. 이따금 관계는 어느 한 방향으로 기울어진다. 때로는 내가 누군가에게 기대고 시간이 지나면 그 누군가가 내게 기댄다. 평생 완벽하게 균형을 이루는 관계는 없다. 내 삶에서 한 걸음 물러서서 압박감과 책임감을 덜고 싶다면 긴 안목으로 바라보라. 그러면 내 삶에서 가장 중요한 사람과 내 시간과 에너지를 쏟는 데 집중할 수 있다. 이런 시각으로 생각할 때 지금 내 하루를 어지럽히는 스트레스 요인들을 '삭제하기'가 더 쉬워진다.

이렇게 생각해 보자. 이 가운데 몇 가지를 제거하면 사랑하는 사람과 지낼 수 있는 시간을 되찾을 수 있다. 특히 소셜 미디어를 이용하는 사람들을 포함해 FOMO[fear of missing out](소외되는 것에 대한 두려움)에 시달리는 사람이 많다. 어떤 것도 놓치고 싶지 않은 마음에 '예'라고 말한다. 어디든 가고 싶어 한다. 집단의 일원이 되어 뒤처지지 않기를 원한다. 하지만 참여해야 한다고 압박감을 느끼는 이 모든 일이 반드시 사회적 유대를 돈독하게 만들지는 않는다. 내가 여력이 없어 과민한 상태라고 느끼고 있다면 좋은 결과를 얻을 수 없다. 삶의 행복과 인간관계, 스트레스 대처 능력을 위한 최선의 방법은 '아니오'라고 말하는 것이다.

하루를
단순화하라

코로나19바이러스 팬데믹은 우리에게 흥미로운 교훈을 제공했다. 2020년 3월에 락다운이 닥쳤을 때 우리는 모두 지금까지의 경험을 통틀어 가장 갑작스럽고 극단적인 방식으로 세상과 단절돼야 했다. 많은 사람이 원격 근무를 해야 했다. 그들의 사회적 네트워크는 가족 구성원과 본인만 남기고 차단되었다. 팬데믹이 일어난 몇 달을 오롯이 혼자서 견뎌낸 사람도 있었다. 그해 화상으로 만난 한 친구는 "6개월 동안 다른 인간과 접촉한 적이 없다"고 말했다. 백신이 개발되어 극단적인 사회적 거리두기가 완화될 무렵 우리는 대부분 세상과 다시 소통하기 위해, '일상으로 돌아가기 위해' 안간힘을 썼다. 그런데 이와 동시에 흥미로운 현상이 일어났다. 졸지에 중단해야 했던 일을 선뜻 재개하지 못하는 사람이 많았다. 사람들은 머뭇거렸다. 팬데믹 이전에 '필수적'이라고 생각했던 일 가운데 어떤 것은 이제 더 이상 그렇지 않다는 사실이 분명해졌기 때문이다. '일상 회복'이 우리 삶의 다양한 측면을 평가하고 질문할 수 있는 계기가 되었다.

이 일이 정말 필요한가? 이 일에 내가 필요한가? 내 주의력과 시간은 유한한데 이 일에 쏟고 싶은가?

어쩌면 이 모든 일을 일상에 다시 포함시키고 싶지 않았을 것이다. 내 열정과 가치관에 좀 더 어울리는 방식으로 세상과 새롭게 관계를 맺고 싶었을 것이다. 갑자기 의문을 제기할 기회가 생겼다. 나는 어떤 삶을 살고 싶은가? 이 모든 일이 그 삶에 부합하는가?

반드시 팬데믹이 일어나야만 이런 종류의 '점검'이 가능한 것은 아니다. 우리는 흔히 큰 전환점을 맞이해서야 비로소 삶을 폭넓은 관점으로 바라보게 된다. 이따금 중년의 어느 의미 있는 생일이 전환점이 된다. 때로는 누군가를 잃을 때처럼 훨씬 더 슬픈 일이 전환점이 된다. 계기가 무엇이든 상관없이 그런 전환점이 모든 일을 처리하고 궤도에서 이탈하지 않으려고 어쩔 수 없이 택한 편협하고 악착같은 관점에서 벗어나라고 우리에게 충격을 준다. 하지만 시간이 지나면 그 '궤도' 자체가 서서히 궤도를 이탈할 수 있다. 그래서 이따금 고개를 들어 주위를 둘러보지 않으면 나도 모르게 내가 향하던 목표에서 멀어질지 모른다. 무언가에 '예'라고 말할 때마다 내게 더 중요한 일에 투자할 시간이 줄어든다. 주간 일정을 살펴보면서 내가 시간을 할애하는 방식을 조정할 수 있는가?

나는 지금 큰 그림을 그리고 있지만 오늘은 그저 하루일뿐이다. 오늘 당장 온 인생을 재평가하지 않을 테니 걱정하지 마라. 스트레스를 연구할 때 우리는 삶의 큰 붓놀림을 살핀다. 이를테면 직장에서 통제력이 부족하거나 누군가를 돌보아야 할 막중한 책임을 지고 있는 경우처럼 스트레스를 가중시키는 일반적인 상황과 낙관적인 시각이나 강한 삶의 목적의식처럼 스트레스를 줄여주는 요인, 그리고 건강의 기본 요소인 일상 습관을 살핀다. 일상적인 습관의 영향은 시간이 지남에 따라 추가되고 확대된다. 습관과 하루 일과는 우리 삶의 총체다. 작가 애니 딜라드의 설득력 있는 말처럼 "하루를 어떻게 보내느냐가 곧 인생을 결정한다. 이 한 시간이나 다음 한 시간을 어떻게 보내느냐가 지금 우리가 하는 일을 결정한다."[10]

어떤 일(혹은 몇 가지 일)을 해야 할 일 목록에서 지우려면 일일 일정과 주간 일정을 살펴보고 진심으로 스스로에게 물어야 한다. '내가 하고 있는 모든 일이 내게 가장 중요한 것에 부합하는가?' 이 질문에 답하는 과정에서 (스트레스를 받는 일일지라도) 남겨두어야 할 일과 지워야 할 일을 명확하게 구분하는 소중한 관점을 얻을 수 있다.

목록을 줄일 때
해야 할 질문들

목록에서 무엇을 삭제할 수 있고 어디에 에너지를 집중해야 하는지를 파악할 때 죽음을 기준으로 역순으로 작업하면 효과적이다.

말기 암 진단을 받은 내 친구이자 동료인 마티카 홀은 최근 친구, 연구 파트너, 옛 제자 등 자신의 일과 삶에 중요한 영향을 끼쳤던 사람들에게 전화를 걸어 작별 인사를 나누었다. 당시 호스피스 병동에 입원 중이었던 그녀는 마음의 준비를 하라는 통보를 받았다고 했다. 충격적인 소식이었다. 우리는 갑작스러운 그 소식을 받아들이기가 힘들었다. 통화를 앞두고 나는 긴장이 되었으나 막상 시작되자 불안감이 사라졌다. 그 통화는 결국 우리들이 그녀에게 고마운 마음을 표현하고 그녀가 우리에게 끼친 적잖은 영향과 추억을 공유하면서 기쁨과 웃음을 나누는 시간이 되었다. 하지만 무엇보다 인상

깊었던 것은 그녀가 사람들이 열망하는 삶, 그러니까 후회 없이 충만한 삶을 살았다는 사실이었다.

그녀는 이렇게 말했다. "제 평생을 연구에 바친 것을 후회하지 않아요. 저에게는 제 일이 무척 중요했거든요. 학생들이 내 삶을 보고 '나도 의미 있는 일을 할 수 있다'고 생각했으면 좋겠어요. 제가 살아온 삶이 매우 만족스럽습니다."

마티카는 일과 가정의 균형, 개인적인 열정과 상충되는 인생의 의무 등 우리가 똑같이 겪는 일상의 여러 도전과 씨름했다. 하지만 그녀는 자신의 삶을 돌아보며 전반적으로 자신의 가치와 열정을 최대한 발휘하며 살았음을 확인했다. 나는 그렇게 말할 수 있는 그녀가 부러웠다.

최근에 놀라운 소식이 들려왔다. 마티카의 주치의가 끈질기게 신약을 시도한 결과 그녀의 상태가 호전되고 있다! 하지만 마티카처럼 암 진단을 받은 환자들은 지금까지와는 다른 방식으로 하루하루를 보낼 수 있다는 진리를 끊임없이 되새기며 살아가야 한다. 우리를 초대해 본인의 경험을 나누었던 그날 마티카는 우리에게 큰 선물을 주었다. 그것은 한 걸음 물러나 일상을 바라보며 스스로에게 이렇게 질문하라는 부드러운 재촉이었다. '나는 최고의 삶을 살고 있는가? 나는 어디에 에너지를 쏟고 싶은가? 그것을 위해 무엇을 포기할 수 있는가?'

앞서 설명했듯이 나이가 들수록 더 긍정적인 감정을 느끼고 사회적 관계가 더 긍정적으로 변한다. 그러나 이는 나이 때문이 아니다. 시간에 대한 인식이 중요하다. 내 인생에 남은 시간이 적다고 인식할수록 우리는 다른 사람을 돕는 일처럼 정서적으로 더 의미 있는 방향으로 목표를 전환한다.[11] 다시 말해 살날이 얼마 남지 않았다고 생각할 때 진정으로 내게 의미 있는 일에 시간을 투자한다. 영적 긴박감이라고 표현할 수 있는 이런 변화는 우리에게 선물과도 같다. 영적 긴박감을 느낄 때 해방감을 얻을 수 있다. 지금 더 의미 있는 목표를 향해 뛰어들어라. 마치 인생의 마지막 순간인 것처럼 지금을 살아라.

우선순위를 정할 때 물어야 할 것들

□ 살날이 1년밖에 남지 않았다면 어떻게 시간을 보내고 싶은가?
□ 누구와 보내고 싶은가?
□ 이상적인 하루는 어떤 모습일까?

이런 질문들의 답을 떠올리면 내가 무엇을 중요하게 생각하는지 확인할 수 있다. 우선순위를 깨닫고, 그것을 내 일상에 적용하면, 우선순위에 부합하지 않는 항목을 제거할 수 있다.

앞에서 나는 삶의 모든 스트레스 요인을 목록으로 작성하라고 요청했다. 이 목록에 내 삶에 스트레스를 가중시키는 사람들이 포함되어 있을지 모른다. 이제 내 삶을 풍요롭게 하는 사람들에게 집중하라. 나는 누구 덕분에 행복하고 사랑받으며 기분이 좋다고 느끼는가? 내 삶을 풍요롭게 만드는 사람들에게 더 많은 시간을 할애할 방법을 생각해 보자. 우선 더 자주 만나거나 대화를 나누는 일부터 시도할 수 있다.

얼마나 오래 살지는 통제할 수 없지만 지금을 마치 마지막 순간인 것처럼 살 수는 있다. 그래서 내 가치관과 우선순위를 실천하면서 살도록 조정하는 것은 가능하다. 뒷부분에서 살펴보겠지만 의미와 목적이 있는 생활은 스트레스를 완화하는 최선의 방식으로 손꼽힌다.

물론 가치관과 우선순위에 부합하지 않는 몇몇 일들은 타협의 여지가 없을 것이다. 하지만 삶에는 직장에서의 특정 업무나 누군가를 돌보는 일처럼 피할 수 없는 책임도 많다. 이처럼 내가 바꿀 수 없는 것이라면 어떻게 해야 할까?

바꿀 수 없는 것들에
대처하는 자세

제인의 이야기로 돌아가자. 그녀는 특히 불확실성(어머니에게
는 건강상 불확실한 미래, 자신에게는 직업상 불확실한 미래)에 시달리는 상
황이었고 그래서 당연히 자신의 상황에 대처할 힘을 얼마간 얻고자
애썼다. 불시에 모든 것이 바뀌었다. 늦게까지 뇌졸중을 겪은 이후
의 신경가소성에 관한 의학 학술지를 읽으며, 그녀는 종종 올바른
정보를 찾기만 하면 시계를 되돌려 어머니의 예전 모습을 되찾을
수 있을 것이라고 생각했다. 그러는 동안 (이를테면 업무 성과처럼) 그
녀가 영향력을 어느 정도 발휘했던 일들을 놓치고 있었다.

우리는 내 통제권을 넘어서는 일들을 해결하려고 엄청난 정
신 에너지를 소비한다. 가능해야 한다고 믿는 것과 실제로 가능한
것이 일치하지 않을 때 괴로워한다. 다른 사람을 통제할 수는 없다.
누군가의 뇌에서 혈관을 수축시키고 확장시키는 일을 통제할 수 없

다. 과거를 통제할 수 없다. 변증법적 행동치료dialectical behavior therapy (감정 및 행동 조절을 개선하기 위해 수용과 변화의 중요성을 강조하는 인지행동치료의 한 형태 — 옮긴이)에서 극단적인 감정과 반추(이미 일어난 상황이나 생각을 되풀이해서 떠올리는 것)로 정말 힘들어하는 사람들에게 권하는 한 가지 실습은 그저 다음과 같이 스스로 되새기는 것이다. '이런 일이 일어났다. 있는 그대로가 현실이다.'[12] 얼마간 코칭을 받은 제인은 어머니의 병에 대해 스스로 이렇게 되뇌기 시작했다. '이런 일이 일어나고 있어. 이게 현실이야.' 물론 이따금 슬픔을 느꼈다. 하지만 그런 한편으로 더 차분해졌다. 집중이 안 되거나 피곤해지는 일이 줄었다.

나는 제인이 이렇게 마음가짐을 바꿀 수 있어서 매우 기쁘다. 여러 연구에서 돌봄 제공자를 관찰한 바에 따르면 세포 노화의 속도가 빨라지는 원인은 돌봄 자체가 아니기 때문이다. 상황이 현재와 달라지기를 바라는 데서 오는 이차적인 반응이 그 원인이다. 돌봄 제공자는 현재의 순간을 거부하는 생각을 떠올리는 경우가 더 잦은데 우리는 이를 부정적인 마음의 방황(다른 곳에 있거나 다른 일을 하고 있다면 좋겠다는 생각)이라고 일컫는다.[13] 이런 생각들 때문에 행복감이 줄어들 수 있다. 이런 생각들은 또한 노화에 영향을 미치며 텔로미어 단축과 관련이 있다.[14]

삶이 내게 좌절을 안길 때마다 그저 수동적으로 받아들여야 할까? 그렇지 않다. 나는 그러지 말라고 권하고 싶다! 결코 바꿀 수 없는 요소에 의지를 불태우지 않으면서 상황을 개선하고자 노력할 수 있다. 제인은 검색을 아무리 많이 하더라도 어머니의 병세를 바꾸지 못할 테고 어머니가 집에 혼자 있을 때 100퍼센트 안전할 방법이란 존재하지 않을 것이다. 하지만 어머니에게 의료 경보용 목걸이를 착용하라고 부탁하는 것은 제인이 할 수 있는 일이었다. 어머니는 처음에 속상해했으나 제인이 골라온 꽃 모양의 예쁜 로즈골드 목걸이를 받아 걸었다.

얼마 후 제인은 근처에 거처를 마련해 이사를 나왔다. 일에 집중할 수 있는 정신적 여유가 생기자 직장의 상황은 빠르게 개선되었다. 상황이 달라지면 좋겠다는 바람을 거두기는 어려웠다. 제인은 이따금 자기도 모르게 '~했다면 어땠을까'를 상상하곤 했다. '내가 증상을 미리 알아차렸다면 어땠을까? 병원에서 병을 더 빨리 발견했다면 어땠을까?' 하지만 그럴 때마다 대부분 그녀는 그런 반추 패턴에 빠져 들어가는 자신을 발견하고는 방향을 돌렸다.

나도 모르게 통제할 수 없는 무언가를 바꾸려고 애쓸 때면 나는 잠시 멈춰서 예컨대 거대한 바위처럼 움직일 수 없는 무언가에 묶인 밧줄을 당기는 내 모습을 마음속에 그린다. 해결이 불가능한 문제를 해결하려고 온 에너지를 소모하고 있는 것이다. 바위는 꿈쩍도 하지 않을 것이다. 나는 나지막이 이렇게 자문한다.

'그냥 밧줄을 놓고 그대로 두면 안 될까?'[15]

이따금 포기하기 어려운, 특히 곤란한 상황에서는 '밧줄을 놔!'라는 단호한 명령과 다음에 실천할 근본적 수용radical acceptance이 필요하다.

받아들임과 회복탄력성의
상관관계

상황을 통제할 수는 없어도 상황에 대응하는 방식은 통제할 수 있다. 감정과 생각을 받아들이는 데 초점을 맞춘다는 점 때문에 마음챙김 명상에 의지하는 사람이 많다.

두 가지 서로 다른 마음챙김 수업의 효과를 비교한 연구가 있는데 두 수업에서는 매일 짧은 명상으로 참가자들을 지도했다.[16] 첫 번째 집단은 주의 집중과 함께 주의 자각을 장려하는 앱을 사용했다. 호흡에 집중하고 그러다가 호흡이 불규칙해지면 그때마다 호흡으로 주의를 다시 옮기는 방식이었다. (여러 연구에서 이 수련이 집중력과 주의력에 이로운 것으로 나타났다. 특히 마음이 방황하거나 반추하기 시작할 때 이를 알아차리고 자각하는 데 이롭다.) 두 번째 집단은 생각과 감정에 대한 인식뿐 아니라 자신의 상태를 받아들이는 기능을 추가한 다른 앱을 이용했다. 이 앱은 특히 일반적으로 우리가 밀어내는 부정적인 경험을 따뜻하게 받아들일 수 있도록 도왔다. 두 집단 모두 주의력이 향상되었다. 하지만 스트레스 반응성 프로파일stress reactivity profile(스트레스에 건강하게 대응하고 회복하는 능력)이 개선되고 긍정적인 감정을 더 많이 느낀 사람들은 두 번째 수용 집단뿐이었다.[17] 실제로 스트레스 회복탄력성을 완성한 요인은 수용이었다.

대부분의 사람이 알듯이 이안류(해안으로 밀려오던 파도가 갑자기 먼 바다 쪽으로 빠르게 되돌아가는 해류로, 일반 해류처럼 장기간 존재하는 것이 아니라 폭이 좁고 유속이 빠른 것이 특징이다 — 옮긴이)에 휘말렸을 때 명심해야 할 조언은 언제나 똑같다. 맞서 싸우지 마라. 현실과 다투지 마라. 그렇지 않으면 지칠 대로 지쳐서 바다로 더 멀리 밀려날 것이다. 이안류는 너무 강력하다. 우리는 상대가 되지 않는다. 익사하지 않을 방법은 그 조류를 따라 헤엄치고 파도를 타는 것뿐이다. 물결을 타라. 물결이 나를 어디로 데려가는지 지켜보라. 어쩌면 물결을 다른 방식으로 이용할 수 있을 것이다. 강렬한 부정적 감정을 피하기보다는 성장의 기회로 삼는 창의적인 방법이 있다. 이에 대한 자세한 지침은 '스트레스 극복 2단계'를 참고하라.

근본적 수용이란 기본적으로 끔찍하거나 충격적인 일이 일어났다는 사실을 받아들이는 것이다. 이는 이미 일어난 일을 바꿀 수 없으며 근본적 수용이 더 나은 선택이라는 현실을 끌어안는 정신 자세다. 현실을 회피하거나 거부하고, 이안류와 싸우고, 희생자('왜 하필 나지?')라고 느끼는 것보다 더 나은 선택이다. 그러면 어떤 사건에서 느끼는 수치심, 죄책감, 슬픔, 분노 같은 고통스러운 감정이 줄어든다. 이 방법은 지나친 감정 변화, 외상 후 스트레스 장애, 만성 통증에 시달리는 사람들에게 효과적이다.[18] 제인이 어머니의 상태와 돌봄 제공자로서 자신의 새로운 생활을 받아들일 수 있었던 것은 근본적 수용 덕분이었다.

우리 삶에는 내가 요청하거나 원하지 않은데다가 대단히 실망스럽고 고통스러우며 적응하는 데 시간과 노력이 많이 필요한 숱한 일이 일어났거나 일어날 것이다. 대부분은 통제할 수 없는 사건이나 상황이다. 비록 내가 원치 않았던 일들이지만 여기에는 힘과 회복탄력성을 키울 기회가 숨어 있다. 이런 최악의 시기가 성장의 토대가 된다. 바꾸어 말하면 다른 선택의 여지가 없을 때 자신도 몰랐던 힘을 발견한다. 그러려면 현실을 수용하고 기대와 감정을 다스려야 한다. 오늘부터 근본적 수용을 실천할 것이다. 하지만 근본적 수용이 대개 하룻밤이나 한 번에 끝나지 않는 일임을 명심해야 한다. 이는 반복적인 과정이다. 어떤 상황 때문에 고통이 엄습한다고 느껴진다면 방향을 급선회해 그 상황과 우리의 감정적 반응을 근본적으로 수용하려고 노력하라.

물론 만사를 '내가 통제할 수 있는 것'과 '통제할 수 없는 것'으로 깔끔하게 분류할 수는 없다. 다양한 정도와 회색 영역이 존재한다. 그러니 내 인지적, 감정적 에너지를 어디에 쓸 것인지, 그리고 언제 어려운 지점을 헤쳐 나가고 언제 흐름을 타야 할지를 평가해야 한다.

　1일 차에는 삶에 내재된 불확실성으로 인한 무의식적인 긴장을 알아차리도록 훈련했다. 이제 한 걸음 더 나아가 밖을 둘러보며 우리를 스트레스 상태에 가두는 특정한 삶의 조건에 주목한다.

스트레스 극복 2단계

더 이상 도움이 되지 않는다면
포기하라

(오늘의 수련)

스트레스 목록을 작성하라

내 삶에서 스트레스를 주는 모든 상황을 목록으로 만들어라. 이미 이 작업을 마쳤다면 훌륭하다. 다음 단계로 직행하라. 그렇지 않다면 앞으로 돌아가 지금 목록을 작성하라. 너무 사소하거나 세부적인 일이라도 제외시키지 마라. 중대한 문제(이를테면 직장, 육아 문제, 관계 문제)라면 실제로 스트레스를 받는 특정한 상황을 적어라.

삭제할 수 있는 것을 삭제하라

목록을 살펴보고 빠져나오거나 끝낼 수 있는 상황이 있다면 지워라. 예컨대 시간을 낼 수 없거나 지나치게 분란을 야기하는 프로젝트라면 그것을 포기하거나 위임할 때 어떤 일이 일어날지 고려하라. 이 특정한 스트레스 요인이 빠진 하루를 마음속에 그려보라.

삭제할 항목이 선뜻 떠오르지 않는다면 다음 질문들에 답해보라. 한 가지를 억지로 빼야 한다면 무엇이 될까? 나(그리고 다른 사람)에게 없어도 무방한 항목은 무엇인가? 그 항목을 삭제했을 때 일어날 수 있는 최악의 일은 무엇인가? 해당 항목을 남겨두었을 때의 결과와 이 최악의 일을 비교하라. 우리는 대부분 날마다 시간이 충분하지 않다고 생각한다. 따라서 일을 정리하고 하루를 단순화하며 우선순위 목록에 집중하면 스트레스가 줄어들 뿐만 아니라 편안하고 넓은 공간이 생기고 내게 기쁨을 선사하는 일을 추가할 수 있다.

시도할 준비가 되었는가? 솔직히 준비가 되지 않았대도 괜찮다. 이 책의 마지막 "처방전 갱신하기"에서 다시 이 문제를 다룰 것이다. 그래도 가능하다면 오늘 무언가를 버려라. 설령 사소한 항목이라도 목록에서 한 가지를 제거한 다음 기분이 어떤지 지켜보라.

영향력 범위를 설정하라_ 동그라미는 통제할 수 있는 일

이제 목록을 살펴보고 자신이 영향을 미치거나 개선할 수 있다고 생각되는 상황에 동그라미를 그린다. 이 동그라미가 오늘 나의 정신 에너지를 집중할 수 있는 곳이다. 각 동그라미 옆에 상황을 개선하기 위해 실행할 수 있는 작은 일 한 가지를 적는다. 예컨대 아침 출근 시간에 스트레스를 느낄 수 있다. 실제로 하루 중 이 시간에 스트레스를 가장 극심하게 느끼는 사람이 많다. 수면 시간이나 기상 시간을 약간 조정하거나 전날 밤에 옷차림, 식사, 하루 일정을 미리 정할 수 있을까? 어떤 문제(재정적 부담, 육아, 업무)는 혼자 바꿀 수 없으니 다른 사람들과 대화를 나누며 작은 변화의 과정을 시작할 수 있다.

흔히 겪는 업무상 스트레스는 통제할 수 있는 측면과 통제할 수 없는 측면으로 나눌 수 있다. 직장 상사가 나를 홀대하는가? 이는 어렵기는 해도 친구와 함께 문제 해결을 모색할 만한 상황이다. 반면에 직장을 옮겨 해로운 근무 상황에서 벗어나야 하는 극단적인 경우도 있다.

받아들여야 할 것을 파악하라_ 네모는 통제할 수 없는 일

목록을 다시 살펴보고 통제권이 전혀 없는 상황이나 스트레스 요인에 네모를 그려라. 예를 들면 사랑하는 사람의 질병이나 중독, 버릴 수 없는 프로젝트, 이상기후로 인해 며칠이나 몇 주 동안 고립될 가능성, 충격적인 사건 등이 있다.

약간의 통제를 허용하라

이런 각각의 스트레스 요인에 관해 다음과 같이 자문하라. '이 시나리오에서 내게 어느 정도 통제권이 있어서 무력감을 줄일 수 있는 부분이 있는가?' 예를 들어 제인은 어머니가 다시 쓰러질지 여부는 통제할 수 없어도 의료 경보용 목걸이를 사 줄수는 있었다. 우리 집 근처에서 대형 화재가 언제 다시 일어날지는 내가 통제할 수없다. 이는 시간이 지나봐야 알 수 있는 문제다. 하지만 나는 공기청정기(그리고 비상배낭!)를 마련했다. 대부분의 경우 상황을 더 수월하게 헤쳐 나갈 수 있는 방법이 존재한다는 점에서 완전히 통제 불능인 것은 아니다. (앞으로 지나야 할 도로의 커브는 통제할 수 없다는 사실을 받아들인 경우라도!) 만일 내가 운전석에 앉아서 할 수 있는 간단한임무가 있다면 그것을 한 주의 후반기에 해야 할 일 목록에 추가하라.

자기 연민을 허용하라

네모를 그린 일부 항목에는 수용과 자기 연민이라는 다른 접근 방식을 취해야 한다. 아무리 바꿀 수 없는 상황이라도 내가 할 수 있는 딱 한 가지가 있다. 바로 그것이 얼마나 힘든 일인지 인정하는 것이다. 그 상황에 대한 감정을 밀어내지 않고 받아들이는 것이다. 슬픔, 거부감, 분노, 원망 같은 고통스러운 감정을 확인하고 있는 그대로받아들일 수 있을까? 이런 감정은 타당하다. 자연스러운 반응이다. 친한 친구가 이런 상황에 처했다면 어떤 말로 위로하겠는가? 자신에게도 이런 친절을 베풀 수 있을까?

마지막으로, 짐을 놓아라! 네모를 내가 들고 다니는 여행 가방에 든 무거운 벽돌이라고 상상하라. 벽돌이 존재한다. 그것은 사라지지 않을 것이다. 그렇다고 벽돌을들고 다녀야 하는 것은 아니다. 짐을 잠시 내려놓을 수 있다. 아픈 이야기들은 특히무겁다. 지금 혹시 이런 이야기들로 만들어진 벽돌을 들고 다니지는 않는지 살펴라. 이 모든 벽돌 위에 작은 손잡이를 그려넣어라. 다음 일정으로 넘어가기에 앞서 잠시나마 안전한 장소에 벽돌을 내려놓는 내 모습을 상상하라. 현실적으로 이 문제를 다시 걱정하지 않을 수 있는지는 생각지 마라. 언젠가 문제가 다시 수면 위로 떠오를것이다. 그러나 이 스트레스를 항상 들고 다니면 진이 다 빠지고 몹시 지칠 것이다. 건강이 나빠질 것이다. 그러면 다른 도전들이 닥쳤을 때 대처할 능력이 예전 같지않을 것이다.

지금은 짐을 내려놓아라! 이 벽돌들을 하루 종일 들고 다니지 않아도 된다.

내가 바꿀 수 없는 버거운 상황이라면 근본적 수용을 실천하면 어떨까. 이는 머리와 가슴, 몸으로 상황을 완전히 받아들인다는 뜻이다. 쉽지 않은 일이다. 그래서 수련인 것이다. 몸에 밸 때까지 반복해야 가능하다. 더 이상 현실을 모른 척하거나, 맞서 싸우거나, 바꾸려고 애쓰지 않을 때 비로소 우리는 실제로 평온함을 느끼고 그것이 선사하는 모든 생리학적 혜택을 누릴 수 있다.

현실을 수용한다고 해서 찬성한다는 뜻은 아니다. 오히려 현실과 맞서 싸움으로써 자신을 더 비참하게 만들지 않기로 선택한다는 뜻이다.

다음 수련을 통해 근본적 수용을 실천하라.

바꿀 수 없는 일에 대처하는 법

1. 눈을 감고 호흡에 집중한다.

2. 그 상황에서 떠오르는 고통스러운 생각이 있는지 살핀다. '이 상황은 불공평하다, 나는 이 상황을 감당할 수 없다, 왜 하필 나야?'

3. 다음과 같이 수용과 확신의 선언으로 고통스러운 생각에 대처한다. '그게 있는 그대로다, 이게 현실이다, 그런 일이 일어났다, 상황은 지금 당장 정확히 보이는 그대로다.'

4. 슬픔과 비통, 실망을 허용하고 인정한다. 몸의 감각에 주목한다.

5. 가슴에 손을 얹고 온기와 친절의 느낌을 온몸에 전달한다. 길게 천천히 숨을 내쉬며 되새긴다. '나는 지금 이 짐을 천천히 내려놓을 수 있다.' 몸이 가벼워질 때까지 이 동작을 반복한다.

우리를 짓누르는 일을 구체적으로 떠올리기 어려울 때가 있다. 스트레스 원천은 모호하거나, 불분명하거나 아니면 우리가 완전히 잘못 짚을 수 있다. 스트레스를 솟구치게 하는 요인이 어떤 한 가지(개수대에 쌓인 설거짓거리)라고 생각하지만 사실 전혀 다른 일(인간관계의 갈등, 재정적 어려움, 직업상 불만 등)이거나 열 가지 사소한 일일 수 있다. 스트레스 목록을 채우기가 어렵다면 걱정을 확인하는 데 효과적인 이 방법을 시도해 보라. 이 실습은 또한 고민이 지나치게 많은 사람들이 제한된 시간의 창에 걱정을 가두는 데도 효과적이다.

걱정할 시간을 따로 정해두어라

필기도구, 타이핑할 컴퓨터나 태블릿, 녹음기를 준비하고 휴대폰에 5분으로 타이머를 설정하라. 시작 버튼을 누른 후에 여러분이 해야 할 일은 단 한 가지다. '걱정하라.' 걱정의 창을 만드는 것이 지금 당면한 과제다.

일어나지 않았고 일어나지 않을지도 모를 일에 대한 걱정이 시작되면 우리는 마음을 다잡으려고 많은 시간을 소비하는데 이런 인지적 씨름에는 대가가 따른다. 그러니 지금부터 5분 동안은 마음을 자유롭게 풀어 걱정의 장으로 흘러가도록 내버려두라. 걱정하고 싶은 것은 무엇이든 걱정하라. 성에 찰 때까지 최악의 상황을 상상하라. 스스로를 검열하지 말고 떠오르는 걱정거리를 최대한 많이 적어라. 크든 작든 상관없이 걱정거리를 종이에 적어서 좀 더 객관적으로 보고, 이름을 붙이고, 계속 걱정할지 여부를 결정하라. 어떤 상황이 걱정스러운가? 불안의 근원이 파악되지 않는다면 불안의 크기, 모양, 온도, 색깔 등 불안의 특성에 이름을 붙여라. 이렇게 불안을 정의하면 불안에 대처하는 데 효과적이다.

1일 차에서 살펴보았듯이 이런 걱정 가운데 상당수는 실제로 일어날 가능성이 거의 없는 것, 즉 불확실성에 대한 내성이 없어서 생기는 것이다. 이처럼 일어날 확률이 낮은 상황들이 창밖으로 날아가는 모습을 상상하라. 그런 다음 눈앞에 닥친 중대한 스트레스 상황에 집중해 지금 당장 바꿀 수 있는 것과 바꿀 수 없는 것을 파악하라. 역설적이게도 하루 중에 걱정할 시간을 따로 정해두면 나머지 시간 동안 걱정이 줄어든다는 증거가 발견되었다. 그날 하루의 걱정을 내 시스템에서 밀어냈다는 느낌을 얻을 수 있다. 걱정거리를 모두 종이에 적었으니 머릿속에 계속 맴돌지 않을 것이다. 걱정거리를 가둬버린 셈이다. 내일도 이런 방식으로 걱정할 것이다! 내일 거의 같은 시간에 전화기에 알람을 설정해 걱정의 창을 실천하라. 만일 오늘 늦은 시간에 걱정거리가 떠오르면 내일 그 걱정거리를 위한 시간이 따로 마련되어 있다는 사실을 되새겨라. 스트레스를 일으키는 것이 무엇인지 파악하기 어렵거나 전반적으로 막연하고 불확실한 긴장감이 느껴진다면 걱정의 창이 매우 효과적인 일과가 될 것이다.

가족, 동료가 스트레스 요인이라면

스트레스를 받는 상황이 함께 사는 가족이나 파트너와 관련이 있는 경우 두 사람을 위한 걱정의 창이 효과적이다. 동거인과 갈등이 있을 때 집은 스트레스를 일으키는 장소가 될 수 있다. 하지만 집은 우리가 잠자고 밥을 먹는 곳이니 함께 통제할 수 있는 상자에 갈등을 담아야 한다. 이 갈등에 대해 이야기하고 생각할 시간을 정하라. 이를테면 15분 동안 걱정거리에 대해 의논한다. 상대방의 관점에서 바라보고 감정을 확인할 수 있으면 더 효과적이다. 무엇보다 시시비비를 가리는 것보다 평화가 더 낫다는 사실을 기억하라.

나는 내 파트너와 서로 의견이 달라서 도무지 해결의 기미가 보이지 않는 상황에 처한 적이 있었다. 상담도 소용없었다. 결국 우리는 매주 시간을 정해 서로 의견을 경청하고, 공유하고, 다음 단계에 대해 이야기를 나누었다. 그러다 시간이 다 되면 중단하고 다음번 '티타임'(고민 상담 시간)이 되기 전까지는 그 주제를 꺼내지 않으려고 노력했다.

PART
3

DAY 3일 차

처방

회피할까,
정복할까

스트레스에 반응하는 방식 바꾸기

STRESS INDEX

뜨거운 사바나를 가로질러 가젤 한 마리를 인정사정없이 추격하며 사냥하는 사자를 그려보라. 겁에 질린 가젤은 투쟁/도피모드로 돌입해서 목숨을 걸고 질주한다. 사자는 격차를 좁히면서 격전 끝에 얻을 먹잇감을 기대하며 흥분한 상태다. 사자와 가젤 가운데 어느 동물이 스트레스를 경험하고 있을까? 정답은 둘 다이다.

두 동물의 신경계가 모두 고도로 활성화되어 통제할 수 없는 생리적 변화를 겪고 있다. 그러나 그들은 아주 상이한 두 가지 방식으로 스트레스 각성을 경험한다. 가젤은 위협 반응에 휩싸였다. 공포가 밀려와 아드레날린이 솟구친다. 과도한 출혈을 막으려고 혈관이 좁아졌기 때문에(혈관 수축vasoconstriction) 혈류가 압축된다. 생리학적 자원이 팔다리로 집중되어 뇌에 전달되는 산소가 줄어든다. 가젤의 몸은 목적이 하나뿐인 기계가 되었다. 포식자를 따돌리는 것이 유일한 목적이다. 한편 사자는 도전 반응을 보인다. 사자의 심장은 최대 속도를 내기 위해 다량의 혈액을 효율적으로 분출하며 곧 쓰러트릴 먹잇감을 기대한다. 집중력과 추진력을 발휘한다. 무한한 에너지를 비축하고 있는 것처럼 보인다.

두 동물의 생리학적 프로파일은 매우 달라도 스트레스는 공통분모다. 차이점은 각 동물이 스트레스에 반응하는 방식이다. 스트레스를 인지하고 그에 따라 정신적, 육체적으로 스트레스를 경험하는 방식이 다르다. 어떻게 다른 것일까? 가젤은 생명이 위험하다는 위협을 감지했다. 사자는 다음 먹잇감이라는 도전을 감지했다.

물론 실세계 시나리오에서 가젤이 관점을 바꿀 수 있다는 뜻은 아니다. 가젤은 결국 잡아먹힐 것이다! 하지만 동물 세계의 이 분명한 사례에서 우리가 배울 점이 있다. 우리는 대부분 생명을 위협하는 사자에게 주기적으로 쫓기지 않는다. 그런데도 우리 몸은 마치 사자에게 쫓기고 있는 듯이 행동한다. 하루를 보내다 예고 없이 스트레스 요인이 등장할 때면 쓰러트려야 할 먹잇감이 아니라 마치 싸우거나 도망쳐야 할 생존 위험이라도 되는 듯이 반응한다. 투쟁/도피 모드로 전환되어 코르티솔과 아드레날린을 혈류에 쏟아붓고 신경계를 공포와 경계 상태로 몰아넣는다. 스트레스가 많거나 예상치 못한 사건이 발생할 때마다 그런 반응이 완전히 혹은 절반쯤 일어나면 우리 몸은 더 이상 스트레스에서 '내려오는' 법을 익히지 못한다.

왜 우리는 같은 일에
다르게 반응할까?

우리가 스트레스에 반응하는 방식은 저마다 다르다. 어떤 사람은 매일 스트레스가 죽 끓듯 해서 사소한 일에도 과민하게 반응하는 반면에 어떤 사람은 마치 방패를 둘러치기라도 한 듯이 중대하고 위협적인 사건마저 튕겨버리는 것은 왜일까?

스트레스를 연구할 때는 한편으로 인간의 뇌가 작동하는 보편적인 방식을 파고들지만 다른 한편으로 개개인이 얼마나 독특한지 살펴보아야 한다. 우리는 각자 유전적 특성과 개인적인 삶의 경험, 그리고 전날 잠을 얼마나 잤는지, 무엇을 먹었는지 등 일상의 작은 변화들이 쌓여 형성된 지극히 개인적인 렌즈를 통해 세상을 바라본다. 자기만의 정신적 필터를 통해 특정한 방식으로 사건을 인식한다.[1]

비슷한 사건에 사람마다 다르게 반응하는 이유는 무엇일까?

뇌는 신체와 환경이 보내는 감각 정보를 끊임없이 처리하고 미래를 가장 정확하게 예측하기 위해 이를 과거의 기억과 비교한다. 인간의 뇌는 예측 기계로, 개인의 과거를 데이터로 사용한다. 심지어 초기 아동기의 경험이 사소한 일에 반응하는 방식을 결정한다. 유년기에 고생이 많았던 사람들은 흔히 옐로 마인드에 머물게 되는 정신적 습관을 얻는다. 스트레스를 받을 만한 사건이 발생하는지 여부와 상관없이 일상적인 스트레스의 기준선이 높다. 그들은 본인의 삶이 스트레스가 많은 사건에 위협을 받는다는 느낌을 더 많이 받는다. 그리 큰일이 아니어도 파국을 초래하는 레드 마인드 반응에 빠지기 쉽다.

우리 뇌는 '현실의 뇌'라기보다는 '예측하는 뇌'에 가깝다. 그래서 우리는 실제로 지금 일어나는 일보다는 앞으로 일어날 것이라고 예측하거나 믿는 일에 반응할 수 있다. (미셸 드 몽테뉴는 "내 인생에는 끔찍한 사건들이 많았고 그것들은 대부분 일어나지 않았다"고 말했다.) 하지만 이 과정에 개입할 수 있는 방법이 있다.

캘리포니아대학교 샌프란시스코캠퍼스의 스테파니 메이어 박사는 초기 아동기 외상이 있는 사람들이 일상적인 스트레스 요인의 위협 정도를 과대평가하며 이는 훗날 우울증의 원인이 된다는 사실을 발견했다.[2] 유사 집단을 대상으로 실시한 후속 연구에서 박사는 낮 동안 참가자들에게 시보를 울려 자신의 생각과 자기 연민을 의식적으로 인식하는 시간을 갖도록 유도했다. 그녀가 발견한 바에 따르면 그들은 잠시 의식적인 점검을 실행한 후에 자신이 처한 상황을 위협이라고 인식하기보다 '도전'이라고 평가하는 경우가 더 많았다. 다시 말해 일상적인 사건에 더 잘 대처할 수 있다는 자신감을 얻고 그래서 긍정적인 감정을 더 많이 느꼈다.[3]

요컨대 일상적인 스트레스 요인을 인식하는 방식을 바꾸어 그것을 덜 위협적으로 느낄 때 스트레스 반응이 바뀐다. 즉 가젤이 아닌 사자처럼 느낄 수 있다.

스트레스,
위협이 아닌 도전으로 인식하기

스티븐은 평생을 코닥Kodak에서 근무하며 타겟Target, 월마트 Walmart 같은 대형 소매업체의 주요 고객을 담당했다. 그러던 중에 필름 산업이 붕괴했다. 디지털로의 전환은 이미 진행 중이었으나 2008년 주식 시장이 폭락하면서 많은 필름 회사가 살아남기 위해 파격적인 다운사이징을 단행했다. 스티븐은 이 다운사이징의 희생 양이 되었다. 60세의 나이에 새로운 분야에서 새 출발을 하기란 만 만치 않았다. 그가 시도한 여러 길들이 결국 막다른 골목으로 끝났다. 마침내 그는 항상 염원했던 일을 해야겠다고 결심했다. 공직에 출마하는 일이었다.

그는 오래전부터 정계 진출을 생각했지만 안정된 직장을 떠나기에는 적절한 때가 아닌 것 같았다. 그런데 때마침 그가 사는 뉴잉글랜드 소도시의 현 시장이 재출마하지 않겠다고 발표했다. 바야

흐로 도전하기에 좋은 시기가 온 것 같았다.

그는 스트레스를 피할 수 없을 것이라는 사실을 알았다. 얼마나 스트레스를 받을지 몰랐을 뿐이다. 선거 유세 과정은 그 자체로 논란거리가 되었다. 그의 상대는 추잡한 짓을 서슴지 않았고 기회가 있을 때마다 예외가 없었다. 지역 신문을 펼치거나 페이스북을 확인할 때마다 이번에는 어떤 새로운 공격이 그를 기다리고 있을지 마음을 다잡아야 했다. 그는 끊임없이 긴장하고, 살피고, 경계했다. 어쩔 수 없는 일이고 선거철은 곧 끝날 것이라고 되뇌었다. 그런데 반전이 일어났다. 그가 당선된 것이다.

'두어 달'처럼 보였던 기간이 4년 임기로 바뀌었다. 이제 스트레스 요인은 저마다 다양한 불만과 문제를 가진 시민의 모습으로 그의 집무실 문간에 나타났다. 하루 종일 전화가 울렸다. 긴급 상황이 일어났다. 예산 문제가 발생했다. 그가 어떤 실수를 저지르면 비판자들이 벌 떼처럼 몰려들었다. 유권자들의 쏟아지는 질문에 곧바로 대답하지 못할 때면 그는 칼날 같은 공포를 느끼며 답변을 찾기 위해 허둥대기 일쑤였다. 다른 방식으로 일을 처리했다면 어땠을지 온갖 대안을 떠올리며 생각에 빠져 허덕이곤 했다. 걱정이 밀려오기 시작했다. '어쩌면 내가 이 일에 적임자가 아닐지 몰라.'

만일 이런 상태가 한창 진행될 때 의료 전문가가 그의 집무실로 들어와 바이탈vital sign(환자의 건강 상태를 가장 기본적으로 확인할 수 있는 혈압, 맥박, 체온, 호흡, 산소포화도를 일컫는 용어 — 옮긴이)을 체크한다면 분명 얕은 호흡과 높은 심박수, 평소보다 높은 혈중 코르티솔 수치를 확인하게 될 터였다. 이런 상태로는 4년 임기를 견딜 수 없었고 그도 그 사실을 알았다. 하지만 어찌해야 할지 갈피를 잡지 못했다.

만성 스트레스를 관리하지 못하면 텔로미어가 마모되고 세포 노화가 촉진되기 때문에 노화로 말미암아 질병이 발생하기 시작하는 '질병 기간disease span'에 너무 일찍 진입할 수 있다. 만성 스트레스는 행동과 식욕을 변화시킨다. 기분이 좋아지는 음식(당분과 지방이 많은 음식)에 대한 욕구가 생긴다. 몸은 생존을 위해 자원을 보존해야 한다고 믿고서 신진대사의 속도를 늦추고 복부에 지방을 저장한다. 스트레스 각성 수치가 높으면 숙면을 취하지 못해서 항상 기운이 없다. 그러면 중독에 빠지기 쉽다. '스트레스 뇌'는 쾌락과 안도감을 갈망하는 뇌 경로를 활성화해 칼로리가 높은 음식을 갈구하게 만들고 인슐린 저항성, 염증 및 비만을 일으킨다.

그런 한편 급성 스트레스 반응(압박감을 느낄 때 의존하는 단기 반응)은 우리가 가진 놀라운 능력이다. 우리 몸은 이런 일시적인 스트레스를 처리하도록 설계되어 있다. 부정적이거나 도전적인 일이 일어나거나 그럴 것으로 예상되면 우리는 이 훌륭하고 민첩한 절정 반응을 일으킨다. 눈 깜짝할 사이에 혈압이 올라가고 신경계가 더욱 예민해지며 주요 스트레스 호르몬인 코르티솔과 아드레날린이 반사적으로 혈류로 방출된다. 교감 신경계(투쟁/도피)는 강도를 높이고 부교감 신경계(휴식 및 소화)는 강도를 낮추어 강렬하고 활기찬 스트레스 반응을 일으킬 수 있다. 이 신속하고 강력한 생물학적 도미노 효과는 위험에 집중하고, 더 많은 에너지를 확보하고, 신속하게 대응하도록 돕는다. 급성 스트레스 반응은 대단한 자산이며 이 반응이 없다면 여러분은 결코 존재하고 싶지 않을 것이다. 그러나 '신속한 차단'이 필요하다. 스트레스를 유발하는 사건이 발생했을 때 스트레스 반응을 끝내야 한다.

잠시 멈추어 몇 가지 희소식을 살펴보자. 여러분은 진작부터 이를 실천하고 있었다. 앞선 두 장에서 실천했던 기법들은 스트레스 반응을 더 효과적으로 조절하고자 고안한 것이다. 예상치 못한 상황을 예상하고 다양한 가능성에 열린 마음으로 유연하게 대처할 수 있다면 불쑥 발생하는 예상치 못한 문제를 무력화시킬 수 있다. 이른바 '가젤' 반사 작용을 보이지 않는다.

아울러 통제할 수 있는 것과 통제할 수 없는 것을 명확히 파악하면 실천할 수 없는 상황을 계획하느라 시간을 낭비할 가능성이 줄어든다. 이 두 가지 전략을 통해 스트레스 경험을 더욱 건강하고 안정적으로 바꿀 수 있다. 하지만 중대한 다음 단계가 있다. 바로 일상의 스트레스를 위협이 아닌 도전으로 인식하는 것이다. 이는 말만큼 쉬운 일이 아니다.

갑작스럽거나 당황스럽거나 스트레스가 많은 상황을 위협이 아닌 도전으로 받아들여야 한다고 이해하는 것과 상황이 전개될 때 순간적으로 관점을 바꾸는 것은 별개의 문제다. 그래도 정확히 이 목적을 위해 이용할 수 있는 몇 가지 구체적인 전략이 있다.

첫 번째 전략은 스트레스 반응 자체에 위협을 느끼지 않도록 스트레스 반응을 자산으로 생각하는 것이다.

위협 스트레스
vs. 도전 스트레스

동료 웬디 멘데스는 실험실에서 사람들의 스트레스 반응을 조종함으로써 위협 스트레스와 도전 스트레스의 차이를 연구한다. 감정적으로나 생리적으로 위협 반응을 유도하는 매우 불편하고 낯선 상황이 아니라 참가자들이 훌륭하게 대처하고 통제력을 느낄 수 있는 상황을 제공한다. 그 결과 통제감이 크고 자원이 많을수록 긍정적인 스트레스 반응(이른바 '도전 마인드셋')이 증가한다는 사실을 발견했다. 도전 반응은 긍정적인 감정을 더 많이 느끼고 위협 반응을 보일 때처럼 혈관이 수축하는 대신 심장에서 박출하는 혈액량(심박출량)이 더 많아진다는 특징이 있다. 스트레스 요인을 마주했을 때 위협이 아니라 오히려 도전이라고 느끼는 마인드셋은 텔로미어 확장과도 관련이 있으며 주지하듯이 텔로미어는 장수나 활력과 무관하지 않다.[4]

흔히 스트레스 반응에 위협을 느끼는 사람이 많다. 그러나 연습을 약간 하면 스트레스 반응을 스스로 조절할 수 있다는 사실이 과학적으로 입증되었다. 스트레스 반응을 강점으로 바라보라고 가르치면 도전 마인드셋을 얻게 되고 대처 능력이 향상된다.[5] 스트레스 반응이 내게 도움이 된다고 되뇌는 간단한 방법만으로도 이런 결과를 얻을 수 있다.

권위 있는 한 연구에서 멘데스와 동료들은 학생들에게 스트레스 반응이 중요한 시험을 잘 치르는 데 보탬이 된다고 생각하도록 가르쳤는데, 그러자 시험 불안을 느낄 때와는 정반대로 성적이 상승했다.[6] 스탠퍼드 연구원인 알리아 크럼 박사는 스트레스에 대한 사람들의 믿음을 평가하는 도구로 스트레스 마인드셋 척도Stress Mindset Measure를 개발했다.[7]

크럼 박사는 우리의 스트레스 마인드셋이 가변적이라는 사실을 발견했다. 스트레스의 해로운 영향에 대한 정보를 제공하면 사람들은 더 어리석게 행동한다. 반면 스트레스의 이점을 전달하면 바람직하게 행동하는 경향이 있다. 스트레스의 이점에 집중할 때 스트레스를 덜 느끼고 위협적인 신호보다는 긍정적인 신호에 주의를 기울이며 상황을 피하기보다는 자신 있게 접근한다. 스트레스를 긍정적으로 인식하면 업무 참여도가 높아지고 긍정적인 감정이 증가하며 생리학적 반응이 줄어든다. 혼잣말이 중요하다! 스트레스

나의 스트레스 마인드셋 척도

1(전혀 그렇지 않다)부터 10(완전히 그렇다)까지 수치로 매겨본다면 다음 각 문장을 어느 정도 믿는가? 만성 독성 스트레스가 아니라 스트레스가 많은 사건들을 떠올려라.

스트레스는 해롭다

스트레스를 완전히 피해야 한다
① ② ③ ④ ⑤ ⑥ ⑦ ⑧ ⑨ ⑩

스트레스는 학습과 성장을 방해한다
① ② ③ ④ ⑤ ⑥ ⑦ ⑧ ⑨ ⑩

스트레스는 건강과 활력을 고갈시킨다
① ② ③ ④ ⑤ ⑥ ⑦ ⑧ ⑨ ⑩

———————————

총점

스트레스는 이롭다

스트레스를 추구하고 활용해야 한다
① ② ③ ④ ⑤ ⑥ ⑦ ⑧ ⑨ ⑩

스트레스는 학습과 성장을 향상시킨다
① ② ③ ④ ⑤ ⑥ ⑦ ⑧ ⑨ ⑩

스트레스는 건강과 활력을 증진시킨다
① ② ③ ④ ⑤ ⑥ ⑦ ⑧ ⑨ ⑩

———————————

총점

마인드셋 척도에서 해로운 측면의 점수가 높았다면 스트레스의 이점에 더 집중하고 까다로운 상황에 대처하기 전에 이를 되새길 수 있을 것이다.

따라서 무엇보다 스트레스 반응(예: 갑작스러운 공포, 두근거리는 심장, 축축해진 손바닥, 높은 에너지 수준, 불안감 등)이 시작된다고 느껴질 때 어려운 상황에 스트레스 반응을 보이는 능력은 약점이 아니라 강점이라는 점을 기억하라. 이런 식으로 생각하자. (팬데믹 기간 동안 회자되던 말처럼) 힘들 때 도움을 요청하는 것은 강점이다. 스트레스가 심한 순간에 도움을 받아 몸을 더 강하게 만들 수 있기 때문이다. 스티븐에게 이런 재구성은 대단히 효과적이었다. 스트레스 반응이 새로운 역할에 따르는 도전을 극복할 도구로서 고안된 것이라고 생각하자 스트레스가 심한 순간이 그다지 해롭게 느껴지지 않았다. 오히려 스트레스를 반길 수 있었고('좋아, 한번 해보자! 내게 힘을 줘!') 덕분에 나중에 회복하는 속도도 빨라졌다.

우리 몸은 스트레스에서 빠르게 회복하도록 설계되어 있다. 인간의 신경계는 몇 분 안에 기준선으로 돌아갈 수 있고 대부분의 호르몬은 30분 이내에 정상 수치로 돌아간다(염증성 사이토카인은 상처 치유를 위해 필요할 경우 좀 더 오래 남는다). 이것이 건강한 스트레스 반응의 표준이며 이런 반응을 통해 급성 스트레스에서 빠르게 회복할 수 있다. 여러분은 이미 이 능력을 갖추고 있다. 그러니 프로그래밍이 된 대로 몸이 제 할 일을 하도록 맡기면 된다.

우리 몸은 위협 경험보다는 도전 경험을 한 이후에 적시에 건강한 방식으로 '내려올' 수 있다. 위협 경험의 생물학적, 정신적 잔여물은 계속 남는다. 그래서 우리는 반추하고 되새긴다. 반면 도전 경험은 다르다. 산에 오르는 것과 마찬가지로 정상에 도달한 후에 반대편으로 내려온다.

다음 두 가지 요점을 명심하기 바란다.

내 스트레스 반응은 자산이다
<u>그것은 내가 도전에 잘 대처하도록 돕는다.</u>

나는 스트레스에서 신속하게 회복할 수 있다
<u>내 몸은 그렇게 하도록 설계되어 있다.</u>

(스트레스는 본질적으로 건강에 해롭거나 피해야 할 대상이 아니며 따라서 자연스러운 스트레스 반응은 '잘못'이 아니라는) 인체 생물학에 대한 이해는 위협 반응에서 도전 반응으로 전환하는 중요한 토대가 된다. 스티븐은 이를 토대로 자신이 경험하는 스트레스와 대응 방식에 과민하게 반응하지 않을 수 있었다. 이 방법의 유용성을 이해한 덕분에 자기비판을 줄이고 더 수용적인 태도를 얻었다. 하지만 그가 해야 할 일은 여기에서 끝나지 않았다. 선거는 1회적인 일이다. 스트레스 회복탄력성이 뛰어난 우리 몸은 몇 달간의 극심한 스트레스

때문에 돌이킬 수 없는 손상을 입지 않는다. 하지만 4년(혹은 그 이상) 임기라면 문제가 다르다. 이 직책에 따르는 스트레스 요인은 계속 남을 것이고 따라서 이 일로 건강을 해치지 않으려면 다른 스트레스 대응 방식을 배워야 한다. 그렇다면 어떻게 변화할 수 있을까?

물어라, 5년 뒤에도
이 일이 그렇게 중요할까?

스티븐의 최대 도전은 새롭고 낯선 역할이다. 누구나 미지의 상황에 직면해 뒷걸음쳐야 한다고 느끼면 위협 반응 모드에 빠질 수 있다. 추진 중인 일의 실망스러운 결과, 육아 과정에서 순탄치 않은 순간, 소중한 사람과의 싸움 등 다양한 상황에서 실패했거나 실패하고 있다고 느낄 수 있다.

첫 번째 재구성 과제는 실패가 성공의 일부임을 깨닫는 일이다. 새로운 상황을 등지고 위험을 최소화하며 고통을 피하는 것이 더 쉬운 길처럼 보일 수 있다. (과학계에서 경력을 쌓거나, 정치에서 새로운 역할을 맡거나, 사업을 준비하거나, 첫 아이를 얻는 등) 가치가 있는 일을 추진할 때마다 실수는 필연적으로 여정의 큰 부분을 차지할 것이다. 실수는 성장 과정의 공통적이고 일반적인 요소다. 실패는 세상이 끝나는 일이거나 내게만 일어나는 일이 아니라 일상적인 일이라고 예상하라. 알다시피 성공하는 사람들은 위험을 감수한다. 그들은 힘든 상황에도 최선을 다하고 실수를 되풀이하는 경험에 몸을 사리지 않는다. 진정한 실패는 끈기가 필요한 일을 포기하는 것뿐이다. 실수와 실패는 그저 목표를 달성하기 위한 과정의 일부일 뿐이라고 생각할 때 위협 반응보다는 도전 반응을 취할 수 있다.

스트레스에서 위협을 느낄 때의 믿음
실패한다면 그것은 내가 이 일에 적합하지 않다는 뜻이다.

믿음 재구성하기
실패한다면 그것은 내가 자신에게 도전하고 있다는 뜻이다.

스티븐은 (비즈니스, 예술, 발견 과학 등에서 그렇듯이) 정치에서도 실패가 예외가 아니라 기본임을 깨달았다. 정치적 대립, 예산의 제약, 실제 성과를 평가할 국민투표 등이 그가 추진하는 대다수 계획의 걸림돌이 될 터였다. 임기 중에 경험할 실패는 성공보다 열 배는 많을 테고 이는 유능한 시장이 되기 위한 과정의 일부였다. 실패는 그가 가치 있는 일을 성취하고자 노력하고 있다는 신호였다. 이처럼 생각을 재구성하자 실패가 더 이상 위협으로 느껴지지 않았다. 스트레스는 내 목을 조르는 포식자가 아니라 원동력이자 동기부여라고 받아들일 수 있었다. 이제 나는 가젤이 아니다!

스트레스에서 위협을 느낄 때의 믿음

나는 이 일에 결코 성공할 수 없을 것이다.

믿음 재구성하기

나는 이 문제를 해결할 능력이 있다. 그리고 힘들면 도움을 청할 수 있다.

'난 충분히 훌륭하지 않다', '자격이 없다', '이 자리에 어울리지 않는다', '수준 미달이다' 같은 혼잣말은 도전 마인드셋의 이로운 생각과 정반대의 메시지를 전달함으로써 극심한 고통을 일으킨다. 극단적인 경우에는 이것이 가면 증후군으로 발전해 자신의 본색이 드러날까 봐 두려워하게 된다. 그러다 보면 정상 궤도에서 이탈하거나 경력을 쌓으면서 개인적인 목표를 세우지 못할 수 있다. 가면 증후군은 자존감, 자기 의심, 자기 연민과 밀접한 관련이 있으며 성과 부진과 번아웃의 계기가 될 수 있다.[8] 또한 실패와 성공에 대한 두려움을 유발할 수 있다.[9]

게다가 흥미롭게도 가면 증후군에 걸리면 자신이 실제로 성공하고 있다는 증거가 아무리 많아도 눈에 들어오지 않는다. 대단한 성과를 이룬 사람들, 심지어 자기 분야에서 최고 수준에 이른 사람들에게도 가면 증후군이 흔히 나타난다. 의대생과 외과 레지던트, 대학병원 의사 가운데 30퍼센트 이상이 이 증후군을 앓고 있다.[10]

가면 증후군은 위협 마인드셋을 부추긴다. 성공하기 위해 필요한 능력과 경험이 어느 정도이든 상관없이 내 능력과 경험이 부족하다는 생각에 사로잡히면 마치 발아래가 흔들리는 것처럼 느낀다. 혼잣말은 단순하지만 강력한 도구다. 혼잣말을 어떻게 하느냐에 따라 스트레스가 증폭되거나 아니면 곧장 차분한 상태로 바뀔 수 있다.

우리는 대부분 '난 이 일을 할 자격이 없어, 여기 있으면 안 돼, 이 일에 필요한 소질이 없어'라고 생각한 적이 있다. 직장, 학업 성적, 개인적인 성과 등 주제가 무엇이든 간에 이런 혼잣말은 한결같다. 이처럼 사실이 아니지만 흔히 나타나는 자기 파괴를 극복하려면 내면의 나침반으로 관심을 돌려야 한다. 다른 사람의 성과나 기대치, 그리고 지나치게 엄격하거나 완벽주의적인 기준이 아니라 과거의 내 성과를 기준으로 자신을 판단하라.

스티븐은 정치에는 초년병이지만 시장 역할을 성공적으로 수행할 기술과 역량을 이미 갖추고 있었다. 물론 이전 역할에서는 온갖 업계 지식을 장착하고 있는 그였어도 새로운 역할에서는 관련 지식이 부족했다. 그러나 그때껏 스스로 인식하지는 못했지만 스티븐은 시장 역할에 남다른 적임자가 될 만한 다른 중요한 기술을 이미 갖추고 있었다. 공통 기반을 찾는 일에 능숙하고, 빨리 배우고, 명확하게 의사를 전달하고, 혁신적으로 문제를 해결했다. 힘든 대화나 공개 토론, 스트레스가 많은 기타 업무에 대비할 때 이런 중요한 기

술을 마음속에 떠올리고 비슷한 상황에서 성공했던 경험들을 되새
기면 불안감이 줄어들었다.

스트레스에서 위협을 느낄 때의 믿음
내가 이 일에 성공하지 못하면 모든 게 무너질 것이다.

믿음 재구성하기
난 최선을 다할 수 있을 뿐이다. 다른 모든 것은 내가 통제할 수 없다.

연구원들은 자발적 자기 거리두기spontaneous self-distancing라고
일컫는 관점 변화의 효과를 실험했다. 여러 연구에서 이것이 미래의
스트레스 요인에 대한 불안하고 감정적인 반응을 억제하는 것으로
나타났다.[11] '자기 거리두기'란 무슨 뜻일까? 앞으로 닥칠 일 때문에
스트레스를 느낄 때 한 걸음 물러난다는 뜻이다. '자기 몰입'의 관점
이 아닌 '자기 거리두기' 관점에서 상황을 바라본다. 나는 더 큰 그
림을 보고 몸은 스트레스 요인에 더 차분하게 반응한다. 요컨대 지
금 하고 있는 중요한 일에서 자신을 '분리'해서 무엇이 누구에게 중
요한지 떠올릴 수 있다면 긍정적인 도전을 더 많이 느끼고 해로운
위협을 덜 느낄 수 있다.

건강한 심리적 거리를 두는 가장 효과적인 방법으로, 스트레
스가 심한 사건과 나 사이에 시간차를 약간 둘 수 있다. 물론 실제

시간 여행은 불가능하겠지만 마음속의 시간 여행은 가능하다.

미래로 한 걸음 다가가 스스로에게 이렇게 물어라. '더 장기적으로 보면 이 일이 얼마나 중요할까? 일주일 후에 이 일이 내게 얼마나 많은 영향을 끼칠까? 한 달 후에는 어떨까? 1년 후에는? 10년 후에는?'

재미있는 일화를 소개하면 저녁 식사를 하던 중에 이따금 내가 어떤 상황에 대해 분통을 터트리면 우리 아들은 내가 잘하는 질문 하나를 그대로 따라 하곤 한다. "엄마, 이게 5년 후에는 얼마나 중요할까요?"

이 말이 언제나 훌륭한 재설정 버튼으로 작용한다. 상황의 중요성이 줄어든다. 상황은 여전히 남아 있어도 그것이 내 마음이나 생활에 차지하는 공간은 줄어든다. 스트레스 요인이 너무 커져서 내 렌즈를 가득 채우기 시작한다면 관점을 점검해야 할 때가 되었다는 뜻이다. 스트레스가 많은 사건을 앞두고 있을 때 그것은 흔히 우리 마음속에서 필요 이상의 크기와 무게를 차지한다. 누구에게나 인생은 한 번뿐이다. 건강한 관점을 유지하면 위협보다는 도전을 더 많이 느낄 수 있다.

스트레스에서 위협을 느낄 때의 믿음
이건 스트레스가 너무 심하군. 이런 느낌이 정말 싫어.

믿음 재구성하기

이거 흥미진진하군. 이 느낌을 음미할 수 있어!

너무 단순하다 보니 이 방법이 현실적이지 않은 것처럼 보일 수 있다. 하지만 어떤 일이 위협적이기보다는 흥미롭다고 되뇌는 것만으로도 긍정적인 스트레스 경험으로 방향을 바꿀 수 있다. 지금껏 36건의 연구에서 혼잣말이나 재구성을 통해 스트레스에 대한 견해를 바꾸는 방법을 시험했다.[12] 이런 문장들이 이따금 자율신경계 반응을 개선하고 정서적 스트레스를 확실하게 감소시킨다. 바꾸어 말하면 스트레스를 어떻게 받아들이느냐가 부정적인 스트레스를 크게 줄이고 성과를 향상시키도록 힘을 실을 수 있다.

이를테면 스트레스 자체가 삶을 향상시킨다고 생각하거나(긍정적인 스트레스 마인드셋), 신체적 스트레스 반응이 성과를 향상시킨다고 생각하거나('손에 땀이 나고 심박수가 높아진 게 내게 이롭다 — 내 몸은 고무된 상태다!') 또는 지금 내가 위협을 받았다기보다 힘을 얻고 준비된 상태라고 생각한다. 캘리포니아대학교 샌프란시스코캠퍼스에서 연구를 실시한 결과 마음챙김 훈련을 받은 참가자들은 스트레스 요인이 발생한 후에 긍정적인 '도전' 감정(흥분과 자신감 같은 감정)을 더 많이 느끼고 심박출량이 증가했으며 혈관이 덜 수축했다.[13] 마음챙김 훈련을 통해 메타인지(자신의 마음을 관찰하는 능력)를 기르게 된 것이다.

그러니 명심하라. 스트레스 반응을 어느 정도까지는 스스로 조절할 수 있다! 물론 일하다 보면 아드레날린이 분출되는 상황이 일어나기 마련이다. 하지만 이때 몸의 자연스러운 스트레스 반응을 해석하고 상황이 전개되는 방식을 개선하기로 선택할 수 있다.

이처럼 위협에서 도전으로 상황을 재구성하는 방법을 진지하게 생각하기 전까지 스티븐은 자신의 위협 스트레스가 대부분 한 가지 중대한 문제에서 비롯되었다는 점조차 깨닫지 못했다. 문제는 바로 그가 모든 사람을 만족시키겠다는 불가능한 목표를 세우고 취임했다는 사실이었다. 고객 만족이 목표인 마케팅 업계에서 그는 이런 일에 익숙했다. 하지만 한 도시를 운영하는 일은 판이하게 다른 문제였다. 성공의 개념을 근본적으로 재구성해야 했다. 그는 4년 임기 동안 한 가지만이라도 도시를 발전시킬 수 있는 일을 해낸다면 성공이라고 간주하기로 결심했다.

결국 4년 동안 성공보다 실패가 더 많았고 실패할 때면 대개 스트레스를 받았다. 하지만 그는 긍정적인 스트레스 마인드셋을 택하고 이런 어려움을 성공으로 향하는 길목이나 성취를 이루기 위해 건너야 할 다리로 여겼으며 덕분에 스트레스에 다른 방식으로 대응할 수 있었다. 대부분의 경우 스티븐은 끊임없이 스트레스를 받고 공격받고 지치는 대신, 그 직책에서 동기를 부여받고 추진력을 얻고 활력을 느꼈다. 그리고 자기도 모르게 위협을 받는 '레드 마인드' 영역으로 너무 치우칠 때 그는 이런 정신적 재구성을 이용해 정상 궤도로 돌아갔다.

(비록 모든 사람을 만족시키지는 못했어도) 4년 후 스티븐은 재선되었다. 두 번째 임기에 스트레스 회복탄력성과 관련된 새로운 과제에 맞닥뜨렸다. 바로 시장이라는 역할과 자신을 지나치게 동일시하지 않는 일이었다. 이것이 사자로 변화하기 위한 마지막이자 아마 가장 어려운 정신적 과제일 것이다.

'내 정체성과 자존감을 삶의 특정한 역할이나 측면과 연결하지 않는다!'

한 바구니에
모든 계란을 담지 마라

농구 팬이라면 클리블랜드 캐벌리어스Cleveland Cavaliers의 파워 포워드(득점력이 뛰어나고 강력한 포워드로, 주로 몸싸움에 능하고 골 밑 플레이가 좋은 선수가 맡는다 — 옮긴이) 케빈 러브를 잘 알 것이다. 러브는 매우 뛰어난 운동선수다. NBA 올스타에 다섯 번이나 선정되었고 올림픽 국가대표였으며 2016년에는 캐벌리어스 소속으로 NBA 우승을 차지했다. 그의 아버지 역시 NBA 선수였다. 그는 거의 평생 동안 농구계에서 거둔 업적으로 인정받았다. 나는 영광스럽게도 커먼웰스 클럽Commonwealth Club이 주최한 한 라디오 행사에서 그와 대화를 나눌 기회가 있었다. 대화를 나누던 중에 그가 가면 증후군과 '정체성 위협 스트레스'를 겪은 사실을 알게 되었다.[14] 이야기의 발단은 그의 신경계가 보낸 구조 요청이었다.

2017년 애틀랜타 호크스Atlanta Hawks와 홈경기를 하던 도중에 러브는 공황 발작을 일으켰다. 몇 달 후에 공유한 글에서 그는 경기를 앞두고 느끼는 스트레스와 압박감의 퍼펙트 스톰(위력이 세지 않은 폭풍이 다른 자연현상을 만나 엄청난 파괴력을 가진 폭풍으로 변하는 현상 ─ 옮긴이)에 대해 설명했다. 가족과의 대인관계 문제, 수면 장애, 팬들의 기대치에 부응하지 못할 것 같은 두려움 등이 그 원인이었다.[15] 경기가 시작되면 곧바로 악전고투가 시작되었다. 온몸에 기운이 다 빠지고 숨이 막히는 것 같았다. 경기력이 떨어지고(계속 골을 넣지 못했다) 머리가 빙글빙글 도는 느낌이었다. 그는 결국 두근거리는 가슴을 부여잡고 경기장을 떠나야 했으며 병원으로 실려 가서 일괄 검사를 받았다. 아무런 이상도 발견되지 않았다. 하지만 다음 경기에서도 똑같은 현상이 일어났다.

결국 치료를 시작한 러브는 자신이 겪는 엄청난 스트레스의 상당 부분이 커리어나 성과와 밀접하게 연결된 정체성 때문임을 깨달았다. 그는 다른 운동선수들(혹은 삶의 한 특정 영역에서 거두는 성과에 자존감이 크게 좌우되는 모든 사람)에게 도움이 되었으면 하는 바람에서 자신의 경험담을 공유했다. '위대한 농구 선수'로 인정받던 사람이 한 경기를 망치면 완전히 무너진다는 것이 이야기의 요지였다. 회복하기 어렵다. 그는 "성적이 좋지 않으면 한 인간으로서 내가 성공했다는 느낌이 들지 않았다"고 말했다.

인간으로서의 존재가 공격받고 있다고 느낀다면 이는 가젤

모드에 빠져 있다는 뜻이다. 이때 왜 그런지 이유를 모르겠다면 잠시 시간을 내어 스스로에게 물어보라. '이 상황에서 왜 나는 자아가 위협받는다고 느끼는가?' 핵심 정체성이 위협받고 있는데 '한 바구니에 모든 계란을 담은' 상황이라면 위협감을 느끼기 마련이다.

예컨대 훌륭한 부모가 될 능력을 자신의 가장 큰 가치라고 생각하는(혹은 다른 사람이 생각하는 나의 가장 큰 가치라고 믿는) 사람이 있다. 혹은 자신의 가장 큰 가치가 고소득자가 될 능력, 또는 마감일에 항상 훌륭한 결과물을 만들어내는 능력이라고 생각할 수도 있다. 무엇을 내 가치라고 생각하든 상관없이 이런 역할에서 발생하는 일상적인 충돌과 걸림돌이 무엇보다 더 강력하고 빈번하게 내게 영향을 미친다. '나'라는 존재가 위태로워지면 '지위'가 위협받으며 그 결과 몸이 마치 공격을 받는 것처럼 반응한다.

남다른 목적을 성취하고, 획득하고, 성과를 거두어야 한다는 문화적 메시지가 의식하지 못하는 사이에 우리의 가치관을 형성한다. 이런 메시지가 특히 한 가지 결과(마감 기한 맞추기, 매출 달성, 연구 결과 발표 등)와 연결되는 경우 좌절이 닥칠 때마다 자존감이 떨어진다. 그렇다면 해결책은 무엇일까?

다양화시켜라.

더 많은 일을 하라는 의미가 아니다. 대신 이미 가지고 있는 다른 모든 내 모습을 떠올려라. 한 가지 모습만 가진 사람은 없다. 러브가 표현했듯이 "생계를 위해 하는 일이 반드시 나라는 사람을 정의하는 것은 아니다." 내가 소중히 여기는 것들, 그리고 지금 성패가 걸린 역할 이외에 인생에서 내가 수행하는 다른 역할들을 되새겨라.

스티븐은 이런 방식으로 시장을 연임하는 동안 만성적인 스트레스 주기에서 벗어났다. '시장'이라는 직책에 스티븐의 정체성을 연결하는 사람이 많았다. 시장인 그를 높이 평가하고 존경하는 것 같았다. 이런 식으로 자신을 바라본다면 스티븐은 직함을 잃을 수 있다는 가능성만 떠올려도 무너질 수 있다. 그래서 (향후 선거에 영향을 미칠 수 있는) 업무상 중대한 도전이 닥치면 자신이 맡은 모든 역할을 되새기며 스스로 스트레스를 관리했다. 그는 멋진 아버지이자 다정한 남편이었다. 여러 이사회와 자원봉사 단체에 이바지하며 공동체에 적극적으로 참여하는 구성원이었다. 노부모의 건강과 재무를 관리하는 헌신적인 아들이었다. 그의 정체성(그리고 그의 전반적인 가치)은 여러 측면으로 구성된다. 오로지 한 가지 역할로 축소할 수 없다.

이때 효과적인 한 가지 전략은 가치 확언을 이용해 내면의 나침반으로 방향을 바꾸고 내가 이미 하고 있는 모든 일을 떠올리는 것이다. 자기 확언(자신에 대한 긍정적 진술)이 진부하고 무의미하다고 여기며 어색해하는 사람이 있다. 무슨 뜻인지 이해한다. 자기 확언이라 하면 스튜어트 스몰리가 떠오른다. 스몰리는 매주 유명한 '새터데이 나이트 라이브Saturday Night Live'의 한 콩트에 등장해 '나는 충분히 훌륭하고, 충분히 똑똑하고, 젠장, 사람들은 나를 좋아해!'라고 말하곤 한다. 하지만 이는 내가 말하는 확언과 다르다. 과학 연구에 따르면 (삶의 핵심적이고 주도적인 가치를 적고 지금 그 가치들을 실천하고 체현하는 모든 노력을 나열하는) 가치 확언의 효과는 매우 강력하다. 자신에 대한 일반적인 긍정 진술보다 훨씬 더 효과적이다(미안합니다, 스튜어트!). 개인의 진정성과 자아가 위협받고 있다고 느낄 때 핵심 가치와 내가 가장 중요하게 생각하는 것을 위해 내가 이미 기울이고 있는 모든 노력을 되새김으로써 스트레스를 줄일 수 있다.[16]

가치 확언이 특히 흑인과 히스패닉 학생의 성적을 향상시키고 심지어 의대생들의 성과를 높이는 데 효과적이라는 흥미로운 연구 결과가 있다.[17] 가치 확언을 통해 코르티솔과 카테콜아민 같은 스트레스 호르몬을 둔화시킬 수 있다. 카네기멜론대학교의 연구원 데이비드 크레스웰 박사는 확언의 효과를 실험했다. 그는 유방암 환자들이 3주 동안 일주일에 한 번씩 암 대처법에 대해 글을 쓰면 가치 확언을 중심으로 그 글을 분석했다. 이를테면 "나는 그 어느 때보다 기도를 많이 했다. 기도는 언제나 나의 개인적인 강점이었다" 같은 문장이 가치 확언일 수 있다. 분석 결과에 따르면 가치 확언 문장을 더 많이 쓴 사람들은 3개월 후 병세가 호전되었다.[18] 이후 확언이 뇌 활동에 "나타나는지" 시험하는 과정에서 크레스웰 박사는 가치 확언이 성행위나 행복한 기억을 떠올리는 것과 마찬가지로 뇌의 보상

영역(배내측 전전두엽 피질)을 활성화한다는 사실을 발견했다. 반복적인 연습을 통해 이런 방향으로 사고방식을 바꾸면 위협 반응에 대한 면역력을 키울 수 있다.[19]

당장 시도해 보자! 다음 목록에서 몇 가지 강력한 가치나 개인적인 강점을 선택하고 각 가치와 강점이 내게 중요한 이유와 이를 체현할 방법을 진지하게 생각하라.

나의 핵심 가치들

(아래 항목들 중에서) 자신의 삶에서 중요한 세 가지 가치를 선택하고 지금 그것을 어떤 식으로 실천하는지 실례를 떠올려라.

- (예술적/음악적) 창의성
- 공동체/인간관계
- 우정/가족
- 지식 습득/호기심
- 봉사/사회 정의/형평성
- 정직성/진정성/도덕적 원칙
- 용기/용감성
- 친절함/관대함/동정
- 자연/환경/지속가능성
- 영성/종교

내 값어치와 가치가 시작되는 진정한 원천의 토대가 탄탄할 경우 스트레스에 생리학적인 도전 반응을 보이며 그 결과 스트레스로부터 빨리 회복할 수 있는 능력이 향상된다. 자신을 다면적인 정체성을 가진 존재로 보는 이런 능력은 스트레스 회복탄력성의 중요한 요소다. 이런 자기 인식을 갖출 때 삶의 일부분을 위협하는 무언가가 온전한 존재를 더 이상 위협할 수 없다.

스트레스 관리 수련회를 진행할 때 나는 '정체성의 다양성'이라는 (자아를 확장해 자신의 모든 모습을 포함시키는) 문제를 중심으로 사람들을 지도한다. 우리는 자기가치감이 파이의 작은 한 조각에 좌우되는 것을 원치 않는다. 매일 파이 전체를 보고 싶다.

중요한 것은 내가 무엇을 행하고 소중하게 여기는지가 아니다. 그저 나로 존재하는 것만으로 충분하다. 사회에서 아무리 성과를 기준으로 나를 평가한다는 메시지를 전달하더라도 우리는 생득적인 고유한 내 가치가 언제나 존재한다는 사실을 되새길 때 내 정체성이 확장된다는 사실을 기억하고 믿어야 한다. 우리 수련회에서는 참가자들이 되새길 수 있는 주문을 제시한다. '나는 충분하다.' 삶의 한 영역에서 어떤 문제가 공격이나 방해, 위협처럼 느껴지는 순간에 이 주문을 외어보라. 이 짧은 문구에는 어떤 일이 일어나더라도 나는 다양한 모습을 가진 존재이며 본질적으로 가치 있고 중요하다는 깨달음이 담겨 있다.

나는 충분하다, 충분히 가지고 있다, 충분히 행동하고 있다.

사는 동안 우리가 마주치는 암시적이거나 명시적인 성차별을 감안할 때 특히 여성은 자아관이 더 부정적이고 스트레스를 더 심각하게 평가하며 평균 스트레스 수준이 더 높다. 사회 소외계층이라는 정체성을 소유한 사람들도 모욕과 상처를 주는 메시지를 마음에 담아두기 때문에 이와 똑같은 도전에 직면한다. 따라서 혼잣말에 특히 유념해야 한다. 자아비판의 목소리가 너무 크고 잦다 보니 스스로 알아차리지 못할 수 있다. 이미 받아들인 것이다. 코미디클럽에서 시작해서 '새터데이 나이트 라이브'에서 유명세를 얻은 티나 페이는 아주 재미있는 코미디언이다. 그녀가 한 말 중에 내 마음을 사로잡는 말이 있다. "전 티나 페이 때문에 항상 놀랍니다. 그런데 제가 바로 티나 페이예요."

나는 수련회에 참가한 모든 사람에게 본인의 이름을 넣어 이 문장을 되풀이하라고 요청한다. 처음에는 굉장히 어색하겠지만 시도해 보라. 여러분은 제각기 무수한 고난과 상실, 거절을 견뎌냈고 더 잘해내기 위해 최선을 다하고 노력하며 여전히 이곳에 존재한다. 한 번 더 시도해 보라. 이 말을 얼마나 진심으로 믿고 있는가?

내 워크숍에 참가했던 캐시 캐플레너는 농담 반 진담 반으로

'당신은 충분하다'라는 문구를 큰 글씨로 적은 대형 광고판을 설치하겠다고 말한 적이 있다. 광고나 웹사이트, 판매할 물건 따위는 없다. 그저 광고판을 보는 사람들에게 누군가 어떤 메시지를 전달하려 한다는 사실을 알리고 싶을 뿐이다. 우리가 스스로 가치 있는 존재라고 느끼려면 더 많이 일하고, 더 많이 성취하고, 더 많이 벌고, 더 잘해야 한다고 압박하는 이 만연한 결핍 마인드셋에 맞서기 위한 메시지 말이다.

나는 그녀에게 환상적인 아이디어라고 응원했지만 사람들이 이해하지 못할까 봐 내심 걱정스러웠다. 하지만 그것은 괜한 걱정이었다. 1년 후 그녀는 로스앤젤레스와 실리콘밸리에 광고판 열다섯 개를 세웠다. 사람들은 광고판의 메시지를 복사해서 그 메시지가 얼마나 감동적인지를 공유하고 그녀에게 이 사실을 알렸다. 우울증과 자살 충동에 시달리는 사람들이 남달리 공감하는 것처럼 보였다. 그 메시지가 자신을 구했다며 그녀에게 연락해 오는 사람이 많다. 그녀는 현재 확언을 담은 광고판을 후원하겠다는 조직과 협력하고 있다. 불안과 우울증으로 고생한 경험이 있는 캐시 본인도 사실 '당신은 충분하다'는 이 메시지에서 힘을 얻은 수혜자다.

그녀는 다음과 같이 전한다. "사람들을 안아주고 싶었어요. 지금 많은 사람들이 동참해 우리의 메시지와 광고판을 널리 확산시키고 있습니다."[20] 그녀는 한 주에 최소한 한 개의 광고판이 세워지기를 바란다.

여러분의 핵심적인 자기가치감이 검증되거나 다양해지면 스
트레스에 쉽게 위협받지 않을 것이다. 물론 언제든 스트레스에 도전
받을 수 있다. 그런데…… 그것이 바로 우리가 원하는 것이다.

달아나지 마라,
극복하고 정복하라!

오늘의 수련

지금 잠시 시간을 내어 앞으로 다가올 걱정스러운 일을 떠올려라. 이를테면 중요한 회의, 프레젠테이션, 프로젝트를 걱정할 수 있다. 교통 체증, 친목행사, 말다툼 등 사소하지만 일상에서 흔히 겪을 수 있는 번거로운 일도 있다. 왜 그런 일 때문에 스트레스를 받는지, 무엇을 잃을 수 있는지 생각해 보라. 이제 그 일을 떠올리면서 다음을 수행하라.

스트레스 방패를 만들어라

스스로에게 자신감이라는 방패를 선사함으로써 위협 스트레스가 내 세포에 침투하지 못하도록 차단할 수 있다. 특정한 상황에 대처할 수 있는 자원에 초점을 맞추고 개발하라.

그 상황에 대비가 되었다고 생각하는 이유를 작은 수첩이나 공책에 세 가지 이상 적어라. 이를테면 기술이나 자원, 외부 지원이나 유사한 상황을 극복한 경험을 적는다. 이 상황에 대처할 자질을 갖추고 있다고 자부하는 이유도 나열하라. 그런 확신이 들지 않는가? 그렇다면 그냥 그렇게 믿어라. 믿음만 있어도 극복할 수 있는 가능성이 높아진다. 자신감과 유능함이라는 렌즈를 통해 스트레스를 일으키는 사건에 접근하라. '나는 이 일에 필요한 자원을 갖추고 있다.'

스트레스 방패 선언문을 적은 다음 눈을 감고 스트레스를 받는 상황에 처한 내 모습을 최대한 생생하게 상상하라. 이 스트레스 방패 선언문을 염두에 두고 최선을 다해 얻을 수 있는 긍정적인 결과를 상상하라.

$$\boxed{\text{보너스 수련}}$$

나의 다양한 정체성을 떠올려라

스트레스가 많은 미래의 사건을 생각하며 이 상황과 무관하지만 내가 실천하는 몇 가지 핵심 가치를 떠올려라(139페이지 '나의 핵심 가치' 참고). 다차원적인 내 정체성으로 이 특정한 상황에서 발생하는 위협감을 완화할 수 있다.

시간의 관점을 확대하고 한 걸음 물러나라

(아직 일어나지 않은 일이지만) 미래의 내가 돌아보는 관점으로 이 일을 바라보라. 이 일이 1년 후 내게 얼마나 큰 영향을 미칠까? 5년 후라면 어떨까? 10년 후라면? 대부분의 경우 이 일이 1년 후의 내 삶에 영향을 미치지 않는다는 답을 얻을 것이다. 물론 영향이 미칠 가능성은 항상 존재하며 만일 그렇다면 잃을 것이 매우 많을 것이다. 하지만 그렇다 하더라도 다음과 같은 사실을 되새겨라. '나는 최선을 다할 뿐이며 나머지에 대한 통제권을 포기할 수 있다.'

$$\boxed{\text{문제 해결}}$$

방패 선언문, 관점 전환, 가치 확언은 반추를 줄이고 마음속으로 상황을 해결하는 데 효과적이다. 이런 수련들을 통해 스트레스를 받을 일이 닥쳐도 평온함을 느끼고 코르티솔 수치를 낮춰 그 순간에 집중하며 필요할 경우 사자가 될 수 있다. 그런데 이따금 내 몸이 협조하지 않아서 불안과 공황, 심장박동이 느껴질 때는 어떻게 해야 할까? 그런 순간에는 다음에 소개하는 방법을 시도하라.

몸의 에너지를 활용하라!

긴장된 에너지, 아드레날린의 급증, 혼미한 정신, 빨라지는 심장박동 등 스트레스가 극에 달했을 때 나타나는 현상은 활력과 힘을 불어넣을 자산이 될 수 있다. 특히 스스로 이런 관점을 택할 때 활력과 힘을 북돋울 수 있다. 그 결과 도전 반응이 일어난다면 내 몸의 반응을 시각화하라. 즉, 심장과 뇌에 더 많은 혈액과 산소를 보낸다. 사용할 수 있는 포도당이 많아져서 에너지가 증가한다. 긍정적이고 창의적인 에너지의 마인드셋을 구축한다. 성공에 필요한 일에 집중하고 실행할 수 있는 여건을 조성한다. 이것은 소진되는 번아웃 에너지가 아니라 재생 에너지다. 그리고 다음과 같이 되새겨라. '이 스트레스는 내가 이 일을 잘해낼 수 있는 강력한 에너지 자원이다. 내 몸은 고무된 상태다!' 이와 함께 긍정적인 생각을 하거나 아니면 나만의 선언문을 만들어라! '나는 지금 사자가 되고 있다.'

'왜 하필 나야?'에서 '날 시험해 봐!'로

1일 차에 이를 실천하고자 노력했지만 이미 살펴보았듯이 우리는 결코 기대를 멈출 수 없다. 기대에 지나치게 집착할 때는 이를 알아차리고 기대를 내려놓음으로써 예상대로 일이 진행되지 않더라도 위협 반응을 보이지 않기를 바란다. 그래도 위협 반응이 일어난다면 판을 뒤집어라. 상황의 희생자('왜 하필 나야?'라는 기분이 들면 대신 '날 시험해 봐!'라고 생각하라. 이미 견뎌낸 모든 어려운 상황을 떠올려라. 그 경험과 힘들게 얻은 지혜가 내 안에 체화되어 있다. '우주여, 나를 위해 또 무엇을 준비했는가?'라는 마인드셋으로 상황에 접근하고 기분이 어떻게 달라지는지 지켜보라.

PART
4

DAY　4일 차

처방

회복탄력성 기르기

의도적으로 몸에 스트레스를 가하라

STRESS INDEX

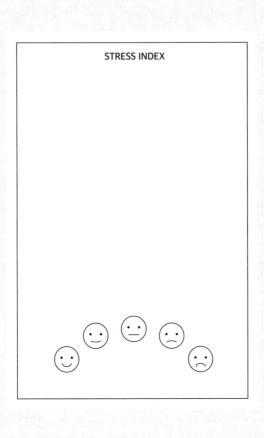

에비 폼푸라스는 전직 특수 첩보 요원이며 이는 말 그대로 총알을 맞을 각오를 해야 하는 직업이다. 이 직업에서 불확실성은 기정사실이고 회복탄력성이 필수 조건이다. 160센티미터 키에 백금발 머리를 하나로 묶고 완벽한 고양이 눈매를 한 폼푸라스는 과소평가해서는 안 될 인물이다. 사전에 검열이 되지 않은 군중 속으로 뛰어들기를 좋아했던 빌 클린턴 전 대통령을 경호하고 이집트에서 군중의 틈을 헤치고 조지 W. 부시 전 대통령을 인도했으며 버락 오바마 전 대통령과 함께 전 세계를 여행했다. 2001년 9월 11일 세계무역센터World Trade Center에 있던 그녀는 자리를 피하지 않고 참사 현장에 뛰어들었고 그 공로로 미국 비밀경호국 무공훈장을 받았다. 현재 회복탄력성 분야의 최고인기 연사로 활동한다. 스트레스가 많은 상황에 대해 그녀는 어떤 조언을 할까? 받아들이고 적응하라. 통제할 수 없는 상황에 맞서 싸우지 마라. 현실을 받아들이고 빠르게 적응하며 그 지점에서부터 문제를 해결하라.

훌륭한 조언이지만 말만큼 쉬운 일은 아니다. 어떻게 하면 이런 마인드셋을 길러 삶의 스트레스에 대비할 수 있을까? 폼푸라스가 가장 좋아하는 회복탄력성 강화법은 의외로 간단하다. 그녀는 찬물로 샤워한다.

이 방법이 왜 도움이 될까? 폼푸라스가 찬물 샤워를 시작한 것은 추위가 두려웠기 때문이다. 추위가 몹시 싫었던 그녀는 자기도 모르게 추위를 피했다. 하지만 혐오감이나 불편함 때문에 무언가를 멀리하기는 싫었다. 그녀는 자신이 추위를 잘 견딜 수 있다는 사실을 뇌와 몸에 가르치기 위해 매일 찬물 샤워를 시작했고 그 결과 더 강해졌다고 느낄 수 있었다.

이런 효과가 나타나는 데는 과학적 근거가 있다. 그녀는 차가운 물속에 발을 담그면서 관리하기 쉬운 소소한 스트레스 요인에 자기 몸을 노출시킨다. 그러면 교감 신경계가 활성화되지만 곧 회복된다. 우리는 '절정과 회복' 과정에 스트레스 회복탄력성이라는 중요한 생물학적 요소가 있다고 믿는다.

지금껏 우리는 주로 스트레스 요인이 발생했을 때 어떻게 반응하는지, 그리고 그 반응을 어떻게 더 효과적으로 관리할지에 초점을 맞추었다. 하지만 스트레스 회복탄력성의 핵심은 '빌어먹을' 스트레스가 닥치기 전에 스스로를 단련시키는 일이다. 스트레스가 심한 순간이 닥치지 않았을 때 의도적으로 몸에 스트레스를 가해서 스트레스 반응을 연습하는 것이다.

장기적인 심리적 스트레스를 유도한다는 의미가 아니다. 짧은 운동이나 찬물에 뛰어들어 수영을 하는 것처럼 쉽고 자연스럽게 회복할 수 있는 급성 스트레스를 잠시 집중적으로 느낀다. 관리할 수 있는 긍정적인 스트레스에 노출되면 장기적인 독성 스트레스와는 정반대로, 세포가 서서히 노화되는 대신 세포의 건강과 재생 수명이 향상되는 것으로 밝혀졌다. 우리는 이를 호르메틱^{hormetic} 스트레스라고 일컫는다.

이 용어는 스트레스를 유리한 방향으로 이용하는 것과 관련이 있으니 누구든 알아두면 좋을 것이다.

호르메틱이란 다량으로 섭취하면 해롭지만 소량으로 섭취하면 매우 유익한 물질을 의미한다. 하루 종일 커피를 마시는 것과 에스프레소 한 잔을 즐기는 것을 비교해 보라. 전자는 건강에 좋지 않을뿐더러 십중팔구 불안감과 초조감을 일으킬 것이다. 반면 후자는 기분 전환과 건강 증진에 도움이 된다. 우리는 스트레스도 마찬가지라고 생각한다. 우리는 하루 종일 스트레스에 시달리기를 원치 않는다. 하지만 짧고 강렬한 스트레스의 주입은 필요하다. 그러면 우리 몸에서 세포에 유익한 회복 과정이 시작될 것이고 이는 미래의 스트레스 회복탄력성을 높이는 데 도움이 된다.

긍정적인 스트레스로
세포를 청소하라

호르메틱 스트레스(일명 호르메시스hormesis라고 하며 '긍정적 스트레스' 같은 더 친근한 명칭도 있다)를 느낄 때 다음과 같은 일이 일어난다. 먼저 관리 가능한 단기 스트레스 요인에 노출되면 몸이 만성 스트레스와는 다른 반응을 보인다.

신경계에서는 스트레스 반응에 대한 신속한 온오프 스위치가 필요하다. 교감 신경계 반응이 켜지면 부교감 신경계 반응이 꺼지며 그 반대의 경우도 마찬가지다. 따라서 교감 신경계가 급상승하지만 이어서 부교감 신경계가 크게 활성화되어 스트레스 반응을 차단하도록 돕는다(이를 '미주신경 반동'이라고 일컫는다). 회복에 도움이 되는 것은 바로 이 길항 스트레스 반응이다. 회복뿐만 아니라 상쾌함을 덤으로 얻는다. 얼음장처럼 차가운 샤워를 마치고 따뜻한 수건으로 몸을 감싼다고 상상해 보라. 스트레스를 느끼고 회복한다. 기분이 좋아지고 세포에도 이롭다.

세포에서는 호르메틱 스트레스 과정을 통해 회복과 재생이 일어난다.[1] 급격한 급성 스트레스 반응이 시작되면 세포의 노화 방지 기계가 켜지고 세포의 '자가 청소' 버튼이 작동된다. 호르메시스는 자식(自食)작용을 촉발시키는데, 자식작용이란 세포가 청소 부대를 활성화해 하루 동안의 대사 과정에서 발생한 노폐물을 먹어 치우고 재활용하는 과정을 일컫는다. 예를 들어 벌레의 경우 열을 가하면 열충격 단백질이 활성화되어 자식작용이 촉발되고 그 결과 벌레의 수명이 길어진다! 열을 약간 가한 벌레가 실제로 더 오래 산다.[2] 물론 너무 오랫동안 너무 많이 열을 가하면 죽음을 앞당기게 된다. 호르메틱 스트레스에는 최적점이 존재한다.

호르메틱 스트레스의 작용 방식은 백신과 거의 비슷하다. 즉 소량의 '바이러스'(스트레스)를 접종받으면 훗날 면역이 된 상태에서 더 크고 강한 스트레스 요인을 맞이할 수 있다. 면역 체계가 바이러스를 인식하고 퇴치하는 법을 배우듯이 우리 몸은 스트레스를 마주했을 때 대사하는 법을 배운다. 그래서 나중에 스트레스를 받을 때 "이봐, 전에도 이런 걸 본 적이 있어. 이걸 어떻게 처리해야 하는지 이미 알고 있다고"라고 말한다.

단기적인 스트레스 요인에 노출되면 이후 스트레스에 대한 회복탄력성이 커진다는 사실은 스트레스 과학계의 꽤 오랜 정설이다. 이런 연유로 우리는 어린 시절 적당한 역경을 경험한 사람들이 훗날 스트레스 회복탄력성이 더 뛰어나다고 믿는다. 물론 건강에 영향을 미치는 요인이 많다. 장기적인 불안정, 가난, 학대 등의 형태로 역경이 만성화되면 건강에 정반대의 영향을 미칠 수 있다.

어린 시절의 부정적인 경험이 성인의 건강에 어떤 영향을 미치는지, 그리고 어떤 종류의 공공 정책과 의학적 중재술(병변을 노출하지 않고 시행하는 치료 행위 − 옮긴이)을 시행함으로써 어린 시절의 독성 스트레스가 남긴 영향을 선별하고 대처할 수 있을지를 여러 석학들이 연구 중이다. 따라서 내가 말하는 호르메틱 스트레스는 이런 부류의 해로운 상황이 아니라 (반복되는 소량의) 관리 가능한 단기적인 역경을 뜻한다. 몸과 마음이 스트레스를 대사하고 회복하는 법을 배울 수 있는 종류의 스트레스인 것이다.

몸에 이로운 스트레스를 가하면 일어나는 일들

우리 몸은 급성 스트레스를 무척 좋아한다. (교감 신경계 작용에 이어 부교감 신경계가 작용해 세포를 청소하고 복구하는) 이 절정과 회복 과정은 우리 몸에 매우 이롭다. 사실 우리에게 필요한 과정이다. 집을 정기적으로 청소해야 하듯이 우리 몸의 세포에도 청소가 필요하며 급성 스트레스는 그런 청소가 일어나는 한 과정이다. 물론 휴식과 이완도 필요하지만 긍정적인 스트레스도 필요하다. 두 가지 모두 필요하다. 특히 나이가 들수록 휴식을 취할 때 미주신경의 긴장도가 낮아져 자율 스트레스 반응이 둔화되고 신경계의 돌기에서 신속한 온오프 반응이 감소하는 경향이 있다.[3] 따라서 '긍정적인 스트레스'가 더욱 필요해진다.

급성 스트레스를 의도적으로 반복해서 주입하면 우리 몸이 활용하는 자연적인 능력이 강화된다. 알다시피 이는 이로운 일이다.

몸 건강에 좋고 미래의 스트레스에 대처하는 데 효과적이다. 생쥐와 벌레 같은 유기체를 대상으로 실시한 동물 연구에서 잠시 호르메틱 스트레스에 노출되면 실제로 수명이 연장되는 것으로 나타났다.

물론 벌레와 인간 사이에는 생물학적인 차이가 있다. 따라서 스트레스 과학 분야의 한 주된 과제는 정확히 어떤 전략이 인체에 호르메틱 스트레스 반응을 일으키는지 알아내는 것이었다.

긍정적인 스트레스 이론이 스트레스 과학 분야에 등장한 것은 꽤 오래전이었다. 실제로 1998년 내가 과학자로서 처음 발표한 논문의 주제는 스트레스에 대한 긍정적인 반응이었다.[4] 호르메틱 스트레스 초기 연구는 주로 개별 세포나 동물을 대상으로 진행되었고 연구원들은 흔히 충격, 자외선 노출, 화학물질처럼 인간이 피하는 부자연스러운 스트레스 요인을 사용했다. 이때 인간에게 긍정적인 호르메틱 스트레스 반응을 안전하게 유도할 수 있는 한 가지 방법은 운동이었다.

실험 연구를 통해 우리는 교차 스트레스 요인 회복탄력성이 존재한다는 사실을 발견했다. 한 가지 유형의 스트레스(자외선 충격)에 노출된 세포는 다른 유형의 스트레스(열)에 노출되더라도 회복탄력성을 발휘한다. 세포가 어떤 스트레스에도 대처할 수 있도록 세포 기관을 바꾸었기 때문에 활성산소를 제거하는 속도가 빨라진다. 간단히 말해 한 가지 유형의 스트레스에 노출된 세포는 모든 유형의 스트레스에 대처 능력이 뛰어나다!

이제 이것이 인간에게도 적용되는지 알아보자. 유산소 운동을 하면서 스트레스를 받으면 심리적 스트레스에 대한 대처 능력이 향상될까? 세포가 더 젊어질까?

여러 연구에서 건강한 사람과 그렇지 않은 사람을 비교한 결과 건강한 집단은 인위적인 급성 스트레스 요인에 반응할 때 불안감과 심박수가 낮은 것으로 나타났다.[5] 이는 흥미진진한 결과다. 그런데 처음부터 '건강한' 사람이 아닌 사람이라면 어떨까? 이들이 신체 훈련을 통해 스트레스 면에서 혜택을 얻을 수 있을까? 애리조나 주립대학교의 티나 트라우스타도티어 박사는 몸을 많이 움직이지 않는 사람들을 대상으로 8주 훈련을 실시하고 동일한 연령대의 통제 집단과 비교했다.[6] 8주 후 참가자들은 산화스트레스를 유발하는 신체적 스트레스 요인(반복적으로 혈압계를 조여서 혈관 수축을 일으킴)에 노출되었다. 훈련을 마친 참가자들은 생리적 스트레스 요인에 대한 산화스트레스가 상대적으로 심하지 않았다. 요컨대 스트레스에 대한 몸의 회복탄력성이 향상되었다.

나와 자주 협력하는 또 다른 운동 연구원인 브리티시컬럼비아대학교의 엘리 퍼터먼 박사는 치매 배우자를 돌보는 사람들을 모집했다. 다시 말해 운동을 많이 하지 못하는 고도 스트레스 집단이었다.[7] 이 집단은 트레이너의 도움을 받아 일주일에 세 번 45분씩 운동했다. 6개월이 지난 후 그들은 스트레스 회복탄력성이 향상되었다(일상적인 스트레스와 반추, 우울감이 감소하고 지배감과 통제감이 증가했다)고[8] 스스로 보고했을 뿐만 아니라 혈액을 채취해 세포를 검사했을 때 그들의 텔로미어가 길어진 것으로 나타났다.[9] 신체 훈련이 그들이 항상 경험하는 만성적인 스트레스에 대한 일종의 보호막으로 작용한 것이다.

몸에 좋은 스트레스 1.

운 동

(일반적으로 돌봄 제공자나 우울증 환자 등) 수년간 운동을 멀리한 사람의 경우 요가나 걷기 같은 운동으로 천천히 시작해 심박수가 많은 유산소 활동으로 점차 강도를 높여야 한다. 그 외에 (시간적으로나 경제적으로 압박을 받거나 여러 가지 책임을 수행하는 사람들까지) 모든 사람을 대상으로 우리가 설정한 목표는 스트레스 회복탄력성을 기르도록 돕는 일이다. 그래서 우리는 고강도 인터벌 트레이닝high-intensity interval training, HIIT이라는, 시간을 적게 투자하는 훈련 방법을 연구했다.

HIIT 세션에서는 짧은 시간 동안 고강도 유산소 활동을 수행한 후 잠시 휴식한다. 사이사이에 충분히 휴식을 취하면서 심박수를 최대 용량의 약 80퍼센트까지 빠르게 끌어올려 단시간(약 10분) 동안 그 수준을 유지하는 것이 핵심이다. HIIT 훈련은 새롭게 등장한 방법이 아니다. 특히 육상 선수를 포함한 운동선수들은 거의 100년 전부터 이 트레이닝을 훈련 루틴에 포함시켰다. 그런데 최근 들어 고강도 인터벌 트레이닝이 투자한 시간 대비 효율성이 가장 높은 건강관리법이 될 수 있다는 연구 결과가 발표되었다.

팬데믹 기간 동안 집에 갇혀 있던 나는 참다못해 펠로톤Peloton 자전거를 구입했다. 나를 대상으로 나만의 소규모 연구를 실시해서 HIIT 훈련이 기분에 미치는 영향을 확인하기로 마음먹었다. 나는 그때껏 들어본 적도 없던 한 여성이 진행하는 랜덤 온라인 운동을 선택해 자전거에 올랐다. 그녀의 강의를 들은 지 5분이 채 지나지 않아 나는 깜짝 놀라고 말았다. 그녀가 호르메틱 스트레스에 대한 내 견해를 똑같이 반복하는 것이 아닌가! 참가자들에게 동기를 부여하는 그녀의 방식은 온통 "불편함과 관계를 맺고 그것을 향해 밀어붙여라. 그러면 더 강해질 것이다" 같은 도전적인 문구로 가득했다.

스트레스 회복탄력성을 강조하는 내용이 내 마음에 와 닿았다. 나는 그녀의 팬이 되어 운동 시간을 손꼽아 기다렸다. 내가 보기에 그녀는 직관력이 뛰어난 심리학자 같았지만 알고 보니 변호사 공부를 하다가 피지컬 트레이너로 전향한 사람이었다. 내가 지켜보는 사이에 그녀의 구독자가 세계적으로 단숨에 5만 명으로 증가했다. 이 회복탄력성 마인드셋 경험에 매료된 사람이 나뿐만이 아니었던 모양이다.

우리는 스트레스 회복탄력성을 향상시킬 수 있는 잠재적인 방법으로서 HIIT에 거는 기대가 크다. HIIT는 시간과 비용이 적게 드는 매우 간단한 운동으로, 사람들이 집에서 즉시 스트레스 회복탄력성을 향상시키고 체세포에서 건강을 증진하는 '청소 부대'를 출동시킬 수 있다. 이와 동시에 호르메시스를 유도하는 방법에 대한 우리의 지식은 오랫동안 신체 운동에 국한되어 왔고 이중맹검^{dou-}

ble-blind(실험이나 검사에 주관성이 개입할 가능성을 배제하기 위해 실험 진행자와 실험 참여자 모두에게 실험에 관한 정보를 제공하지 않는 실험 — 옮긴이)

연구라는 엄격한 과정을 거쳐 검증된 유일한 전략이었다. 이를 통해 우리는 '신체 운동이 확실히 긍정적인 스트레스를 생성하고 장기적으로 건강에 좋다'는 결론에 이르렀다.

나는 국립보건원에서 이틀 동안 최고의 스트레스 과학자들과 함께 스트레스 회복탄력성을 가장 효과적으로 키우고 측정할 방법을 논의했다. 모든 사람이 동의한 유일한 방법은 운동이었다. 나는 이 회의를 마치면서 운동이 높은 평가를 받는다는 사실이 흐뭇했지만 그와 동시에 그것이 지금까지 우리가 알아낸 유일한 정보라는 점은 적잖이 충격이었다. 나는 '이게 다라고? 운동이 우리가 가진 전부야?'라고 생각하며 연구실로 돌아왔다.

HIIT의 강점은 운동을 '최소 요구량'으로 축소시켜 접근성을 높였다는 데 있다. 하지만 누구나 이런 식으로 몸을 움직일 수 있는 것은 아니다. 그때껏 나는 몸 건강에 좋은 급성 스트레스를 유발할 다른 방법을 찾고 있었다. 운동이 아닌 다른 방법으로 호르메틱 스트레스 반응을 유도할 방법 말이다. 이는 내가 1998년 회복탄력성에 관한 첫 번째 논문을 쓴 이후로 줄곧 고민했던 문제였다!

그러던 중에 우연히 아이스맨을 만났다.

몸에 좋은 스트레스 2.
호흡 조절과 냉온 노출

2017년 스파산업협회Spa Industry Association의 글로벌 웰니스 서밋Global Wellness Summit에 초청받았을 때 나는 하마터면 거절할 뻔했다. 그것이 '웰니스 산업' 내부자 행사라는 생각이 들었고 내가 어떻게 그들과 어울리며 행사에 기여할 수 있을지 잘 몰랐기 때문이다. 연구실에서 시간에 쫓기고 있던 터라 여행에 필요한 일정을 따로 내는 것이 내키지 않았다. 플로리다로 가는 비행기 안에서 참석하기로 결정한 것에 불안과 후회가 밀려왔다. 완전히 꿔다놓은 보릿자루가 될 것이 분명했다. 내 연구는 빈곤이나 외상, 건강 불균형에 관한 회의에 더 어울릴 것 같았다. '귀한 시간을 이런 데다 낭비해야 할까?' 그러다 마침내 나는 혼잣말을 중단하고 이렇게 되뇌었다. '어떤 회의에서든 항상 가치 있는 무언가가 나오기 마련이지, 모험으로 받아들여야 해.' 눈을 감고 앞에 놓인 미지의 것들, 내가 보고 배울 수 있는 것들, 내가 만날 수 있는 사람들에게 열린 마음을 가지려고 노력했다.

나는 회의장에 도착해서 프레젠테이션을 준비했다. 내게 할애된 시간이 다가와 머릿속으로 발표 내용을 정리하며 준비했다. 그런데 내 앞 순서의 연사가 무대에 오르자마자 나는 눈을 떼지 못했다. 그의 외모는 약간 원시인 같았다. 신장이 크고 건장하며 풍파에 시달린 듯한 구릿빛 피부에 은빛 턱수염이 더부룩한 사내였다. 회의장의 다른 모든 사람은 정장에 넥타이를 매고 있었는데 그는 반바지에 평범한 티셔츠 차림이었다. 그 자리에 전혀 어울리지 않는 사람이었다. 호기심이 일었다.

그의 이름은 웜 호프이지만 그는 '아이스맨'이라는 별명으로 더 유명했다. 극단적인 기행으로 국제적인 유명세를 얻었는데 대부분 극한의 추위에 자신을 노출시킨 일 때문이었다. 반바지만 걸친 채 에베레스트산의 일정 구간 등반하기, 북극권에서 맨발로 마라톤하기 같은 일이었다. 수 시간 동안 얼음 욕조에 앉아 있기. 그는 평생 오랜 세월을 자기 몸이 어떻게 추위를 견딜 수 있는지 실험하며 보냈다. 그리고 반갑게도 장기간 추위나 얼음 속에 몸을 노출시킴으로써 스트레스 회복탄력성을 키운 자신의 경험을 함께 나누었다.

그는 10대 시절부터 "얼음에 끌려서" 한겨울에 얼음장 같은 호수에 몸을 던지면 이상하게 기분이 좋아진다고 느꼈다. 성인이 된 후에 그는 아내를 자살로 잃었다. 졸지에 네 아이의 홀아버지가 되어 경제적으로 어려움을 겪었다. 심리적 회복탄력성을 높이기 위해 자연 속으로 깊이 들어가 극한의 추위, 즉 얼음장처럼 차가운 물에 몸을 담그는 대처법을 택했다. 그는 이렇게 말했다. "아이들이 저를 구했습니다. 그리고 얼음이 저를 치유했어요."

은유처럼 들리지만 이 경우에는 곧이곧대로 한 말일 것이다. 몇 년 전부터 호프는 과학계의 매혹적인 인물이었다. 그는 실제로 정신이 극적인 방식으로 자율신경계를 이길 수 있다는 사실을 몸소 입증했다. 연구원들은 이를테면 염증 반응처럼 언제나 비자발적이라고 생각되었던 과정을 통제하는 호프의 능력에 많은 관심을 보였다. 이를 요행수로 치부하기 쉬울 것이다. 이유는 모르겠지만 그냥 이 한 사람의 신경계가 불가사의할 뿐이라고 말이다. 하지만 이후 윔 호프의 방법(숨을 깊이 들이마셨다가 힘차게 내쉰 다음 숨을 참는 호흡법과 냉온 노출을 결합한 방법)을 선택해 그가 주장한 이점들을 다른 사람들에게 전달할 수 있을지 검토한 몇 건의 연구가 등장했다. 그런데, 그런 일이 가능했다.

(호프의 고국인) 네덜란드의 과학자 마티즈 콕스 박사와 피터 픽커스 박사는 호프의 비자발적 면역 반응을 관찰할 목적으로 호프에게 내독소(박테리아에서 추출한 독소)를 주사했다. 호프는 회복탄력적인 스트레스 반응에 몸을 준비시키기 위해 미리 자신의 호흡법을 실행했다. 동일한 내독소를 주사한 다른 사람들에 비해 호프에게

는 염증 유발 반응이 현저히 적게 나타났다.[10] 이후 연구진은 건강한 젊은 남성 열 명에게 나흘 동안 얼음 노출과 호흡법을 훈련시켰다. 그러자 이들 역시 호프와 동일한 반응을 보였다. 내독소를 투여한 이후에 염증 반응이 줄어든 것이다.[11] 아주 단시간에 몸의 자율적 과정(염증 반응, 면역 반응, 스트레스 반응)이 변화했다. 그저 티셔츠 바람으로 에베레스트산을 등반했던, 신경계가 비정상적인 한 사람에게만 나타나는 현상이 아니었다. 배울 수 있는 방법, 잠재적으로 누구나 할 수 있는 방법이었던 것이다. 내가 수년 동안 찾던 방법이 저절로 굴러들어 온 셈이었다. 그렇다면 윔 호프의 방법으로 정서적 스트레스 회복탄력성과 호르메시스를 촉진할 수 있을까?

프레젠테이션이 끝난 후 나는 윔 호프와 대화를 나누었고 그러는 중에 그는 호흡과 추위 노출을 통해 사람들을 지도하는 자신의 훈련 프로그램을 설명했다. 회의에 참석했던 한 부부도 우리의 대화에 합류했는데 최근 정신 건강을 위한 운동 및 기타 통합 치료법(비약물)을 연구하고자 재단을 설립한 사람들이었다. 그들은 매우 흥미를 보이며 윔 호프의 방법이 정신 건강의 향상에 미치는 영향을 조사하는 연구에 당장 자금을 지원하겠다고 제안했다.

나는 그 회의에 참석했다는 사실에 뿌듯해하며 집으로 돌아왔다. 호기심을 선택함으로써 불확실성을 견뎌냈고 경험의 기회를 얻었다. 내 선택이 보상을 받은 것이다. 캘리포니아대학교 샌프란시스코캠퍼스의 공동 연구자인 웬디 멘데스와 애릭 프래더는 언제나 양질의 정밀 연구, 특히 긍정적인 스트레스에 대한 시험 모형에 개방적이었다. 우리는 연구를 진행했고 현재 혈액을 분석하고 데이터를 평가하는 중이다. 하지만 정신 건강 면에서는 3주간 실시한 윔호프 방법이 유산소 운동만큼이나 스트레스와 우울증을 줄이는 데 효과적일 수 있는 것으로 나타났다. (호흡을 조절하거나 찬물에 노출되는 방법을 통해) 몸에 잠시 스트레스를 가하는 이런 과정들이 운동처럼 정서적으로 상당한 이점을 제공한다는 사실은 놀라웠다. 윔 호프 방법은 인간에게 안전하고 기분을 개선하는 것으로 잘 알려진 호르메틱 스트레스 요인이었던 것이다. 아울러 그것은 긍정적인 기분을 불러일으키는 데도 탁월한 효과를 보였다. 3주간 이 방법을 수련한 사람들은 이전에 비해, 그리고 운동을 하지 않은 사람들에 비해 더 긍정적인 기분으로 매일 하루를 마무리했다.

윔 호프는 몇 시간 동안 얼음 욕조에 앉아 있거나 반바지 차림으로 킬리만자로를 등반하는 데 1인자일지 모른다. 그런데 많은 사람이 그의 테크닉을 시도해 효과를 거두었다고 보고한다. 그리고 고온과 냉온, 〔일례로 티베트의 투모Tummo 호흡(티베트의 불교도들이 1000년 동안 실천한 호흡법으로, '내면의 불 명상'이라고도 한다 — 옮긴이)처럼〕호흡을 이용하는 유사한 고대 수련법이 많다. 반복적인 급성 스트레스 수련을 통해 건강과 회복탄력성이 향상되는 효과는 누구든지 얻을 수 있다. 모든 사람이 몸의 호르메시스를 '켤' 수 있다. 이때 엄청난 시간이나 노력이 필요하지 않으며 그 보상은 엄청날 수 있다.

린 브릭은 급성 스트레스 수련에서 얻는 변화의 이점을 몸소 체험하고 이를 일상적인 습관으로 만들었다. 몇 년 전 그녀는 외상 전문 간호사로 일했다. 외상 중환자실에는 두부 외상, 척수 손상, 골절, 비장 파열 같은 다발성 손상을 입은 환자만 입원할 수 있었기 때문에 환자를 돌보는 그녀의 일은 강도가 매우 높았다. 생명을 구하는 일뿐만 아니라 슬픔에 잠긴 가족이나 극도의 압박감에 시달리는 다른 의료진과 소통하는 일이 그녀에게 맡겨진 업무였다. 긍정적인 동시에 부정적인 면에서 아드레날린이 쉴 새 없이 솟구쳤다. 긍정적인 면에서는 부상당한 환자의 생존과 회복을 돕기 위해 장시간 근무하며 보람을 느낄 수 있었다.

반면에 간호 프로세스(진단, 계획, 실행, 평가)를 활용해 쉬지 않고 중요한 결정을 내리는 정신적 스트레스, 쉬거나 화장실에 갈 짬을 내기 어려울 정도의 고된 업무 강도와 신체적 스트레스, 환자의 생명을 구하기 위해 노력을 아끼지 않았음에도 환자를 잃는 정서적 스트레스 등 부정적인 면도 있었다. 그녀는 이 모든 스트레스로 심신이 지쳤고 결국 대가를 치러야 했다.

린은 테니스, 자전거 타기, 발레 등 운동으로 극심한 스트레스에 대처했다. 스트레스 수준과 업무, 일상에 긍정적인 효과가 빠르게 나타났다. 그녀는 불현듯 활동의 의학적인 힘을 깨달았다.

"활동을 통해 매일 업무에서 경험하는 긴장과 외상에서 벗어날 수 있었습니다. 활동이 하루하루의 에너지와 기쁨을 찾는 데 도움이 되었죠. 덕분에 가족과 나를 더 친절하게 대할 수 있었습니다."

운동에서 큰 보람을 느낀 린은 마침내 에어로빅 강사가 되기로 결심했다. 그녀는 직장에서 일하면서 유능한 강사가 되는 법을 독학하고 지역과 나라, 세계 전역의 에어로빅 강사 지망생들을 위한 강좌를 시작했다. 파트너인 빅터와 함께 건강을 인생의 업으로 삼았고 결국 플래닛 피트니스Planet Fitness 헬스클럽을 여러 곳에 열었다. 이후 그녀는 느린 호흡과 같은 깊은 이완 기법과 더불어 고온(적외선 사우나)과 냉온(집 근처 바다에 들어가기)을 생활에 도입했다. 물론 시간을 내기가 어려울 때가 있다. 하지만 린은 이렇게 말한다.

"다른 사람들을 계속 돕고 싶으면 나 자신부터 도와야 한다는 걸 깨달았어요. 내가 먼저 산소마스크를 착용해야 하는 겁니다. 전 매일 운동할 시간을 내야 했어요."

린과 빅터는 정신질환 때문에 가족을 잃었던 경험을 비롯해 살면서 외상이 남는 상황을 많이 겪었다. 그녀는 운동이 삶의 모든 측면에 영향을 미쳤지만 특히 스트레스 반응에 미치는 영향이 가장 컸다고 전했다.

짧고 반복적인 신체적 스트레스가 회복탄력성을 높인다

몸에 호르메시스를 일으키고 싶다면 운동(모든 신체 활동)이 가장 효과적이다. 이는 오랜 정설이다. 이제 우리는 고강도 인터벌 트레이닝 같은 아주 단시간의 신체 활동도 이런 유익한 회복 과정을 촉발한다는 새로운 정보를 얻었다.

정확히 어떤 활동을 얼마나 오래 하느냐는 중요하지 않다. 한 시간씩 운동할 필요가 없다. 몸이 회복 과정을 '켜기에' 충분할 만큼만 스트레스를 가하면 된다.

여러분이 원하는 것은 부교감 신경 확장, 미주신경 활성화, 내부 세포 청소다. 윔 호프는 그동안 세포의 자연적인 회복탄력성을 자극하는 호르메틱 스트레스의 힘에 관해 대단한 발견을 한 것으로 밝혀졌다. 단 몇 분 동안 추위에 노출되거나 전문가의 안내에 따라 특정 유형의 저산소 호흡을 실행하는 것만으로 이런 효과를 얻을 수 있다(과용하지는 마라!).

저산소 호흡의 원리를 살펴보자. 이는 기본적으로 주기적인 호흡 항진의 일종이다. 깊고 힘차고 빠르게 숨을 들이마신 다음 힘차게 내쉰다. 하지만 내내 이런 방식은 아니다. 숨을 빠르게 들이마셨다가 천천히 내쉰 다음 과정을 반복한다. 호프는 자신의 유튜브 채널에서 이 호흡법에 대한 지침을 제공한다. 사람들은 이따금 저산소 호흡으로 가벼워지는 감각을 경험한다. 반면에 몽롱하거나 덥거나 심지어 행복감을 느낀다고 보고하는 사람들도 있다. 30~50회가량 강도 높은 호흡을 한 후에 숨을 크게 들이마셨다가 어느 정도까지 내쉰 다음 어지럽거나 기절하지 않을 만큼 최대한 오래 숨을 참는다. 30초 정도로 시작했다가 점점 익숙해지면 최대 2분까지 참을 수 있다. 저산소 호흡과 숨 참기를 세 번 정도 반복한다. 그러면 끝이다. 이것이 저산소 상태에서 고산소 상태로 전환하고 혈액에 다른 많은 변화를 일으키는 과정, 즉 호르메틱 스트레스의 이상적인 조합이다.

콕스 박사와 픽커스 박사는 실험실에서 사람들이 저산소 호흡을 실행하는 동안 혈액을 채취했고 검사 결과 저산소증에 대한 스트레스 반응의 하나인 에피네프린이 자연적으로 급증하는 것을 확인했다. 몸이 '숨을 못 쉬겠어, 대대적인 스트레스 반응을 동원해!'라고 외치는 것이다. 에피네프린 증가폭이 클수록 이후 항염증 반응이 더 향상된다. 바꾸어 말하면 유익한 '회복과 재생' 반응의 강도는 스트레스의 강도에 따라 달라진다. 냉수 샤워의 원리도 본질적으로 동일하다. 즉 몸에 충격을 주고, 몸을 급성 스트레스에 던져 넣은 다음 몸이 스트레스 요인으로부터 '회복'될 때 그 이득을 거둬들인다. 콕스 박사와 픽커스 박사의 첫 번째 연구 이후 한 소규모 연구에 따르면 염증성 관절염 환자의 경우 이 방법이 혈액의 염증 수준을 감소시키는 것처럼 보였다.[12]

호프의 호흡법을 시도했을 때 나는 즉시 뭔가 달라진 느낌을 받았다. 잔잔한 호수가 된 기분이었다. 누구도 풍파를 일으킬 수 없을 것 같았다. 에너지가 차올라 편안한 느낌이었다. 그날 하루를 보내면서 나는 평소 같으면 충격을 받았을 스트레스 요인에 더 의연해진 느낌이 들었다. 호르메틱 스트레스 방법을 사용하면 스트레스가 줄어들고 완화되며 스트레스를 보는 방식이 바뀌어 스트레스에 위협보다는 흥미진진함을 느낄 수 있다.

내게는 대개 하향식(불안과 관련된 장애에서 하향식 치료법이란 대뇌 전전두엽의 기능을 강화해 미주신경의 통제력을 회복시키는 방법을 뜻한다 ─ 옮긴이)보다는 몸에서 시작하는 상향식(호흡, 몸의 움직임, 촉각 등의 자극을 이용해 자율신경계를 조정하는 방법 ─ 옮긴이)이 마음의 잡음과 근육의 긴장을 차단하는 데 더 효과적이다. 우리는 흔히 정신에 의존해 스트레스에서 벗어나려고 노력하지만 스트레스 대사를 돕도록 구성된 몸도 활용해야 한다. 무슨 수를 써야 할 정도로 스트레스가 몸에 겹겹이 쌓여 있다고 느껴진다면 잠깐 동안 스트레스 '주사'를 맞아서 겹겹이 쌓인 스트레스를 대사할 수 있다. 스트레스를 얼음으로 식히고, 가열하고, 호흡으로 내보낸다. 스트레스의 물리적 특성을 변화시켜 생산적이고 건강하며 상쾌한 방식으로 몸 밖으로 배출하는 것이다.

요컨대 어떤 형태든 간에 (안전하게 수행한다면) 이런 긍정적인 스트레스 경험에 몸을 맡겨 회복탄력성을 키울 수 있다. 그럼에도 이런 긍정적인 스트레스 방법 가운데 운동을 제외하고 제대로 연구되지 않은 것이 많다. 이 책에서는 호르메틱 스트레스 요인을 일반적으로 다루고 있는 만큼 타당성 있는 실험이 필요하다. 우리는 벌레에게 다양한 유형의 스트레스 요인을 적당한 용량으로 반복적으로 가하면 세포 건강에 좋은 호르메시스를 촉진한다는 사실을 확인했다. 인간의 경우 짧고 반복적인 신체적 스트레스가 스트레스 회복탄력성을 촉진시킬 수 있다. 그러나 이는 새로운 분야이며 어떤 유형의 스트레스 요인이 건강에 좋은지, 어느 정도 용량이 최적인지, 어떤 것이 해로운지 등 앞으로 밝혀야 할 것이 많다. 특히 HIIT는 기분을 좋게 할 뿐만 아니라 신경계 반응과 면역 체계를 개선하고 스트레스 회복에 효과적인 뇌와 몸의 성장 인자(세포의 분화 및 성장에 관여하는 단백질 — 옮긴이)를 촉진한다.

우리는 낮은 수준의 스트레스를 내내 느끼고 싶어 하지 않는다. 인간의 몸은 선천적으로 끊임없이 옐로 마인드 상태에 머물지 못한다. 우리 몸은 급성 레드 마인드 스트레스를 경험한 후에 그린 마인드 이완을 통해 회복하도록 설계되었다. 따라서 짧은 시간이나마 의도적으로 긍정적인 스트레스 경험을 하지 않으면 회복할 수 없다.

이것이 오늘 우리가 할 일이다.

건강한 스트레스 주사를
맞아라!

오늘의 수련

긍정적인 호르메틱 스트레스를 '투여'함으로써 몸이 스트레스를 적절히 대사하도록 단련하면 본능적으로 스트레스 요인에 대한 회복탄력성이 향상된다. 오늘 우리는 몸이 급성 절정 반응으로 스트레스에 대응하고 부교감 신경의 회복 작용과 세포 청소로써 신속하게 회복하도록 단련시킬 것이다. 이 방법을 시도하고 싶다면 일주기(日週期) 리듬이 활동(높은 코르티솔, 높은 포도당)을 요구하는 시간인 아침을 택할 것을 권한다.

'스트레스 피트니스stress fitness'란 일주일에 몇 차례 짧은 시간 동안 스트레스를 주입해 몸을 운동시키는 방법이다. 우리가 선택할 수 있는 이런 유형의 신체 스트레스가 몇 가지 있는데 어떤 유형이든 상관없이 몸에 건강한 호르메시스 반응을 일으킬 수 있다. 가장 좋은 방법은 짧고 격렬한 운동이나 냉온 노출로써 몸을 억지로 약간 불편하게 만드는 것이다. 윔 호프 호흡법 또한 매우 효과적이지만 연습이 약간 필요하고 어지러움이 유발될 수 있다. 윔 호프의 유튜브 채널에서 지도를 받을 수 있으니 시도해 보기 바란다. (장애나 다른 이유로 말미암아) 운동할 수 없는 사람들에게 좋은 선택이 될 수 있다. 하지만 운동할 수 있는 사람이라면 오늘은 다음 두 가지 방법 가운데 한 가지를 선택해 보라.

도전 과제를 선택하라!

선택 1 　　고강도 인터벌 트레이닝^{HIIT}

고강도 인터벌 트레이닝을 1회 시도해 보라. 걱정하지 마라! 보기만큼 힘들지 않다. HIIT 한 세트는 7분 정도 소요된다. 기본 규칙은 다음과 같다. 아래의 운동 목록에서 원하는 운동을 선택한다. 원하는 만큼 선택할 수 있으나 단순하게 시작하라.

만약, 한동안 운동을 하지 않았다면 HIIT는 포기하라! 아래 도표를 건너뛰고 느린 걸음에서 빠른 걸음으로 걷기처럼 쉬운 운동으로 시작하라. 원칙은 똑같다. 본인의 최대 역량을 목표로 운동하고 몇 분 동안 그 상태를 유지한다. 음악을 틀어서 빠른 속도를 유지하거나 만보기를 사용하거나 파트너를 동참시켜라.

HIIT를 시도한다면 온라인에서 7분 분량의 HIIT 가이드 동영상을 검색할 것을 권한다(다양한 검색 결과가 나올 것이다). 혼자서 시도할 경우 세 가지 운동을 선택한 다음 번갈아 가며 실행한다. 휴대폰 타이머를 7분으로 설정한다. 동기부여에 도움이 된다면 좋아하는 신나는 음악을 틀고 시작한다. 각 운동을 30초간 수행한 후 10초간 휴식을 취한다. 7분 동안 다른 운동이나 같은 운동을 반복한다.

HIIT 운동 목록
- 점핑 잭, 월 싯, 푸시업, 니 푸시업
- 플랭크, 니 플랭크, 크런치, 스텝업
- 스쿼트, 트라이셉 푸시업, 니업 런지

이 가운데 익숙하지 않은 운동이 있다면 인터넷에서 동영상이나 앞서 소개한 운동의 여러 가이드 버전을 찾을 수 있다(인터넷 검색 엔진에 '7분 운동'을 입력하라).

이 운동을 개개인에게 맞도록 조정할 수 있다(이는 건강하고 긍정적인 방식으로 내 몸에 스트레스를 가하는 나만의 7분 운동이다). 운동을 잘하거나 특정 수준의 체력을 갖춰야만 이 운동의 혜택을 누릴 수 있는 것은 아니다. 반대로 일류 운동선수라도 자신을 약간 밀어붙이지 않으면 혜택을 얻지 못할 수 있다.

선택하는 운동의 종류, 혹은 신체 능력이나 경험에 관계없이 과제는 동일하다. 불편하거나 어렵다고 느끼는 부분에서 자신의 한계를 찾아라. 불편함과 어려움을 경험의 일부로 받아들여라(맞서 싸우지 마라). 이 30초에 집중하라. 그런 다음 휴식을 취하라. 휴식이 끝나면 다음번 30초에 집중하라. 이 순간 내 몸이 수행하는 일, 즉 이런 노력을 통해 대사 작용으로 스트레스를 태우는 일에 집중하라. 몸이 무척 좋아할 것이다!

선택 2   냉수로 샤워를 마무리하라

굳이 북극권을 맨발로 달리지 않아도 몸에 냉온 충격을 가함으로써 호르메시스의 혜택을 누릴 수 있다. 오늘 평소처럼 온수 샤워를 마무리할 때 견딜 수 있을 만큼 냉수로 손잡이를 돌려라. 15~30초 동안 냉수 세례를 받을 수 있는가? 1분은 어떤가? 우리는 연구 참가자들에게 최대 3분까지 차가운 물속에 몸을 담그도록 시켰다. 운동할 때와 마찬가지로 자신을 한계까지 밀어붙여라. 그런 다음 긴장을 풀어라.

핵심은 이것이다. 긴장하고, 이를 악물고, 거부하고, 움츠리고, 숨을 몰아쉬고 싶은 충동을 느낄 것이다 ─ 찬물에 들어가면 불편하다! 소름 끼친다! 우리는 갑작스럽게 예기치 못한 스트레스 요인을 만나면 이런 식으로 극복하고 회복하기 위해 애쓴다. 신체적으로 스트레스를 받더라도 심리적으로 스트레스에 반응할 필요가 없다. 이 과정을 반복하다 보면 스트레스 회복탄력성이 향상된다. 냉수 샤워를 할 때 이를 악물고 어깨에 힘을 주며 그냥 견디거나 아니면 이 소중한 순간을 스트레스 회복탄력성을 키우는 데 사용할 수 있다. 스트레스 반응의 충격을 최대한 편안한 마음으로 맞이하라. 이것이 바로 회복탄력성을 키우는 토대.

개인적인 선호에 따라 온수 샤워를 마친 후에 냉수로 마무리하거나(안에서부터 몸이 따뜻해질 것이다) 냉수로 시작해서 온수로 마무리할 수 있다. 저녁이 아니라 아침에 샤워를 해서 하루 종일 에너지를 즐기는 편이 가장 좋지만 이 또한 사람마다 다를 것이다.

기억하라. 내 몸은 이걸 좋아한다. 내 몸은 이것이 필요하다.

선택 1과 선택 2에서 우리가 추구하는 것은 활력이 넘친다는 느낌이다. '오늘을 즐길' 수 있다는 느낌이다. 앞 장에서 설명했듯이 여러분은 지금 '사자가 되기' 위해 적극적으로 자신을 단련하고 있다. 스트레스가 발생하기 전에 회복탄력성을 더 단련할수록 더 건강하고 효과적인 방식으로 스트레스를 맞이하고 처리할 준비가 될 것이다. 윔 호프의 연구에 참여한 한 여성은 다음과 같이 소감을 전했다. "대처할 에너지가 더 많아졌어요. 상황 대처 능력이 정말 향상되었습니다."

신체적인 스트레스 회복탄력성이 생기면 정서적인 회복탄력성이 따라온다. 이들은 일심동체. 추위와 불편함을 견디고 신체적 한계까지 자신을 밀어붙이면 불쾌한 감정을 견디는 데도 익숙해진다. 불쾌한 감정을 느끼지 않는다는 뜻이 아니라 불쾌한 감정을 느낄 때 처리하고 대사하는 능력이 향상된다.

이 두 가지 방법은 모두 명상과 비슷하다. 몸과 불편함에 대한 자신의 한계, 그리고 유익한 급성 스트레스 반응을 통제할 수 있다는 느낌에 집중하게 된다.

(보너스 수련)

호르메틱을 유발하는 또 다른 방법, 고온 노출

냉온 노출은 긍정적인 호르메틱 스트레스를 유발한다. 적절한 환경이라면 고온 노출도 마찬가지다. 고온 노출을 통해 긍정적인 스트레스를 유발하는 가장 좋은 방법은 사우나이므로 즐거움까지 덤으로 얻을 수 있다. 물론 누구나 사우나를 즉시 쉽게 이용할 수 있는 것은 아니다! 하지만 사우나를 쉽게 이용할 수 있는 상황이고 시도하고픈 마음이 있다면 이미 살펴본 다른 전략과 더불어 이를 선택지에 포함시킬 수 있다.

사우나의 정서적, 신체적 이점을 입증하는 연구 결과가 많다. '열 치료법'은 몸의 호르메틱 스트레스를 작동시키는 데 효과적이다. 이를테면 사우나를 이용한 후 약 30분 동안 열충격단백질(생물이 갑자기 온도가 올라가는 스트레스에 반응하여 합성하는 단백질―옮긴이)이 증가하며 반복적으로 사우나를 이용하는 경우 열에 적응되지 않은 사람보다 더 높은 수치를 유지한다. 사우나를 하는 동안 심박수가 적당한 운동을 할 때와 마찬가지로 증가한다. 규칙적으로 사우나를 이용하면 운동의 효과와 유사하게 혈압이 낮아지고 심혈관 기능 지표가 개선된다.[13] 우리가 발견한 메커니즘을 소개하면 심장 질환이 있는 쥐(패스트푸드에 맞먹는 먹이를 먹인 쥐)에게 반복적으로 열을 가할 경우 열충격단백질이 생성되는데 그러면 항염증 경로가 활성화되고 동맥 경화증이 호전되며 심지어 수명이 연장되었다.[14]

열 치료법은 또한 우울증 치료에 효과적일 수 있다.[15] 연구 결과 한 번에 1~1시간 30분 동안 사우나를 이용하면 일반적으로 심부체온이 약 103도까지 올라가는데 그러면 최대 6주 동안 우울증 증상이 개선된다는 사실이 최초로 발견되었다.[16] 효과적인 우울증 치료법을 찾기가 어려운 현재 상황에서 이는 매우 흥미로운 결과다.

흔히 우울증 환자는 체온 조절 체계에도 장애가 있다. 열 치료를 받으면(인위적으로 열을 가할 때 몸은 자연스럽게 스스로 체온을 낮추려고 노력한다) 제대로 작동하지 않던 냉각 메커니즘이 '켜진다'. 열을 가한 후에 며칠 동안 심부체온이 더 많이 내려갈수록 우울증 증상이 더 완화되었다. 캘리포니아대학교 샌프란시스코캠퍼스 부교수 애슐리 메이슨 박사의 열 치료 메커니즘에 대한 연구[17]에 따르면 (고가의 의료용 적외선 사우나가 아니라) 온라인에서 쉽게 주문할 수 있는 일반 상업용 적외선 사우나로 우울증 증상을 완화시킬 수 있다. 물론 후속 연구가 더 필요하지만 사우나는 몸의 호르메틱 스트레스를 촉발하고 기분과 건강을 개선할 수 있는 독특한 방법인 것처럼 보인다.

문제 해결

HIIT의 효과가 곧바로 나타나지 않는다면

오늘 선택 1을 시도해도 처음부터 큰 효과를 느끼지 못할 수 있다. 사실 첫 번째 주가 가장 힘들 것이라고 예상해야 한다. 그래도 (일주일에 몇 차례 7~14분 동안) 규칙적으로 운동하면 심혈관계와 신경계에 스트레스 회복탄력성과 긍정적인 정서가 형성되고 내 몸이 이를 재빨리 알아차릴 것이다. '이거 느낌이 좋군. 운동을 하고 나면 기분이 좋아져.' 새로운 습관을 기를 때 늘 그렇듯이 이 습관에도 익숙해질 시간을 가진다면 일상에서 그 혜택을 실제로 느낄 수 있다.

우울증으로 고생하고 있다면

HIIT와 같은 짧은 운동을 포함해 모든 종류의 운동이 우울증 치료에 효과적이다. 문제는 우울할 때면 운동하고 싶다는 생각이 들지 않는다는 데 있다. 의욕을 불러일으키기가 불가능하다고 느낄 수 있다. 중증 우울증이나 불안에 시달려서 운동을 시도하기 망설여진다면 이렇게 해보라. 처음에는 장벽이 존재한다. 상쾌한 기분이 들지 않을 것이다. 하지만 당신은 '운동이 그저 그렇다'고 느끼는 초기 장애물을 넘어설 수 있다. 5분 만에 끝내더라도 모든 활동은 뇌에 의미 있고 중요한 영향을 미친다는 사실을 기억하라. 젠틀 요가(부드러운 동작을 취하면서 경직되거나 불편한 부위를 이완시키고 몸과 마음을 회복시키는 요가의 한 형태 ─ 옮긴이)가 효과적일 것이다. 가능하다면 개인 코치를 고용한다. 아니면 친구나 이웃에게 동기를 부여하는 파트너가 되어달라고 부탁하고 일주일 동안 함께 운동한다. 서로 문자메시지를 교환하고 점검하며 자극제와 응원의 말을 주고받는다. 운동할 파트너가 있다고 생각하면 책임감도 생기고 운동에도 도움이 된다.

불안이 심한 경우

정신 건강의 관점에서 볼 때 운동이 어떤 유형의 정신 건강 상태에 효과적인지에는 미묘한 차이가 있다. HIIT 같은 운동은 우울증에는 좋지만 불안이 심한 사람에게는 어려울 수 있다. 어떤 사람에게는 운동이나 다른 호르메틱 스트레스 요인이 불안을 심화시킬 수 있다.

대체로 신체적으로 심한 불안을 느끼고 이를 자각하는 사람이라면 HIIT 운동이 불안을 개선하기보다는 오히려 악화시킬 수 있다. 그렇더라도 호르메틱 스트레스 수련을 느린 속도로나마 시도하기를 권한다. 몇 차례 시도하면 더 익숙해지고 '미지의 위협'이 줄어든다. 그 결과 몸이 점차 적응하면서 (심장박동이 빨라지는 등) 불안처럼 느껴질 수 있는 생리적 변화에 익숙해질 수 있다. 그러면 결국 불안을 줄이는 데 효과적일 것이다. 하지만 특정한 심신 상태에 적합한 선택이 아니라면 현실을 받아들이고 자신을 들볶지 마라. 냉수 샤워나 사우나 같은 다른 방법이 내 몸에 더 잘 맞을 수 있다.

PART
5

DAY 5일 차

처방

블루 마인드에
도달하기

자연에 몰입하라, 경외감을 체험하라

이렇게 상상해 보자. 여러분은 1년 넘게 집 밖에 나오지 말라는 명령을 받았다. 모든 것이 차단되었다. 갈 곳이 없다. 노트북이나 모니터의 푸른 불빛 아래에서 컴퓨터를 통해 모든 업무를 처리한다. 사람들과 어울리지 않는다. 컴퓨터의 큰 화면이나 휴대폰의 작은 화면을 통해서만 다른 사람들과 소통하거나 상호작용을 할 수 있다.

아주 익숙한 이야기다. 내게도 익숙하다. 응급 구조대원이나 필수 근로자(국민의 생명·안전과 사회 기능 유지를 위해 핵심적인 서비스를 제공하는 노동자 - 옮긴이)가 아니라면 팬데믹 기간 중 적어도 한동안은 누구나 이런 현실에 직면했을 것이다. 우리는 거의 온종일 모니터를 쳐다보며 집 안에 머물렀다. 졸지에 업무부터 친목 활동, 동료와의 협업까지 모든 일을 집 안에서 해결해야 했다. 대안이 없었다. 팬데믹 이전에도 햇빛과 우리가 살고 있는 지구의 리듬을 느끼지 못하고 실내에서 보내는 시간이 이미 사상 최고치에 달한 상황이었다. 업무상 모니터 앞에 앉아 있는 시간이 길수록 뉴스나 소셜 미디어, 그 밖에 세계의 나쁜 소식을 확인하는 빈도가 높았다. 설문조사에 따르면 전반적으로 불안, 우울증, 수면 장애, 번아웃이 전례 없는 수준으로 나타났다.

락다운 기간 동안 사람들은 공통적인 한 가지 방식으로 팬데믹 불안에 대처했다. 밖으로, 자연으로 향했다. 그것은 모든 것이 차단된 상태에서 집에서 나와 휴식을 취할 수 있는 유일한 선택지였다. 이후 여러 연구에서 사람들이 얼마나 '청록 공간'으로 향하는지, 즉 얼마나 도시 공원, 숲, 강, 해안 지역에서 시간을 보내는지를 평가했다. 영국정신건강재단Mental Health Foundation이 실시한 설문조사에 따르면 영국인의 62퍼센트가 도시의 공원 시설에서 산책하며 위안을 얻었다.[1] 그리고 용량-반응(효과적인 약효를 발현하기 위해 필요한 최고와 최저의 두 용량 사이에서 약효가 투여한 용량에 비례해 변화하는 현상 — 옮긴이) 효과가 나타났다. 밖으로 나가 자연에서 보내는 시간이 많을수록 (어린이부터 노인까지 모든 연령대의 사람들을 대상으로 설문조사를 실시했다) 모든 연령대 사람들의 정신 건강이 향상되었다. 스페인에서는 엄격한 락다운이 실시되던 초기 코로나19바이러스 팬데믹 시기에 자연을 접하지 못한 사람들은 소득 수준과 무관하게 정신 건강이 훨씬 더 악화되었다.[2]

자연이 강력한 항불안제인 것처럼 보였다. 도시에 거주하는 나는 소란스럽고 복잡한 환경에 익숙하다. 다시 말해 구급차와 소방차, 자동차 엔진 소리에 익숙하다. 스스로 의식하지 못해도 이 모든 소리가 확실히 옐로 마인드 경계 상태를 가중시킨다. 나는 매일 내 반려견을 산책시킨다. 아무리 바쁘더라도 산책을 빼먹지 않는다. 해야 할 일 목록은 제쳐두고 그냥 나가야 한다. 파도 소리가 들리는 바닷가나 아니면 나뭇잎 사이로 바스락거리는 바람 소리를 들으며 (잠시나마) 걱정 따위는 잊고 주변 세상과 곧바로 하나가 될 수 있는 공원으로 산책을 간다. 도시 풍경과의 확연한 차이를 보면서 자연이 더 필요하다는 사실을 되새긴다! 나아가 가공되지 않은 자연(도시에서 완전히 벗어나 야생의 자연에 몰입할 수 있는 시간)의 효과는 훨씬 더 강력하다.

내가 가장 좋아하는 탈출구는 바닷가의 외딴집이다. 탁 트인 바다의 근처만 가도 하루 만에 내 신경계가 재조정된다. 내 생각은 일과 가족에 대해 곱씹는 고리에서 벗어나 규칙적이고 매력적인 파도 소리로 옮겨간다. 놀랄 만큼 광활한 태평양에 비하면 내 모든 고민은 작아 보인다. 내 몸이 주변 환경과 동기화되는 것 같다. 집에서 나는 디지털시계와 내 생활이나 업무를 돕는 모니터에 따라 움직이는 반면 이곳에서는 일출과 일몰, 하루의 온도 변화, 향기, 소리, 감각에 맞춰져 있다.

팬데믹의 한 가지 다행스러운 점이 있다면 아마 이것일 것이다. 우리 인생에서 가장 스트레스가 많고 불확실하다고 손꼽히는 시기에 사람들은 어쩔 수 없이 밖으로 나가 자연을 접해야 했다. 물론 어쩔 수 없는 선택이었지만(실제로 대안이 없었다!) 어떤 형태와 상황이든 간에 자연에 노출되는 것이 스트레스를 줄이는 가장 강력하고 즉각적인 한 방법으로 밝혀졌다.

이때 한 가지 문제가 있다. 바로 '자연 결핍'이다. 평범하고 전형적인 일상에서 우리는 과도한 자극을 받고 관점을 상실하는 경험을 한다. 말 그대로 사소한 문제들 속에서 길을 잃는다. 문제를 해결하기 위해 문제에 더 집중하고, 그러면 문제가 점점 더 커진다. 스트레스가 엄청나게 커져서 렌즈 전체를 가득 채운다. 이 장에서는 너무 과한 자극에 노출된 도시인에게 즉각적인 효과를 가져올 '녹색 처방'을 소개하려고 한다.

과한 자극이
휴식을 방해한다

인간의 뇌는 최상급 예측 기계로 작동한다. 과거 경험, 기억, 몸의 신호를 바탕으로 다음 순간에 어떤 일이 일어날지 끊임없이 예측한다. 따라서 모니터와 전자기기에 거듭 과도하게 연결되면 우리는 엄청난 양의 자극이 곧 들이닥칠 것이라고 예상하게 된다. 자극을 기대한다. 자극에 사로잡힌다. 심지어 자극을 추구한다.

관계를 맺고, 참여하고, 자극을 받는 이런 습관과 기대로 인해 일을 덜 하거나 전혀 하지 않는 더 평화로운 상태로 전환하기란 불가능하다고 느낄 수 있다. 뇌는 우리에게 이런저런 걱정을 하거나 뉴스나 이메일을 확인하는 등 계속 무언가를 해야 한다고 말한다. 레드나 옐로 마인드 상태에서 우리의 정신은 가만히 앉아 있기보다는 무엇이든 하는 편을 선호한다. 한 연구[3]에서 사람들에게 10분 이상 자유롭게 생각할 시간을 주었다. 그 시간 동안 무언가 하고 싶은 마음이 들면 스스로 가벼운 전기 충격을 가할 수 있는 선택권을 제공했다. 거의 20퍼센트에 이르는 참가자가 이 선택권을 사용했다. 그저 호기심이 발동한 사람이 있었으나 지루함이나 생각에서 헤어나고 싶은 충동 때문에 사용한 사람도 있었다.

우리는 이처럼 자극에 지나치게 노출되고 지나치게 움직이려는 문화적 충동에 사로잡힌 채 대체로 실내에서 모니터 앞에 앉아 하루의 대부분을 보낸다. 소셜 미디어에 많이 노출된 동시에 다른 사람들과의 직접적인 관계를 잃는다면 이는 치명적인 공식이 된다. 소셜 네트워크는 부정적인 감정과 화난 이모티콘을 토대로 번성한다. 그런 감정과 이모티콘이 증폭된다.[4] 그리고 알다시피 이제 페이스북 알고리즘 때문에 문제가 더욱 악화되어 화난 이모티콘이 달린 게시물이 '좋아요'를 받은 게시물보다 다섯 배나 더 많이 확산된다.[5] 게다가 소셜 미디어는 다른 사람들이 나보다 더 이상적인 삶을 누리고 있다고 믿게 만드는 구조이며 이런 구조에 가장 큰 영향을 받는 대상은 청소년들이다.

미국 청소년의 자살률은 2000~07년까지 안정세를 유지하다가 2018년에 57퍼센트 증가했다.[6] 기술 중독을 억제하려는 정책이 등장한 것은 기술 중독이 존재한다는 반증이다. 예컨대 프랑스에서는 야간에 플러그를 뽑고 비상업무용 이메일에 응답하지 않아도 무방하도록 '이메일 연결차단권' 법안을 통과시켰지만 우리는 대부분 이런 보호를 받지 못한다. 오히려 앞서 언급한 단절 증후군에 시달린다(자신, 자신의 감정, 몸, 다른 사람들, 자연으로부터 단절되어 있다).

이로 말미암아 도시인들이 겪는 고통이 더 커질 수 있다. 도시에 사는 사람들은 일정 수준의 지속적인 자극에 익숙하지만 그렇다고 영향을 받지 않는다는 의미는 아니다. 도시에서 자란 사람들의 우울증, 불안, 조현병 발병률이 더 높게 나타나는 '도시 효과'가 존재하며 이들은 또한 농촌에서 자란 사람들에 비해 사회적 스트레스 요인에 과민하게 반응하는 경향이 있다.[7] 심지어 도시 꿀벌조차 농촌 꿀벌과 다르다. 더 높은 수준의 오염과 소음, 기타 자극 물질 탓에 도시 꿀벌은 산화스트레스 수준이 더 높다.[8]

우리가 사는 세상에서 너무 많은 일이 벌어지고 있다. 모니터에 너무 많은 자극이 등장하고 너무 많은 일에 끊임없이 참여하며 너무 많은 방해 요소가 우리의 주의를 산만하게 한다. 그러나 우리의 정신 상태와 스트레스 수준은 환경에 따라 결정된다. 자연 속으로 들어감으로써 이를 내게 유리한 방향으로 이용할 수 있다.

자연이 우리에게 주는
놀라운 효과들

방법은 간단하다. 물리적 환경을 변화시켜 정신적 상태를 변화시킨다. 사고의 내용과 과정을 모두 바꿀 수 있다. 자연 세계에 들어가기만 하면 이런 변화가 거의 자동적으로 일어나는 사람들이 많다. 정신은 습관화된 사고 패턴(바쁘게 돌아가는 생각, 부정적인 혼잣말, 다음에는 어떤 일이 일어날 것이라는 예상)에서 벗어나 더 느리고 더 차분하며 창의적이고 호기심을 품는 논증적 사고로 바뀐다. 자연에 몰입하면 (모니터나 정보, 도시의 소리에서 비롯된) 인간이 만든 익숙한 감각적 자극의 양이 곧바로 줄어든다. 그러면 정신적인 휴식을 취할 수 있다. 이는 마음을 진정시키고 몸을 완화시키는 안식처와 같은 환경이다. 물론 (예를 들어 앞서 살펴보았듯이 마음챙김 수련을 통해) 뇌를 훈련함으로써 일반적인 환경에서도 정신적인 휴식을 취할 수 있지만 자연에서는 좀 더 쉽게 휴식을 취하고 우리의 정신 상태와 신경계를 위한 수많은 다른 혜택까지 더불어 누릴 수 있다.

숲의 유익한 효과를 입증하는 증거가 많다. 여러 연구에서 정기적으로 숲에 몰입하면 다양한 건강 문제가 개선된다는 사실이 밝혀졌다. 일부 국가에서는 이를 삼림욕이라고 일컫는다. 삼림욕은 특히 아시아의 정립된 관습이다. 한국을 비롯한 다른 지역에서 연구원들은 일주일에 몇 차례 몇 시간 동안 천천히 걸으며 주위 환경에 관심을 기울이거나 자리에 앉아 풍경을 바라보며 숲의 생태계에 몰입할 때 얻는 효과를 연구했다. 임상 실험을 실시한 결과 혈압과 코르티솔, 염증이 감소하는 효과가 나타났다.[9] 뉴질랜드에서는 의사가 '녹색 처방전'을 발급한다. '일주일에 세 번, 자연에서 두 시간을 보낼 것을 권합니다.' 이처럼 삼림욕의 효과는 매우 뛰어나며 그 결과 이를 주류 의학으로 편입시킨 곳이 많다.

삼림욕은 또한 감각을 통해 인간의 신경계에 놀라운 영향을 미친다. 식물이나 삼나무 같은 나무의 향기는 생물학적 스트레스를 감소시킬 수 있으며 특히 주변에 폭포가 있거나 최근에 비가 내렸을 때 숲의 공기는 오염도가 낮을 뿐만 아니라 이온화 정도가 높다.[10] 소리 또한 큰 역할을 한다. 나무 사이로 부는 바람, 새소리, 물소리, 바다 소리 등 소리는 본질적으로 인간을 진정시키고 긴장을 풀어준다. 이유는 정확히 알 수 없지만 한 가지 가설에 따르면 자연의 소리는 오랜 진화론적인 안전감을 준다. 시각적으로 초록색에 둘러싸여 있을 때에도 똑같은 효과가 나타날 수 있다. 진화론적으로 인간은 이런 환경에서 평온하고 안전하다고 느끼도록 조건화(특정 환경에서 특정 자극이나 보상에 대해 행동 반응이 나타나도록 반복하는 학습 — 옮긴이)되었을 가능성이 있다. 반대로 도시 풍경은 자연적인 형태와 지평선 대신 부자연스러운 형태와 소리가 너무 많아서 인간에게 지나치게 자극적일 수 있다. 많은 사람에게 도시 풍경은 안전보다는 경계심과 경각심을 유발한다.

자연에서 경험하는 이런 극적인 변화를 주의력 회복 효과 attentional restoration effect라고 한다. 주의력 과부하가 완화되고 마음의 여유가 생기며 기분이 좋아진다. 여러 연구에서 사람들이 자연이나 도시의 풍경 사진을 바라볼 때 뇌파 혹은 뇌 활동이 어떻게 달라지는지 조사했다. 조사 결과 도시 풍경은 자연 풍경에 비해 더 많은 주의와 인지적 처리를 즉각적으로 요구하고 편도체 같은 스트레스 관련 영역을 활성화하는 것으로 나타났다.[11] 뉴델리에 있는 인도 공과 대학Indian Institute of Technology의 연구원 푸자 사니 박사는 자연 동영상을 시청할 때 우리 뇌에서 알파 및 세타파(이완을 일으키는 신경 상태)가 더 많이 나타나고 산만함을 극복하는 인지 능력이 향상된다는 사실을 발견했다.[12] 흥미롭게도 사니 박사의 연구에서 가장 강력한 자연의 자극제는 폭포와 강인 것처럼 보인다.

물의 마법,
블루 마인드 효과

뿐만 아니라 규칙적으로 움직이는 파도 소리를 들으면 마음이 진정되는데 이 말에 동조하는 사람이 많다. 파도 소리가 호흡에 영향을 미친다. 호흡 속도를 늦추어 습관적으로 산소를 충분히 이용하지 못하는 밭은 호흡이 아니라 더 깊은 호흡을 하도록 이끈다(자세한 내용은 다음 장 참조). 물에는 특별한 무언가가 있다. 해양생물학자 월러스 니콜스는 이를 '블루 마인드 효과'라고 부르는데 우리가 이번에 달성해야 할 과제가 바로 이것이다. 이 책에서 살펴본 바와 같이 '블루 마인드'는 행복감을 느끼고 회복하는 매우 편안한 상태를 의미하지만 (『블루 마인드Blue Mind』라는 제목의 그의 책에서) 니콜스는 물이 행복을 느끼는 데 특히 효과적인 방법이라는 요지를 전한다. 그는 물을 약이라고 묘사한다. 물을 통해 우리는 다른 방법이라면 불가능할 법한 블루 마인드 상태에 도달할 수 있다.

(바다나 수영장에 들어가든, 해수 수조에 떠 있든 상관없이) 물에 노출되면 평화와 행복이라는 심리적 혜택을 누릴 수 있다. 사람들은 수세기 동안 온수부터 냉수까지, 천연 온천부터 고도로 설계된 실내 부유 수조에 이르기까지 건강을 위해 물을 이용했다. 부유 수조는 물과 다량의 소금으로 채워져 있어 몸이 안전하고 편안하게 떠다닐 수 있다. 사람들은 이런 수조에서 모든 욕구가 충족되며 안전하고 편안하고 충만한 느낌을 받는다고 보고한다. 한 집단을 대상으로, 정적 속에서 수조에 떠 있을 때 얻을 수 있는 효과를 연구한 적이 있다. 자극을 제거함으로써 정신적 배경을 변화시키는 효과적인 방법이었다. 연구 결과 한 번에 90분 동안 수조에 떠 있으면 불안 수준이 높거나 불안 장애가 있는 사람들의 불안 수준이 일반인과 비슷하게 낮아지는 것으로 나타났다.[13]

왜 그럴까? 한 가지 이론에 따르면 물에 떠 있으면 몸의 신호가 변화해 근육 긴장과 혈압이 극적으로 감소한다. 그러면 몸과 마음 전체에 파급 효과가 일어날 수 있다. 아울러 감각적 자각과 몸을 연결하는 내부 수용 감각interoception(체내에서 일어나는 자극이나 변화를 감지하는 감각 ─ 옮긴이)이 증가하는 것으로 보인다. 주의가 내부로 향한다(반추적인 사고 과정이 아니라 호흡, 심장박동, 몸의 느낌과 감각으로 향한다). 혈압은 평균 10 정도 낮아지며 혈압이 낮아지는 폭이 클수록 하루 종일 평온함을 느낄 가능성이 커진다.

우리는 어마어마한 인지부하를 안고 살아간다. 걱정거리, 해야 할 일, 불현듯 떠오르는 생각, 주변 자극에 대한 반응 등 작업 기억(정보를 일시적으로 보유하고 각종 인지적 과정을 계획하고 정리하며 실제로 이용하는 작업장으로서의 기능을 수행하는 단기적 기억 — 옮긴이)에 너무 많은 것을 담고 다닌다. 자연에서는 주의를 집중하기가 더 쉬워진다. 주의 조절 능력이 향상된다. 연구용 신경심리검사에서 이런 현상을 확인할 수 있다. 인지부하가 완화되어 창의성, 자발적 사고, 지금 이 순간에 집중하는 마인드셋을 갖게 된다. 이 모든 것은 지금껏 이 책에서 다룬 내용으로 귀결된다.

우리는 대부분 무의식적으로 스트레스를 받는다. 스스로 인식하지도 못한 채 스트레스에 시달린다. 사람들은 흔히 자연으로 들어가서야 스트레스가 사라졌다고 느끼고 비로소 자신이 그간 얼마나 스트레스를 받았는지 깨닫는다. 도시생활에 몹시 만족하는 한 친구는 최근 숲에서 주말을 보내더니 "인식도 못 했는데 도시는 너무 스트레스가 많아!"라고 말했다.

경외감,
블루 마인드에 도달하는 힘

인간은 자연에 친밀감을 느낀다. 자연 속에서 휴식을 취하면 이완의 그린 마인드 상태는 물론이고 블루 마인드 상태까지 도달할 수 있다. (서론에서 설명했듯이) 깊은 이완 상태인 블루 마인드는 몸과 환경이 연결되어 있음을 느끼고 생각의 차분한 확장을 경험하는 초월의 순간을 선사할 수 있다. 실제로 자연에 노출되어 몰입하면 블루 마인드 상태에 가장 빨리 도달할 것이다.

나는 수십 년 동안 스트레스 회복탄력성을 연구했으며 솔직히 자연에 몰입하는 것이 자율신경계의 활동을 형성하는 데 얼마나 효과적인지를 확인하고 매우 놀랐다. 자연에는 마음을 진정시키고, 안정시키고, 객관적인 관점을 선사하고, 크게만 보였던 스트레스 요인을 축소시키는 독특한 능력이 있다. 이는 주로 우리가 자연계의 가공되지 않은 아름다움에서 경이로움과 경외감을 느끼기 때문이다.

자연에 노출될 때 우리는 아름다움과 더불어 나보다 훨씬 더 큰 세상을 접한다. 설문조사에서 자연을 찾는 사람들은 바다의 '광활함', 산의 '거대함', 사막의 풍경이나 탁 트인 하늘의 '방대함'에 강력한 영향을 받는다고 답했다. 자연계의 거대한 규모에서 오는 관점의 변화가 사람들에게 평온과 평화, 스트레스 해소라는 효과를 일으키는 것처럼 보인다. 자연 속에 존재할 때 우리는 우주라는 큰 맥락에서 보면 자신이 상대적으로 작은 존재임을 다시금 깨닫는다.

캘리포니아대학교 버클리캠퍼스의 심리학 교수 대커 켈트너는 나와 20년 동안 친분을 쌓은 감정 연구원이다. 그는 커리어를 쌓던 초기에 경외감이라는 긍정적인 감정에 거의 독점적으로 집중했다.

나는 당시에 그를 매료시킨 감정을 이해하지 못했지만 지금은 그것이 우리가 이해해야 할 인간의 가장 중요한 경험으로 손꼽을 만하다고 생각한다. '경외감이라는 인간 고유의 경험'에 대해 광범위한 연구를 계속한 그는 경외감을 느끼는 사람에게 심박 변이도가 개선되고, 혈압이 내려가고, 스트레스 수준이 크게 내려가는 등 생물학적 효과가 즉각적으로 나타난다는 사실을 발견했다. 고령층의 경우 일반적인 산책보다는 (사물에 주의를 기울이고 사진을 찍는) 단순한 의식적인 산책awe walk(사람이 걸어가는 동안 의식적으로 주위의 사물, 전망 등을 보려고 노력하는 야외 산책, 일명 경외감 산책 — 옮긴이)을 즐길 때 일상적인 스트레스가 줄어들고 긍정적인 감정이 더 커진다.[14] 경외심에는 변화의 힘이 있다. 자신보다 더 큰 무언가의 존재 안에 있다고 느끼면 세상을 바라보는 관점이 즉시 달라진다. 세상의 장엄함을 깨달을 때 크고 무시무시하게 보여 내 몸에 스트레스를 유발하던 문제들이 갑자기 작아진다. 우리의 걱정 따위는 상대가 되지 않는다.

켈트너는 경외심이 스트레스, 불안, 우울증, 외상 후 스트레스 장애PTSD 같은 증상에 효과적인 '처방'이 될 수 있다고 믿는다. 그의 연구소에서는 한 연구에서 PTSD에 시달리는 퇴역 군인들을 대자연으로 데려가 일주일 만에 PTSD 증상이 30퍼센트 감소한 것을 확인했다.

켈트너는 이렇게 말한다. "인류의 시간이 시작된 이후로 사람들은 경외심에 대한 글을 썼습니다. 이해할 수 없는 광대한 것을 마주할 때 우리는 경외심을 느끼죠. 연구 결과에 따르면 우리의 자아감이 더 작아집니다. 이를테면 생태계처럼 더 큰 것에 연결되어 있다고 느끼죠. 세상에 대한 호기심이 생기고, 마음이 열리고, 우리가 공유하는 공동체에 헌신하게 됩니다. 차이점들을 접어두고 다른 사람들에게 더욱 관심을 가지게 돼요. 전 지금 데이터를 수집하는 중인데 실제로 경외감이 치유력과 회복탄력성으로 향하는 가장 핵심적인 경로가 될 것이라는 생각이 듭니다."

경외심이
회복탄력성을 극대화한다

경외감과 인간의 회복탄력성에 대한 켈트너의 연구는 현재 진행 중이며 그가 해답을 찾고 있는 한 가지 질문은 '경외감의 효과가 얼마나 오래 지속될까'이다. 이미 밝혀졌듯이 경외감을 느끼는 경험이 스트레스를 감소시킬 뿐만 아니라 신경학적인 영향을 끼칠 수 있다. 다시 말해 경외감은 마음의 방황을 일으켜 반추하고 자신을 부정적으로 생각하게 만드는 뇌 네트워크를 비활성화시킬 수 있다. 하지만 지속력이 있을까? 순간적이고 일시적이어서 그 순간에만 효과가 있는 것일까? 아니면 잔류 효과가 있을까?

나는 평생 효과가 지속될 수 있다고 믿는다.

정신적 외상 분야의 세계적인 전문가이자 『정신적 외상의 종말The End of Trauma』의 저자인 조지 보난노는 힘든 유년 시절을 보냈다. 성장기에 부모의 학대에 시달렸다. 10대에 가출해 마약에 손을 대면서 그의 삶은 무너지기 시작했다. 열일곱 살 되던 해에 그는 중독과 해로운 영향의 패턴에서 벗어나 새롭게 출발하기 위해 고향을 떠나기로 결심했다. 그는 웨스트코스트를 향해 히치하이킹을 시작했다. 한 친절한 트럭 기사가 조지를 태워 그의 사연을 들어주고 수백 마일을 운전해 목적지까지 그를 데려다주었다. 조지는 그 사내의 이름은 잊어버렸지만 그가 한 말은 잊지 않았다. "애야, 넌 지금 최고의 선택을 한 거야. 넌 네 인생의 주인이 될 거란다. 물론 실수도 하겠지. 하지만 괜찮아, 그 실수에서 배우고 성장할 수 있으니까."

해 질 무렵 트럭 기사는 마침내 차를 돌려 반대 방향으로 돌아가야 했다. 그는 조지에게 고속도로를 조금 벗어나 야산에서 눈을 붙이고 아침에 히치하이킹을 다시 시작하라고 권했다. 조지는 칠흑 같은 어둠 속에서 야산으로 올라가 침낭을 펼치고 별빛 아래서 잠이 들었다. 새벽에 눈을 떴을 때 그곳이 산맥 한가운데라는 사실을 깨달았다. 그의 눈앞에 지금껏 보지 못한 광경이 펼쳐져 있었다. 찬란한 분홍색과 보라색으로 물든 하늘은 드넓었으며 그는 지금도 묘사하기 힘든 압도적인 감정을 느꼈다. 그는 이를 "비개념적인 형태의 하나님을 접한 느낌"이라고 표현한다.

수십 년이 지난 지금 그는 이렇게 말한다. "그 순간 난 우주의 분명한 질서를 보았습니다. 처음도 끝도 없는, 좋지도 나쁘지도 않은, 그리고 그것과 맞닿아 있는 느낌이 들었죠. 그 순간 모든 게 괜찮을 거라는 생각이 들더군요. '내 인생은 괜찮을 거다.' 그리고 말

그대로 그 순간부터 내 인생은 괜찮아졌습니다."

인간 회복탄력성의 선구자인 조지는 연구를 통해 사람들이 대부분 정신적 외상을 남기는 사건을 겪은 후 몇 달 이내에, 대다수는 1~2년 이내에 비교적 빠른 속도로 이전의 행복한 상태로 회복된다는 사실을 발견했다. 우리에게는 회복탄력성이 있다. 우리의 몸과 세포, 정신은 회복탄력성을 발휘하도록 설계되어 있다. 경외심은 비장의 카드다. 힘든 순간들을 헤쳐 나가고 내면의 회복탄력성을 강화할 수 있는 도구다. 갑자기 인생의 목적이 선명해지고 그 안에서 내가 어디에 있고 퍼즐 조각이 어떻게 맞춰지는지 깨닫는 순간들을 경험한 적이 있을 것이다. 주로 그린이나 블루 마인드 상태일 때 이런 통찰을 얻는다. 레드나 옐로 마인드 상태에서는 힘든 일이다.

'경외심 경험하기'는 일반적으로 일일이나 주간 또는 월간 할 일 목록에서 볼 수 있는 항목이 아니지만 목록에 포함시켜야 마땅하다. 켈트너가 털어놓았듯이 그는 최근 경외감을 불러일으키는 정기적인 경험의 중요성을 잊고 지냈다.[15] 2019년 그는 우애가 깊었던 남동생을 잃었다. 그 후 코로나19바이러스가 발생했고 친구나 가족과의 단절, 질병에 대한 걱정, 미래에 대한 불확실성 등 모든 사람이 경험하는 스트레스 요인들이 나타났다. 그로부터 2년이 흘렀고 그동안 그는 고개를 숙이고 이를 악문 채 버티는 기분이었다. 그러던 어느 날 그는 깨달았다. '난 너무 힘들다.'

그는 이렇게 말했다. "만성 스트레스 때문에 한시도 긴장을 늦추지 못했습니다. 염증의 열기가 느껴지더군요. 내 마음은 문제에 집착하고 있었죠. 내 세포는 아마 일찌감치 노화되고 있었을 겁니다! 그러다가 이런 생각이 들었어요. '난 경외심을 연구하는 사람이잖아. 내가 직접 체험해야겠어.'"

그때는 코로나19바이러스가 발생한 시기였고 그래서 장거리 여행이 불가능했다. 그는 이미 탄소 발자국을 적게 남기는 생활을 하겠다고 다짐한 터였다. 장거리 자동차 여행, 비행기 여행, 과도한 쇼핑을 포기했다. 그에게 필요한 것은 그저 경외감 체험이었다. 그는 어디에서든 경외감을 찾기 시작했다. 산책을 나가서 그때껏 눈에 들어오지 않았던 새로운 나무를 발견하곤 했다. 음악을 들었다. 해질 녘 하늘을 바라보았다. 예전에 그의 마음을 넓히고 전율이 일게 했던 원대한 개념들을 되찾기 위해 책 읽기를 다시 시작했다. 그러자 효과가 나타났다. 슬픔과 근심은 여전히 남아 있었지만 (좀처럼 사라지지 않는다) 그는 더 이상 그것들에 집착하지 않았다.

자연이 선사하는
감각의 목욕을 경험하라

자연과 관계를 맺는 것이 누구에게나 쉬운 일은 아니다. 우리는 내가 자라고 익숙한 환경을 좋아하는 경향이 있다. 자연이 익숙지 않아서 가공되지 않은 자연에 불쑥 들어가도 곧바로 차분해지지 않는 사람이 많다. 도시에서 성장해 도시의 리듬과 광경, 소리에 익숙한 사람들은 처음에는 분주한 환경에서 더 안전하고 평온하다고 느낄 수 있다. 하지만 한번 시도해 보면, 그래서 푸른색 풍경에 적응하는 데 시간을 투자하면 인위적인 세계가 아닌 자연 세계에 둘러싸여 있을 때 내면 깊숙한 곳에서 평온함과 집중력, 차분함을 훨씬 더 깊이 느낄 수 있다. 자연에 '완전히 몰입'하면 일종의 '메가 효과'를 얻을 수 있다. 한번 시도해 보기를 권한다. 하지만 도시의 자연 또한 일상의 스트레스를 관리할 때 큰 힘이 된다.

연구에 따르면 도시의 녹지가 풍부하면 주의력이 향상되고 심박수가 감소하며 불안감이 줄어들고 더 평온해진다. 반면 도시의 녹지가 적으면 폭력성이 심해지고 정신 건강이 악화되며 신체 활동이 감소하고 사망률이 높아진다.[16] 아이들도 영향을 받는다. 자연 환경이 적은 지역에서 아이들의 과잉 행동과 행동 문제가 더 많이 발생한다(사회경제적인 요인을 배제한 결과다).[17] 텔로미어 역시 녹지 공간을 좋아하는 모양이다. 홍콩에서 실시한 한 연구에 따르면 녹지와 자연 공간이 많은 교외의 주민들은 도심에 사는 사람들보다 텔로미어가 더 길었다(이 역시 사회경제적인 요인을 배제한 결과다).[18] 농촌의 강에 사는 물고기는 오염이 더 심한 도시의 강에 사는 물고기보다 텔로미어가 더 길다.[19] 농촌과 도시의 새도 마찬가지다.[20] 도시 공간을 포함해 공원과 나무는 여러모로 행복과 평온함을 증진할 수 있다.

최근 친구와 대화를 나누던 중에 "난 자연에 굶주렸다"며 도시의 자연을 무시하는 발언을 했다. 나는 도시에서 산책하는 것과 오랜 시간 대자연에 몰입하는 것을 비교했다. 그러자 친구는 찾기만 하면 자연은 어디에나 있다고 친절하게 짚어주었다(맞는 말이었다). 우리는 자연 위에 도시를 건설했다. 그래서 자연은 할 수만 있다면 어디에서든 불쑥 환하게 모습을 드러낸다. 새들은 나무뿐만 아니라 (배수로나 도시의 비상구, 심지어 화분 등) 할 수만 있다면 어디든지 둥지를 튼다. 회복력이 강한 식물이 아스팔트의 갈라진 틈새에서 싹을 틔운다. 잔디밭 한 구석이나 창문가에 놓은 상자와 다른 용기들 안에서 정원이 만발한다. 자연은 언제나 스며들어 있으며 우리는 그런 자연을 발견하고 한 걸음 나아가 가꿀 수 있다. 나는 그 어느 때보다 내 정원에 감사함을 느끼며 도시에서 번성하는 모든 자연에 감각을 열어둔다. 야생의 자연을 갈망하고 그 혜택을 누리지만 매일 도시의 자연을 만나 무한한 힘을 얻는다. 매일 뒤뜰로 나가 맨발로 땅을 느끼고 얼굴에 닿는 햇볕을 느끼며 새의 지저귐을 듣기도 한다.

자연을 경험하라. 경외감을 체험하라. 세상에서 내가 있는 자리를 되새겨라. 더 넓은 시각으로 문제의 실제 '크기'를 되새겨라. 자연이 보내는 감각적인 정보는 안전함과 평온함, 안정감 등인데, 이는 진화에 근거한 심층적인 신호다. 도시의 자연이라도 똑같이 작용할 수 있다. 이것이 바로 그린 마인드 상태다.

우리는 팬데믹 기간에 이 방법을 훌륭하게 활용하고 무시할 수 없는 혜택을 확인했다. 이 사례에서 배우자. 스트레스 과학의 관점에서 팬데믹은 일종의 분수령이었다. 우리는 스트레스 회복탄력성을 키우고 행복감과 기쁨을 증진시키는 원천에 대해 많은 것을 배웠다. 자연은 그 원천의 큰 부분을 차지한다. 사람들이 백신을 접종하고, 직장으로 돌아가고, 삶이 팬데믹 이전의 리듬으로 (잠시나마) 돌아가기 시작했을 때 동료이자 텔로미어 연구 파트너인 엘리자베스 블랙번이 내게 한 말이 기억난다.

"팬데믹을 헛되게 만들지 맙시다."

위기는 변화의 기회를 만들어낸다. 우리는 이를 외상 후 성장

post-traumatic growth이라고 일컫는다. 팬데믹 기간 동안 자연은 일반적으로 사용되는 대처 메커니즘이었으며 우리는 대규모 연구를 통해 자연이 얼마나 유익한지 확인했다. 이 결과에서 배우자. 집 안으로 돌아가지 말자. 기회가 생길 때마다 밖으로 나가 자연이 선사하는 감각의 목욕을 경험하면 스트레스 기준선에 놀라운 변화가 일어나 그린 마인드로 향할 수 있다.

자연에는 안정과 느림이 있다. 자연은 본연의 끈기와 회복탄력성을 우리 몸에도 불어넣는다. 내면적으로 우리는 스스로 만든 일과로부터 시간적 압박을 받는다. 외면적으로는 중요한 시간의 틀이 연 단위와 세기 단위로 측정된다는 사실을 깨닫는다. 여러분은 숲속을 걷다가 쓰러져 죽어 있는 아름드리나무를 본다. 곧이어 새로운 성장과 다음 세기 동안 성장할 모든 새싹, 다음 세대가 보인다. 지구의 역사, 그리고 미래가 그려진다. 나는 기후 위기로 말미암아 자연에 가해지는 위협에 슬픔과 때로는 절망을 느낀다. 확신컨대 여러분도 나와 다르지 않을 것이다. 우리의 행복과 생존을 위해서는 자연이 필요하고, 우리에게 영향을 미칠 것이 분명한 자연을 보호하려면 극적인 조치가 필요하다. 이 문제에 대해서는 잠시 후에 더 자세히 살펴볼 것이다.

오늘 우리는 각자에게 가능한 방식으로 자연이 선사하는 심원한 진정의 힘을 활용할 것이다. 오늘, 가공되지 않은 자연에 몰입할 수 있다면 멋진 일이다. 기억하라. 어떤 형태든 상관없이 자연은 강력하고 유익하다. 자연은 다양한 감각 경로를 통해 우리에게 영향을 미치며 따라서 선택할 수 있는 경로가 다양하다. 동네 산책만 나가도 자연의 소리와 냄새를 집이나 직장으로 들여올 수 있다. 어떤 방법을 선택하든지 자연계의 신호를 이용함으로써 신경계를 재조정하는 것이 오늘의 과제다. 자연을 연상시키는 쉼터를 실내에 만들거나 실외로 나감으로써 주변 환경을 바꾼다. 이것만으로도 몸과 마음을 더 차분하고, 즐겁고, 탄력적으로 바꿀 수 있다. 지금 당장, 자연에 이 임무를 맡겨보자.

자연에 스트레스를 맡기자!

오늘의 수련

오늘 여러분은 자신의 역량에 따라 세 가지 선택지에서 수련 방법을 선택할 수 있다. 오늘 선택하지 못한 방법은 앞으로 언제든 시도할 수 있다. 이 가운데 어떤 방법을 선택하든 상관없이 스트레스를 줄이고 신경계를 재조정하며 마음을 진정시키는 '리셋'을 통해 회복탄력성이 향상된 상태로 하루를 이어갈 수 있을 것이다.

선택 1   자연에 몰입하여 천천히 걸어라

오늘 내가 떠날 수 있는, 가공되지 않은 자연의 장소를 떠올려라. 도시의 광경과 소리에서 동떨어져 진정한 대자연처럼 느껴지는 곳 말이다. 오늘 나는 자연 속에서 거닐고, 마음을 밖으로 돌리고, 사소한 디테일과 시야에 들어오는 풍경을 관찰하며 완전히 몰입할 것이다. 정기적으로 자연 수련회[21]를 진행하는 내 영국인 친구 마크 콜먼은 이런 걷기 유형을 '빔블링bimbling'이라고 일컫는다. 정처 없이 돌아다니는 것이다. 어딘가에 도착하려고 애쓰지 않는다. 둘레길을 완주하거나 정상에 오르려고 애쓰지 않는다. 사물을 관찰하며 천천히 거닐 뿐이다.

홀로 걷는 것이 이상적이다. 다른 사람들과 함께 걷는 편이 더 편하다면 그래도 괜찮다. 하지만 지금은 대화를 나누고 앞서거니 뒤서거니 하며 걷는 시간이 아니라는 점을 기억하라. 이는 감각적인 경험이다. 말없이, 천천히, 멀리 떨어진 채 걸어라. 오늘의 지상 과제는 감각을 온전히 집중시키는 것이다. 밖으로 초점을 돌려서 보고, 듣고, 냄새 맡고, 맛을 느끼며 마음을 여는 시간이다. 그렇지 않으면 다른 일에 사로잡히기 쉽다. 말없이 천천히 걷고 있지만 마음이 다른 곳에 있다면 걷는 도중에 아무것도 보지 못할 것이다.

주의를 여닫는 마법의 문을 내 주변을 향해 열어라. 다음 목표들을 마음에 담고서 크게 심호흡한 후 걷기 시작하라.

- 귀를 열고 조용히 걸어라. 새, 바람, 물의 소리에 귀를 기울여라. 귀에 닿는 소리의 개수를 세어라. 일단 귀를 기울이면 자연에 담긴 소리의 풍부한 질감을 난생처음 발견한 느낌이 들 것이다.
- 바람의 감촉, 움직이는 몸, 걸음을 내딛을 때마다 대지에 닿는 발에 주목하라. 틱낫한(베트남 출신의 불교 승려로, 세계 4대 생불 중 한 명으로 꼽혔다 — 옮긴이) 스님의 말처럼 "대지에 평화와 평온을 새겨라. 발로 대지에 입맞춤하듯이 걸어라."[22]
- 천천히 걸을 때 변화하는 풍경에 주목하라. 땅, 식물, 하늘, 색채, 빛을 받아들여라.
- 잠시 발길을 멈추어 되도록 가까이 다가가라. 나뭇잎, 나무껍질, 꽃의 촉감을 느껴라. 냄새를 맡아라. 마음이 내키면 나무를 껴안거나 아니면 적어도 나무에 기대어 그 듬직함과 단단함을 느껴라.
- 내가 자연의 산물임을 되새겨라. 내 몸속의 물은 이 행성이나 지역의 지하수 우물, 저수지에서 온 물이다. (장, 폐, 피부 등에서) 내가 의지하는 수많은 미생물군집(주어진 환경에서 생존하고 있는 모든 미생물의 집단 전체를 지칭하는 용어, 일명 마이크로바이옴 — 옮긴이)은 지역 환경, 섭취하는 농산물, 호흡하는 공기(부유 미생물이 수백만에 이른다)에 의해 형성된다. 내가 속한 자연계를 알고 그것을 통해 나를 알아라.

이렇게 감각의 문을 활짝 열고 자연 속을 걷다 보면 반추하는 마음이 잠시 멈추고 의식적으로 노력하지 않아도 품고 있던 스트레스가 해소된다. 방향을 돌려 집으로 돌아갈 때는 기분이 상쾌할 뿐만 아니라 아량이 넓어지고 기준선이 그린 마인드에 더 가까워진 상태가 되어 있을 것이다. 감흥을 일으키는 이미지를 사진으로 찍어두면 체화된 그 느낌을 나중에 되살릴 수 있다.

최소한 15분 동안(아니면 되도록 오랫동안) 빔블링하라! 가능하다면 한 시간 정도는 걸어라. 자연에 몰입하는 시간은 길면 길수록 좋다.

선택 2 도시의 자연으로 리셋하라

가장 효과적인 도시의 휴양지를 원한다면 자동차가 없는 장소를 찾아라. 가까운 공원이나 해안가, 아니면 조용한 동네로 갈 수 있다. 녹지에 둘러싸여 있거나 풍경을 즐길 수 있거나 근처에 물이 있는 곳이 가장 효과적이다. 하지만 이미 가진 것을 활용해도 좋다. 하늘은 어디에나 있다.

이번 목표는 감각을 활용하고 '도시의 경계심'을 접어두는 것이다. 이때 감각적 경험을 활용할 수 있다면 축소판 자연 효과를 누릴 수 있다.

내게 허락되는 시간을 활용하라. 단 15분이라도 내 몸을 리셋하는 데 도움이 될 것이다. 내 속도에 맞춰 호흡을 늦추어라. 주변 자연 환경에 주의를 집중해 눈에 띄는 것을 보라. 도심에서라도 야생생물을 관찰하면 진정 효과를 덤으로 얻을 수 있다. 새나 다람쥐가 눈에 띌 수 있다. 모이통을 설치해서 벌새를 우리 뜰로 초대할 수 있다. 초당 80번까지 날갯짓을 하는 벌새를 보고 있으면 경외감이 밀려올 것이다.

선택 3 자연을 불러들여라

자연을 나만의 공간으로 불러들이는 방법이다. 감각은 강력하다. 감각과 냄새, 소리는 신경계에 영향을 미친다. 여러 연구에서 (휘발성 유기 화합물을 방출하는 삼나무나 특히 라벤더 같은 식물에서 추출한) 에센셜 오일의 향을 맡으면 잠깐이지만 스트레스와 불안감이 상당히 감소하는 것으로 나타났다.[23] 잠시 오일 마사지를 하면(손, 발, 목 등에 오일을 문지르면) 당연히 효과가 배가된다. 에센셜 오일의 향이 신경화학에 미치는 영향에 대한 이론이 많다.[24]

집 안에서 혼자 (의자나 바닥에) 편안하게 앉거나 누울 수 있는 공간을 찾아라. 진정효과가 있는 아로마 테라피 오일이 있으면 활용하라. 꽃, 풀, 나뭇잎, 도토리 등 야외와 자연을 연상시키는 자연물을 실내로 가져와도 좋다. 자연의 청각적 신호를 활성화하라. 바람, 비, 파도 등 마음에 드는 자연의 소리가 담긴 오디오를 이용하라(유튜브나 음악 스트리밍 앱에서 '자연의 소리'를 입력하면 다양한 선택지가 나온다). 그런 다음 잠시 호흡 활동을 하면 '그린에서 블루 마인드' 상태로 전환하는 데 효과적이다.

> ● 한 손은 배, 다른 한 손은 가슴에 대고 호흡의 흐름에 주목한다. 가슴보다 배가 불룩해지는 느낌이 들 것이다.

- 코로 숨을 다섯 번 들이마셨다가 들이마실 때보다 느린 속도로 내쉰다.
- 이제 밖으로 초점을 돌려 감각과 공간에 집중한다.
- 모든 소리에 집중하라. 숨을 들이마실 때 공기는 어떤 느낌인가? 무슨 냄새가 나는가? 자연물을 느끼거나 관찰하고 싶은가?
- 물가나 숲속 어디든 간에 자연 풍경에 깊숙이 들어와 있다고 상상하고 머릿속에 그 모습을 자세하게 그린다.
- 이 광활한 자연이 내 모든 생각과 감정을 담을 수 있다고 되뇐다. '자연은 내 경험을 모두 담을 만큼 크다. 이제 자연이 나를 보듬고 뒷받침하도록 맡기자.'

여러분이 어떤 식으로 자연이나 아름다움, 경외감을 경험하든 상관없이 나는 존 뮤어(미국 환경보호운동가 겸 작가 — 옮긴이)의 명언을 전하고 싶다. "햇살이 나무들 사이로 흘러들어 가듯이 자연의 평화가 여러분에게 흘러들어 갈 것이다. 바람은 자신의 상쾌함을, 폭풍은 에너지를 불어넣을 것이며 그러는 동안 근심은 가을 낙엽처럼 떨어질 것이다."[25]

(문제 해결)

다른 사람들이 격찬하는 경이로움이 느껴지지 않는가? 어떤 사람은 쉽게 경이로움을 느끼고 곧바로 표현한다. 반면에 그렇지 않은 사람이 있다. 지금껏 설명한 대로 느껴지지 않거나 그렇게 느끼기까지 시간이 좀 걸린다. 하지만 그렇다고 자연이 내게 효과가 없다는 의미는 아니다. 자연은 여전히 내 신경계에 제 할 일을 할 것이다.

경외감을 불러일으키는 한 가지 비법이란 존재하지 않으며 풍경이 멋지다고 해서 반드시 경외심을 느껴야 하는 것도 아니다. 경외심을 강요할 필요가 없다. 다른 사람들이 산맥이나 바다 앞에서 느끼는 경이로움과 광활함을 나는 다른 경험을 통해 느낄 수 있다. 이상적인 인간의 행동이나 우주를 다룬 동영상이 이따금 경외심을 일으킨다. 경외감은 평소에 눈여겨보지 않는 것에 주의를 기울이고 호기심을 품을 때 키울 수 있는 경험이다. 사소한 디테일부터 멀리서 바라보는 전체적인 풍경에 이르기까지 주변 환경에 주목하라. 잠시 발걸음을 멈추게 하는 광경을 매주 다섯 장씩 사진으로 찍고 그것이 불러일으키는 감정이나 생각을 몇 마디로 묘사하라.

자연 속에서 편안하지 않다면

가공하지 않은 야생의 자연이 불편하게 느껴진다면 시간을 가지고 기다려라. 어떤 환경이 낯설거나 심지어 위협적으로 인식된다면 경계심이 잘못된 방향으로 치달릴 수 있다. 그렇다고 자연의 힘을 이용할 수 없다는 뜻이 아니다. 익숙한 동네의 식물과 나무에 주목하거나 안전하다고 느끼는 공간으로 자연의 소리와 향기를 가져오라. 몰입도가 높은 자연 경험으로 점차 강도를 높일 방법을 떠올려라.

특히 좋아하는 유형의 자연이 있을 수 있다. 우리가 오래전에 발견했듯이 사람들은 자신의 성향에 어울리는 환경을 찾는다. 이를테면 외향적인 사람은 사회적 관계와 활동에 대한 욕구가 강할 뿐만 아니라 사회적 관계나 활동에 참여한 후에 지치거나 힘들어하는 내향적인 사람에 비해 기쁨을 더 크게 느낀다. 그들은 카페처럼 시끄러운 장소에서 편안하다고 느낀다. 사람들이 특히 선호하는 자연이 있다. 문화 심리학자 시게히로 오이시와 동료들이 실시한 여러 연구에서 외향적인 사람은 내향적인 사람보다 바다를 선호하는 반면 내향적인 사람은 숲이나 산, 그 밖에 조용하고 한적한 장소를 선호하는 것으로 나타났다.[26]

물론 개인의 취향은 존중할 가치가 있으나 스스로 약간 채찍질하려고 노력해 보라. 새로움과 탐험을 통해 회복탄력성을 확장할 수 있다. 낯선 환경에 처음 적응할 때 '경계심'이 약간 느껴진다 해도 장담하건대 곧바로 적응해 스트레스가 감소하는 보상을 누릴 수 있을 것이다.

PART
6

DAY 6일 차

처방

가짜 휴식
vs. 진짜 휴식

내가 취하는 휴식은 진짜 휴식일까

우리는 태어나는 순간부터 숨을 쉰다. 호흡은 생존에 반드시 필요하지만 사람들은 대부분 자신의 호흡에 대해 좀처럼 진지하게 생각하지 않는다. 대부분의 호흡 과정은 뇌간에서 제어되는 불수의적인 과정이다. 우리는 자는 동안 숨을 쉰다. 먹는 동안에도 숨을 쉬고 말하는 동안에도 숨을 쉰다. 물론 호흡을 스스로 조절할 수도 있다. 이를테면 운동할 때나 화가 났을 때 흔히 스스로 진정하기 위해 호흡에 주목하고 조절하기로 선택할 수 있다. 하지만 우리가 항상 인식하지는 못해도 호흡에 영향을 미칠 수 있는 다른 방식이 존재한다.

몇몇 연구를 통해 일하는 동안 사람들의 호흡 패턴이 바뀐다는 사실이 밝혀졌다. 분당 호흡수가 증가한다. 호흡이 얕아진다. 일할 때 우리는 더 빠르게 호흡한다. 심지어 이메일을 열기 전에 잠시 숨을 멈추게 되는, 이른바 '이메일 무호흡증email apnea'이 일어난다.

지속적으로 긴장한 상태일 때(스트레스 기준선이 높을 때) 분당 호흡수가 증가하고 깊은 호흡보다는 얕은 호흡을 하는 경향이 있다. 흔히 입으로 가볍고 빠르게 호흡하며 스트레스에 대응한다. 살짝 헐떡거린다! 동시에 이런 유형의 호흡은 몸에 스트레스 반응을 일으킨다.[1] 얕고 빠른 호흡은 몸에 '행동할 준비를 하라'는 신호를 보낸다. 이는 투쟁/도피 반응의 미묘한 형태, 다시 말해 신경계의 경계 태세를 의미한다. (대개 자동으로 조종되며 대개 무의식적인) 우리의 호흡 패턴은 몸에 담고 있는 스트레스, 긴장과 영향을 주고받는다. 이것이 결국 일종의 '스트레스 소용돌이'로 변할 수 있다. 바꾸어 말하면 일상적인 스트레스가 (무의식적으로 간간이 숨을 참는 특징이 보이는) 더 가볍고 빠른 호흡 패턴을 유발하고 그러면 몸은 교감 신경계 활성화 상태를 유지하게 된다. 그 결과 우리는 '오렌지 마인드'라고 일컫는 상태에 이른다(호흡을 통해 인지부하와 스트레스 각성 사이의 상태에 이른다).

그래서 여러분에게 묻고 싶다.

숨을 얼마나 많이 참고 있는가? 호흡이 얼마나 깊거나 얕은가? 몸이나 가슴이 얼마나 긴장하고 있는가? 지금 이 순간 얼마나 완전하게 숨 쉬고 있는가?

그냥 휴식하지 마라,
회복하라

앞에서 던진 질문에 답을 찾는 동안 어떤 점을 발견했나? 어깨가 긴장되어 있었나? 몸이나 마음이 앞으로 기울어져 있었나? 호흡이 느리고 완전했는가, 아니면 가볍고 얕았나? 잠시 멈추어 (끝까지 들이마시고 끝까지 내쉬면서) 완전하게 호흡을 한 번 한 다음 생각해보라. 평소 호흡과 비교했을 때 어떤 느낌인가? 느낌이 다른가?

신경계가 끊임없이 활성화된 이 옐로 마인드 상태와 이에 수반되는 불완전하고 가볍고 빠른 호흡은 우리에게 그냥 정상 상태다. 우리는 이것에 익숙해 있다. 이를 기준선으로 받아들였다. 그래서 스트레스가 더 심한 시간이나 교감 신경계를 자극하는 일상적인 스트레스 요인에 직면할 때 우리는 더 높은 단계로 향한다(완전한 레드 마인드로 변한다). 그러다 기준선인 옐로 마인드로 다시 내려오면 '긴장이 풀렸다'고 느낀다. 문제는 긴장이 풀린 것이 아니라는 점이다.

좀 더 정확히 말해 우리의 기정값까지 '긴장이 풀렸'지만 이 기정값은 충분히 긴장이 풀린 상태가 아니다.

기준선까지 다시 내려가는 것만으로는 부족하다. 습관적인 스트레스 기준선 아래의 진정한 휴식, 혹은 이 책의 앞부분에서 '깊은 휴식'이나 '블루 마인드'라고 표현한 상태까지 내려가야 한다. 깊은 휴식 상태에 도달할 때 우리가 절실하게 원했듯이 몸과 마음이 생리학적으로 회복되고 그러면 스트레스 각성에 의지하는 패턴에서 벗어날 수 있다.

잠시나마 블루 마인드에 도달하면 생물학적인 재생 과정이 시작될 뿐만 아니라 스트레스 기준선의 기정값을 낮출 수 있다. 이 책의 서두에서 설명했듯이 스트레스 기준선의 기정값을 낮추면 신경계가 건강에 더 이롭고 생물학적으로 지속가능한 수준의 각성 상태로 활동할 수 있다.

항상 깊은 휴식을 취할 수는 없다. 이는 불가능한 일이다. 그렇다면 대부분의 사람은 얼마나 자주 깊은 휴식을 취하고 있을까? 안타깝게도 깊은 휴식을 취하는 사람은 매우 드물다.

그래서 오늘 나는 깊은 휴식에 대해 이야기하고자 한다. 스트레스 회복탄력성을 갖추고 활기차게 살고 싶다면 깊은 휴식은 선택 사항이 아니라 필수 조건이다. 산소만큼이나 반드시 필요하다. 실제로 깊은 휴식은 산소와 밀접한 관련이 있다.

스트레스 각성도가 높은 상태가 지속되면 호흡이 얕아지고 세포가 상습적으로 마모된다. 이 옐로 마인드의 스트레스 상태에서는 우리의 배터리가 더 빠른 속도로 소모된다. 하루가 끝날 무렵에는 진이 다 빠진 것 같고 주말이 되면 전혀 '재충전'이 되지 않는 기분이 든다. 휴식이 필요하다. 진정한 재충전과 리셋이 필요하다. 우리가 그동안 간과했던 중요한 몸과 마음, 그리고 세포의 재생 과정을 수행할 수 있는 조건을 만들어야 한다. 호흡수는 스트레스 각성 수준을 형성하는 한 가지 요인이므로 이를 통해 스트레스 각성 수준을 확인할 수 있다. 결론을 살짝 누설한다면 우리에게 필요한 깊은 휴식의 핵심 또한 호흡이다.

깊은 휴식을 취할 때 우리의 호흡 패턴은 느려진다. 폐와 혈관 사이의 장벽을 통과하는 산소량이 많아진다. 산화질소 수치가 상승하는데 그러면 혈관이 확장되어 혈액과 산소가 온몸에 더 빨리 이동할 수 있다. 혈압이 낮아지고 심박수가 떨어진다. 이런 생리학적 과정은 호흡 패턴과 밀접한 관련이 있다. 몸에서 일어나는 이런 모든 현상은 우리가 진정한 깊은 휴식과 이완의 상태인 블루 마인드 상태에 진입하고 있다는 지표다.

그렇다면 어떻게 해야 블루 마인드 상태에 도달할까?

어떻게 깊은 휴식에 도달할 수 있을까?

소파에 누워 좋아하는 프로그램을 시청한다. 개를 데리고 산책이나 조깅을 하러 나간다. 좋아하는 음식을 요리하며 맛있는 냄새와 감촉에 몰두한다. 직장에서 잠시 휴식을 취하며 소셜 미디어를 둘러보고 친구들과 메시지를 주고받는다.

이런 모든 활동은 깊은 휴식처럼 보인다. 과연 그럴까?

사람들은 하나같이 휴식이나 여가를 진정한 회복과 혼동한다. 일과 돌봄에서 해방되어 편하게 쉬거나 아니면 사랑하는 사람과 함께 시간을 보내거나 책이나 영화를 즐기는 것처럼 좋아하는 일을 하는 것은 중요하다! 이는 그린 마인드 범주에 속하는 휴식의 한 형태다. 하지만 이런 방법으로 깊은 회복에 도달할 수 없는 데는 두 가지 이유가 있다. 첫째, 모르긴 몰라도 이럴 때 여러분의 마음은 여전히 분주히 움직일 것이다. 둘째, 여러분은 지금 바쁜 상태이지만 가장 쉽게 블루 마인드에 도달하는 방법은 행위 상태가 아니라 존재 상태(앉거나 누운 자세로, 열린 마음으로, 머릿속에 담긴 내용이 아닌 어떤 것에 주의를 집중하는 상태)에 머무는 것이다. 사람들이 휴식하기 위해 하는 많은 일은 진정한 회복과는 거리가 멀다. 물론 그 자체로 가치 있는 일이지만 깊은 휴식 상태에 비하면 피상적이다. 그린 마인드와 블루 마인드에는 한 가지 큰 차이가 있다.

온전히 휴식한다고 느꼈던 때를 떠올려보라. 몸과 마음이 일로부터 완전한 휴식을 취하고 있다고 느꼈을 때를 떠올려보라. 특정한 장소에 갔던 때가 생각날지 모른다. 많은 사람이 자연 속에 있을 때를 떠올리는데, 이는 앞 장에서 살펴보았듯이 자연이 이런 유형의 블루 마인드 상태를 유도할 수 있기 때문이다. 아니면 어떤 장소에서 벗어난 때일 수 있다. 아마 일상의 분주함과 요구에서 벗어나 있었을 것이다. 일반적으로 개어야 할 빨랫감 더미나 이메일이 줄지어 도착할 것이라고 예고하며 돌아가는 노트북의 기계음 속에서는 깊은 휴식 상태에 도달할 수 없다.

깊은 휴식의 한 가지 전제 조건은 안전이기 때문에 휴식을 취하면서 여러분은 아마 안전하다고 느꼈을 것이다. 물리적으로 고립된 상태에서 깊은 휴식을 취하는 경우가 많다. '감각 축소sensory narrowing'와 심지어 감각 박탈(자극의 부재(일상적인 생활에서 경험하는 빛, 소리, 냄새 및 음식물 등의 감각 자극을 일정 시간 동안 차단하는 것 — 옮긴이))이 일어난다. 우리는 수용적인 각성 상태(앞으로 몸을 숙여 상상 속의 미래로 몸을 쑥 내밀기보다는 뒤로 젖히거나 반듯이 누운 상태)다. 주의가 마음껏 조용히 떠다니는 느낌이 든다. 무언가를 특히 걱정하거나 반추에 사로잡히지 않고 백일몽을 꾸거나 아이디어가 떠오르거나 이리저리 떠돌아다닌다고 느낀다. 차분하게 생각이 떠올랐다가 사라지도록 내버려 둔다.

깊은 휴식의 기억을 되살리라고 요청하면 어떤 사람은 휴가, 즉 진정한 탈출을 떠올린다. 또 어떤 사람은 자연으로 떠나는 여행이라고 말한다. 긴 마사지를 꼽는 사람도 있다. 내게는 요가 수업이 끝나는 순간이다. 요가 수업은 대부분 사바아사나Savasana, 일명 송장 자세로 끝나는데, 이 자세의 목표는 바닥에 누워 아무것도 하지 않고 몸의 에너지 자원을 재충전하는 것이다. 사바아사나가 끝나면 나는 마지못해 몸을 일으켜 하루 일과를 시작하지만 평온해지고 재충전되었다는 기분이 든다. 요가, 명상, 기공(호흡을 가다듬고 팔다리와 상체를 움직이는 중국의 신체 단련법 - 옮긴이) 같은 심신 수련을 마친 후에 흔히 이런 깊은 이완 상태를 경험한다. 이런 상태를 경험한 사람이라면 아마 그때의 기분이 끝나지 않기를 바랐을 것이다! 바로 이것이 블루 마인드다. 바쁜 정신 활동으로부터의 완전한 휴식, 깨어 있음과 의식적인 회복의 시간인 것이다.

블루 마인드를 많이 경험한 사람도 있겠지만 그렇지 않은 사람도 있을 것이다. 그래도 괜찮다. 우리는 대부분 일주일이나 일 년이 가도록 좀처럼 이런 상태를 경험하지 못한다. 휴식은 (자연스럽고,

힘들지 않고, 자동적인) 가장 쉬운 일처럼 보이지만 실상 가장 어려운 일로 손꼽힌다. '휴식'은 어렵고 '아무것도 하지 않기'는 더더욱 어렵다. 아무리 휴식이 간절해도 그냥 소파에 털썩 몸을 던져 곧바로 깊은 휴식을 취하지 못한다. 우리의 몸과 마음은 그렇게 빠르고 쉽게 저단 기어로 전환되지 않는다.

사바아사나는 요가에서 가장 중요하면서도 제대로 취하기가 어려운 자세로 알려져 있다. 놀라울 정도의 근력과 유연성이 요구되는 요가 자세가 있다는 것을 아는 사람들은 이 말을 선뜻 이해하기 어려울 것이다! 하지만 송장 자세의 핵심은 마음을 내려놓고, 완전히 통제권을 포기하고, 진정으로 긴장을 푸는 것이다. 사바아사나가 요가 수련의 마지막 순서인 데에는 그만한 이유가 있다. 내려놓기가 여간 어려운 것이 아니기 때문이다. 따라서 이 상태에 도달하려면 몸과 마음을 준비시켜야 한다.

깊은 휴식의
세포 생물학

깊은 휴식을 취하면 뇌와 몸에 독특한 일이 일어난다. 우리의 기본적인 경계 상태와는 상반되는 현상이다. 앞서 호르메틱 스트레스를 경험한 후 회복 과정에서 활성산소를 먹어치우는 청소부를 활성화하고 노폐물을 처리하며 오래된 세포를 죽이는 '청소 과정'이 어떻게 일어나는지를 살펴보았다. 긍정적인 스트레스에서 시작되는 이 청소 과정은 몸의 세포에 탁월한 효과를 발휘한다. 깊은 휴식의 효과는 이와 약간 다르다. 사실 그 이상의 효과를 발휘한다.

깊은 휴식을 통해 생물학적인 회복이 일어난다. 성장 호르몬과 성 호르몬을 향상시키고 그러면 조직을 회복하고 치유하며 재생하는 몸의 기능이 향상된다. 깨어 있는 동안 깊은 휴식 상태를 유지하면 몸과 마음이 매우 효과적으로 회복된다. 수면 중에도 깊은 휴식 단계가 나타난다. 일명 서파수면slow-wave sleep이라 일컫는 이 단계는 우리 몸에서 가장 회복탄력성이 높은 상태다. 뇌척수액의 맥동이 일어나 뇌에서 아밀로이드 단백질과 기타 찌꺼기를 제거한다.

스트레스 과학 분야에서는 깊은 휴식이 미치는 영향을 측정하기 위해 수련회 참가자들을 연구했다. 수련회는 다양한 의미로 해석될 수 있다. 흔히 수련원에서 전문 퍼실리테이터들과 함께 주최하는 체계적인 명상 워크숍이나 묵상 수련회를 의미한다. 하지만 이는 수련회의 한 단면일 뿐이다. 진정한 의미의 수련회는 단순히 자극과 요구가 가득한 일상적인 환경에서 벗어난다는 의미일 수 있다. 예컨대 숲속의 오두막에 혼자 머물 수 있다.

수련원은 사람들에게 평소보다 더 긴장을 풀 수 있는 이상적인 일단의 조건들을 제공한다. 시간이 보장된다. 경계가 설정된다. 여러분은 안전하다. 교감 신경계를 자극하는 것(업무, 이메일, 전자기기, 돌보아야 할 대상, 까다로운 인간관계 등 일상적인 환경에서 각성을 활성화시킬 수 있는 모든 것)으로부터 차단된다.

나는 수련회 기간 동안 가장 깊은 휴식의 상태를 느꼈으며 이 체험을 통해 그 효과가 몇 주 동안 지속된다는 사실을 깨달았다. 장기적인 관점에서 수련원의 공식 프로그램이든 숲속에서 보내는 주말이든 상관없이 특정한 종류의 휴양을 위한 공간을 어떻게 마련할지 미리 생각해 두면 좋다.

우리는 대개 철저하게 보호되고 전자기기로부터 자유로우며 휴식에만 집중할 수 있는 시간을 내는 일을 우선순위로 삼지 않지만 이는 반드시 필요한 일이다. 오늘날에는 바쁜 일상의 소용돌이를 일주일씩 멀리하기란 좀처럼 쉽지 않다. 하지만 우리에게는 이 글을 읽고 있는 지금 이 순간과 오늘 새로운 수련을 시도할 수 있는 몇 분의 시간이 있다. 더 짧은 시간에 '수련회' 마인드셋을 창조할 수 있을까? 일주일씩 시간을 낼 필요 없이 지금, 그리고 매일 할 수 있는 일이 있을까?

'수련회' 마음 상태를
가져라

　　두개골의 어둠 속에 고립된 인간의 뇌는 감각적인 데이터에 전적으로 의존해 현재의 정보를 얻는다. 뇌는 그 모든 정보를 활용해 앞으로 일어날 일을 예측한다. 감정은 기본적으로 뇌가 몸으로부터 받는 신호와 유사한 상황에 대한 기억을 바탕으로 상황에 어떻게 반응해야 할지를 추측한 최선의 결과다.[2] 예를 들어 (직장에서 어려운 이메일에 연달아 답장을 보내는 등) 수많은 위기에 대처하는 중이라면 편지함에 이메일이 도착했다는 알림이 들릴 때 이메일을 열기도 전에 자신도 모르게 약간 더 긴장하고 경계할 것이다. 뇌는 경험과 습관을 토대로 반응한다. 하지만 이런 순환 고리를 끊고 더 깊은 휴식 상태로 전환할 수 있다.

　　뇌가 몸으로부터 받은 신호를 변경함으로써 뇌 활동과 습관적인 스트레스 각성 상태를 바꿀 수 있다. 뇌에 '교정' 신호를 보내는 신체 경험을 설계할 수 있으며 이를 통해 내부 수용 신호가 결정되고 이는 다시 내가 지금 느끼는 감정을 결정한다. 다시 말해 '나는 안전하다', '나는 편안하다', '휴식 이외에 지금 당장 해야 할 일이 없다'는 메시지를 몸에 전달하는 모든 신호와 조건을 늘리면 효과적인 기본 공식을 얻을 수 있다. 이를테면 희미한 조명이나 어둠, 푹신한 베개나 안대, 안전하고 밀폐된 특정 공간, 마음이 차분해지는 이미지나 상징 등을 이용해 긴장을 풀고 경계를 늦춰도 괜찮다는 신호를 보낼 수 있다. 일단 이 상태에 이르면 몸이 나머지를 책임진다. 세포가 안전한 환경에 있다는 것을 감지해 에너지를 세포 청소에 투입한다. 그리고 무엇보다 피드포워드feedforward(피드백과는 달리 예측하여 정보를 제공해 다음 단계를 자동으로 제어하는 것 — 옮긴이)가 일어난다. 깊은 휴식의 경험이 신체 기억을 형성한다. 이는 뇌가 미래에 동일한 감각 및 내부 수용 신호를 예측하는 방식에 영향을 미친다. 양성 피드백 고리positive feedback loop(시스템의 출력이 입력을 늘리는 방향으로 진행되는 피드백 — 옮긴이)가 진행된다. 뇌의 미래 예측에 깊은 휴식을 취할 수 있는 새로운 정보가 추가된다. 그러니 다음번에는 더 쉽고 빠르게 깊은 휴식 상태에 도달할 수 있을 것이다.

수련회에서는 깊은 휴식을 취하기 쉽다. 이런 '수련회' 마음 상태를 매일 경험한다면 멋질 것이다. 나는 밤에 잠자리에 들기 전 마음을 가라앉히는 의식을 치르며 이 상태에 이르고자 노력한다. 성공적인 수련회의 구성 요소를 눈여겨보면 어디에서든 비슷한 경험을 얻을 수 있다. 먼저 요구사항이 차단된다. 휴대폰을 끈다. 휴대폰을 확인할 길이 없다면 이상적일 것이다. 사회적으로 안전하다고 느낀다(편안하게 혼자 있거나, 침묵을 벗 삼거나, 이런 비슷한 목표를 공유하는 사람들과 함께 있다). 이런 상황에서 신경계가 재조정된다. 스트레스의 원천과 단절되고 자신(평온을 선사하는 내면의 핵심)과 다시 연결된다. 외부 세계의 요구에서 벗어남으로써 엄청난 인지부하를 덜어낸다. 오랫동안 이런 과정을 반복하면 그동안 쌓인 무의식적인 스트레스 또한 조금씩 사라진다.

수련 중일 때 세포 내부에서는 어떤 일이 일어날까? 나와 동료들이 루디 탄지 박사와 에릭 샤트 박사와 협력한 연구에서 목표로 삼은 것이 바로 이 질문이다.[3] 수학자인 에릭은 정교한 모델링을 이용해 2만 가지가 넘는 유전자 활동의 변화 패턴을 파악할 수 있다. 이 연구(1일 차에 설명한 것과 동일한 연구)를 위해 우리는 명상 경험이 전혀 없는 (완전 초보) 참가자들을 모집하고 수련회에 데려가 두 개 집단으로 나누었다. 한 집단은 일주일 동안 디팍 초프라를 비롯한 여러 사범으로부터 만트라 명상 훈련을 받았다. 다른 한 집단은 그저 아름다운 수련원에서 생활하며 똑같은 아유르베다Ayurveda(인도 아대륙의 전통적인 대체의학 — 옮긴이) 건강식을 먹고 멋진 경내를 거닐었다. 모든 사람이 일과 전화, 컴퓨터로부터 완벽하게 단절되었다.

(명상 훈련을 받은 적이 있는지 여부와 관계없이) 그냥 수련원에서 생활한 결과만으로 모든 사람에게 면역 세포의 유전자 발현 활동에

극적인 변화가 일어났다. 수련회를 마친 후에 머신러닝을 통해 최대 96퍼센트까지 정확하게 프로파일을 예측할 수 있을 정도였다. 간단히 말하면 참가자들이 수련원에서 생활한 이후의 세포 활동은 입소한 날과 극적으로 달랐다! 즉, 염증 활동, 산화스트레스 활동, DNA 손상, 미토콘드리아 분해 등이 감소한 것으로 확인되었다. 모두 멋진 변화가 아닐 수 없다! 자식작용과 관련된 과정(유익한 세포 청소 과정)이 증가했다. 두 집단 모두 일주일이 끝날 무렵 활력이 넘친다는 느낌이 들고 우울증과 불안, 스트레스가 크게 감소했다고 보고했다. 요점은 이것이다. 명상법을 배우지 않아도 건강상의 이점을 경험할 수 있다. 단순히 (이메일이 차단된) 긴장을 풀 수 있는 아름다운 환경에 사람들을 놓아두기만 해도 몸에 빠르고 강력한 변화가 일어났다.

마음챙김과 명상 훈련이 심오한 영향을 미칠 수 있다. 내면에 집중해 명상을 수련하는 사람과 고도 스트레스 상황에 빠진 사람의 정신과 신경계는 극명한 대조를 보인다. 명상 수련에서 실질적인 혜택을 얻을 수 있다. 내 동료인 아미트 번스타인 교수는 난민을 대상으로 마음챙김 명상 수업을 진행하는데 이 수업을 수료한 한 청년이 다음과 같이 소감을 전했다. "마음챙김 명상은 마음을 쉬게 합니다. 마음이 쉬고 나면 정신이 아주 맑고 깨끗해집니다. 제게는 약이나 다름없죠. 여러분에게는 호사일지 모르지만 제게는 약과도 같아요. 저는 약처럼 이용합니다."[4]

진정한 휴식은
권리다

개인의 이력과 구조적 요인이 다르기 때문에 사람마다 휴식을 취하는 방식이 다르다. 우리는 제각기 독특한 문제를 안고 있다. 신경계가 복잡하게 조정되어 있고 문제의 유인이 다양하며 각기 다른 방식으로 마음을 달래고 안전감을 느끼는 우리는 저마다 다르다. 우리 가운데 30퍼센트는 유년기에 정신적 외상을 경험한 적이 있으며 이들은 대부분의 경우 일상적인 스트레스 요인에 더 위협받는다고 느끼고 경계한다.[5] 아울러 유년기에 외상을 경험한 사람들에게 깊은 휴식으로 이끄는 심신 수련은 특히 이롭다.

휴식은 사회 정의의 문제다. 사회경제적, 인종적 장벽이 깊은 휴식을 가로막고 있다. 모든 사람이 충분히 수면을 취할 자유와 능력을 골고루 가진 것은 아니다. 특히 미국 사회처럼 주변화(어떤 사회나 집단의 특정 구성원을 소외시키는 것 — 옮긴이)의 표적이 되는 집단은 휴식의 불평등을 겪는다. 실제로 연구에 따르면 미국의 흑인과 라틴 계나 아시아계 사람들은 백인 미국인에 비해 수면 시간이 짧고 수면의 질이 떨어지는 것으로 나타났다.[6]

행위 예술가이자 커뮤니티 치유사인 트리샤 허시는 휴식이 일종의 저항이라는 원칙을 내세우며 냅 미니스트리Nap Ministry를 설립했다.[7] 그녀는 자신의 웹사이트에 "우리는 휴식이 영적 수행이자 인종 정의와 사회 정의의 문제라고 믿는다"는 글을 남겼다.

깊은 휴식은 호사가 아닌 권리다. 이는 우리가 과학과 하드 데이터(주로 논쟁의 여지가 없는 명백한 사실, 합리적으로 제시되는 수치 등으로, 일반적으로 수집하기 쉽고 금전적 가치로 전환하기 쉬운 데이터 유형 — 옮긴이)로 주도해야 할 사회적, 문화적 변화다. 우리는 인간의 보편적인 정신 작용 방식(지속적인 경계 상태인 옐로 마인드 상태)과 시간에 대한 사회와 업무의 압박으로 인해 수면 부족에 시달린다. 휴식(진정한 휴식, 깊은 휴식)은 그 자체로 강력한 약이 될 수 있으나 공급이 부족하다. 모든 사람이 더 쉽게 휴식을 취할 수 있어야 한다. 휴식을 취할 나만의 공간을 더 확보할 방법을 모색하는 데 그치지 않고 내 영향력을 확대해 다른 사람들도 휴식을 취하도록 도울 수는 없을까? 직계 가족뿐만 아니라 친구, 직장 동료, 소외계층까지 범위를 확대할 수 있을까? 어떻게 하면 휴식 전도사가 될 수 있을까?

깊은 휴식을 취할 시간을 갖자는 제안에 자신이 어떻게 반응하는지를 눈여겨보기만 해도 휴식을 방해하는 메시지가 얼마나 몸에 배어 있는지 느낄 수 있다. 이 글을 읽는 동안 나도 모르게 '나는 쉴 시간이 없어', '이 장은 건너뛸 거야', '난 쉴 수가 없어', '다른 사람들은 벌여놓은 일이 더 많아도 제대로 해내잖아', '이번 마감일을 맞춘 다음에는 어쩌면?'이라는 생각을 몇 번이나 했는가? 이런 생각이 떠올랐다면 휴식이 더더욱 필요하다.

중요한 것은 건강이다. 인생이다. 내가 어디로 향하고 있는지, 어떤 기분을 느낄지, 그리고 일단 그곳에 도착하면 내 역량이 어떻게 변할지가 중요하다. 곧 깨닫겠지만 이는 양치질처럼 건강을 위해 매일 실천하는 예방책이다. 매일 스트레스에 대응하면서 건강, 삶의 질, 그리고 (내 영향력의 범위가 어느 정도든 상관없이) 세상에 어떤 방식으로든 영향을 미칠 능력을 키울 수 있다. 지금부터 깊은 휴식을 포함해 자기 관리에 시간을 투자하지 않으면 훗날 질병에 시달릴 수밖에 없다. 우리는 매일매일 조기 노화와 질병에 대비해 비옥한 땅을 일구고 재생과 건강을 위한 환경을 조성할 수 있다. 재충전의 시간을 가져라.

가볍고 느리고 깊게
호흡하라

깊은 휴식을 취하는 방법이 한 가지뿐인 것은 아니다. 다양한 방법으로 깊은 휴식에 이를 수 있다. 수련회에 참가한 동안, 운동이 끝날 무렵, 요가 수련의 막바지에 사바아사나 자세를 취하는 동안, 혹은 자연에 깊이 몰입해 몸의 과정들이 자연 세계와 동조되는 순간 깊은 휴식에 이를 수 있다. 그런데 이런 모든 활동에서 일어나는 한 가지 공통적인 변화가 있다. 호흡이 더 느리고 규칙적으로 바뀐다. 그러면 미주신경 긴장도(교감 신경계와 부교감 신경계의 균형도)가 높아지고 몸에 공급되는 산소량이 증가한다.

깊은 휴식에 이상적인 조건을 조성하면(안전하다고 느끼거나, 심신 수련에 참여하거나, 자연 속에 있으면) 몸이 이에 적응함에 따라 호흡이 자연스럽게 바뀔 것이다. 오늘 우리는 순서를 바꿀 것이다. 즉 호흡에서 시작한다. 깊은 휴식 상태에서 내 몸이 원하는 형태로 호흡할 때 우리는 내 몸에 쉬어도 괜찮다는 신호를 보낸다. 내려놓아도 괜찮다. 이를테면 명상처럼, '하향식' 방식 대신 '상향식' 방식을 이용해 마인드셋을 형성한다. 호흡을 통해 몸과 마음의 상태를 바꾼다. 호흡은 깊은 휴식에 이르는 가장 빠르고 직접적인 길이 될 수 있다. 내가 수련회에 갈 수 없을 때 수련회가 내게 오도록 만들 수 있다. 이때 필요한 것은 호흡뿐이다.

호흡 수련은 생리적 상태를 빠르게 변화시킬 수 있는 가장 효과적인 활동으로 손꼽힌다. 대단히 놀라운 수련이다. 호흡은 스스로 통제할 수 있다. 자율신경계 상태와 심지어 의식 상태까지 통제할 수 있다는 뜻이다. 호흡을 변화시키면 감정 상태에도 영향을 미쳐 평온함과 기쁨, 평정을 느낄 수 있다.

우선 십중팔구 내가 올바르게 호흡하지 못할 것이라는 사실을 인식하라! 우리의 호흡은 대부분 빠르고 비효율적인데 이는 이상적인 스트레스 기준선보다 높은 오렌지 마인드로 향하는 완벽한 조합이다. 게다가 우리는 걸핏하면 입으로 호흡한다. 코로 숨을 들이마시면 비강에서 산화질소가 생성되며 이는 폐로 이동해 건강한 혈관 확장 효과를 일으킨다. 『호흡의 기술Breath』의 작가인 저널리스트 제임스 네스터는 열흘 동안 코를 테이프로 막고 입으로만 숨을 쉬는 개인 실험(일종의 자기 탐구다)을 진행했다.[8] 그 결과 그가 예상한 수준을 넘어 더 심각한 현상이 일어났다. 불안감을 느끼고, 교감신경이 활성화되고, 에피네프린이 급증하고, 숙면을 취하지 못했다.

잠자는 동안 고작 몇 분이던 코골이가 몇 시간으로 늘어났고 심지어 수면 무호흡증까지 생겼다. 다시 코로 호흡하기 시작하자 문제가 모조리 해결되었다.

특수 테이프를 이용해 입을 다물고 잠자는 방법이 요즘 한 가지 인기 트렌드로 자리를 잡았다. 예를 들면 호흡 전문가 패트릭 맥커운이 개발한 마이오테이프Myotape가 있다. 맥커운은 지병인 천식을 몸소 치료한 후에 호흡법을 바꾸면 여러 가지 건강상 문제가 얼마나 개선되는지를 알리는 데 자신의 커리어를 바쳤다.[9] 호흡 생리학은 복잡하고 매혹적이지만 이상적인 기능적 호흡법은 (감사하게도) 단순하고 우아하다. 다음 페이지의 박스에서 설명한 방법을 시도해 보라. 맥커운은 이를 '가볍고 느리고 깊은Light, Slow, and Deep, LSD' 호흡이라 일컫는다. 숨을 크게 쉬지 마라! 입으로 숨을 크게 쉬면 호흡 항진이 일어나고 혈관이 좁아지며 혈중 산소량이 감소한다. 반면에 가볍고 부드럽게 호흡하면 더 많은 산소가 혈액에 공급된다! 평소 호흡과 느낌이 다른가? 가볍고 느리고 깊은 호흡 운동을 하는 동안에는 공기 기아(공기 밀도의 저하로 인하여 발생하는 신체의 불쾌한 상태 — 옮긴이)의 느낌을 최대한 참으면서 폐와 혈액의 이산화탄소량을 늘리고 호흡 속도를 늦춘다. 처음에는 공기 기아가 불편하게 느껴질 수 있지만 이산화탄소에 대한 내성이 커지면 편해질 것이다.

맥커운은 처음에는 30초 간격으로 호흡하고 그사이에 1분간 휴식하면서 천천히 이 방법을 활용하라고 조언한다. 가벼운 호흡으로 시작해서 늑골 하부의 팽창과 수축을 반복하다가 마지막으로 호흡량을 최소화하며 호흡 속도를 늦추는 방법을 제안한다. 이 과정을 모두 거치면 호흡 생화학과 생체 역학, 속도가 정상화된다. 가볍고 느린 비강 및 횡격막 호흡은 기능적인 일상 호흡의 토대를 이룬다. 되도록 이 방법으로 호흡해야 한다.

바람직한 호흡법

똑바로 앉아서 기도를 열고 비워라. 가슴은 올리고 턱은 내린다. 입을 다물고 코로 호흡한다. 가볍고 느리고 깊은 호흡법을 이용해 여유롭고 편안하게 호흡한다.

가볍게 호흡하라 → 부드럽게, 천천히, 조용하게

느리게 호흡하라

깊이 호흡하라 → (갈비뼈를 옆으로 넓히고) 횡격막까지

우리는 대부분 호흡을 통해 신경계에 얼마나 많은 통제력을 행사하는지 스스로 인식하지 못한다. 호흡 횟수만 바꾸어도 폐와 혈액, 조직의 산소량과 이산화탄소량을 조절할 수 있다. 사람들은 수천 년 동안 호흡 수련을 활용해 활력을 얻고, 긴장을 풀고, 심지어 무아지경에 이르렀다. 오로지 호흡 패턴만으로 놀라울 정도로 다양

한 생리적, 정신적 상태에 이를 수 있다. 아울러 (앞에서 설명한 윔 호프 방법과 마찬가지로) 호르메틱 스트레스를 증가시키고 스트레스에 최선의 방식으로 반응할 수 있다. 홀로트로픽 호흡holotropic breathing(그리스어의 'holos(전체)'와 'trep(돌다)'에서 유래한 용어. 의도적이고 통제된 호흡 항진을 포함하는 기술로, 변화되고 확장된 의식 상태에 도달하는 것이 목적이다 ─ 옮긴이)이나 요가의 쿤달리니 호흡kundalini breathing(탄드라에서 제시된 요가수행법인 쿤달리니 요가의 호흡법 ─ 옮긴이)처럼 의식 수준과 감정 상태를 극적으로 변화시킬 수 있는 다른 호흡법들이 있다. 우리는 호흡을 이용해 스트레스부터 행복, 깊은 이완에 이르기까지 모든 것을 느낄 수 있다.

잠시 후 시작할 오늘 호흡 수련에는 짧은 숨 참기가 포함된다. 왜 숨을 참아야 할까? 숨을 참으면 잠시나마 혈중 이산화탄소량이 증가한다. 그러면 산소를 운반하는 헤모글로빈이 혈액과 조직에 산소를 보낼 수 있다. 요컨대 우리 몸과 뇌가 사용할 수 있는 산소가 결국에는 소진되겠지만 그 전에 잠깐 증가하는 것이다. 산소가 많아지면 활력을 얻는 동시에 긴장이 완화되어 스트레스가 줄어들고 평온함, 명료성, 집중력이 높아질 수 있다. 잠시 숨을 참으면 '이산화탄소 내성'이 커질 수 있다. 이산화탄소 내성이 클수록 불안감을 덜 느낀다. 오늘의 수련에서는 잠시 숨 참기를 연습할 것이다.

연구에 따르면 느린 호흡 운동으로 들숨보다 날숨을 더 길게 쉬면 자율신경계에 거의 즉각적인 변화가 일어난다.[10] 호흡을 늦추면 몸의 나머지 부분도 동조한다. 심박수가 느려진다. 뇌의 알파파가 증가한다. 전반적인 행복감과 이완감, 그리고 심박 변이도가 높아진다. 심박 변이도가 중요한 것은 이 수치가 높아질 때 뇌에 안전하다는 메시지가 전달되기 때문이다. 그러면 과로한 교감 신경계가 휴식을 취하고 세포의 대사 비율이 낮아져 세포가 재생된다. 여러 연구에 따르면 분당 10회 이하의 속도로 한 달 동안 일주일에 여러 번, 한 번에 약 15분(정확한 시간은 연구마다 다름) 동안 천천히 호흡하면 수축기 혈압이 약 6포인트 감소하는 것으로 나타났다. 연구자들은 일반적으로 '느릴수록 좋다'는 데 동의한다. 호흡을 분당 6회로 줄이면 심박 변이도가 더 안정적으로 높아지고 혈압이 낮아질 수 있다. 이를 공명 호흡resonant breathing 또는 미주신경 호흡vagal breathing이라고 일컫는다.

우리의 정상적인 호흡수는 분당 12~20회이며, 평균 호흡수는 16회 정도다. 호흡 항진의 수준을 넘어설 정도로 호흡이 빠른 사람이 있다. 일반적인 기본 스트레스 상태인 옐로 마인드일 때 호흡이 지나치게 빠르고 얕아진다. 그러면 몸은 스트레스 반응으로 대응한다. 악순환의 연속이다.

우리는 옐로 마인드에 머물며 기준선을 높게 유지하는 경향이 있다. 다시 말해 생존에 적합하도록 설계되었다. 위협 신호가 안전과 사랑의 미묘한 신호보다 훨씬 더 명확하기 때문에 우리의 주의는 위협에 더 치우쳐 있다. 장기적으로 우리의 전형적인 기준선

아래에 머물기 위해서는 의도적으로 노력하고 안식처를 만들어야 한다. 그러려면 단순히 무의식적인 스트레스 반응을 넘어 의식적인 노력이 필요하다. 깊은 휴식을 취하기 위해서는 처음에는 의식적으로 노력하고 시간을 투자해야 한다.

그러니 오늘 가능할 때마다 호흡 속도를 늦추려고 노력하기 바란다. 오늘의 수련에서는 느린 회복 호흡을 위한 특별 기술을 익힐 것이다. 이 기술은 신경계 재설정이 필요할 때 언제든지 사용할 수 있는(그리고 사용해야 하는!) 도구다. 깊은 휴식 상태에 이르려면 십중팔구 이 수련과 관련된 다른 변수들을 조정해야겠지만 깊은 휴식 상태에 이르면 만성적인 신경계 활성화를 극복할 수 있다. 호흡은 언제나 이용할 수 있는 강력한 스트레스 해소 수단이다.

여러 차례 설명했듯 얕고 빠르게 호흡할 때 우리는 몸에 스트레스 신호를 보낸다. 숨을 길게 내쉴 때는 안전하다는 신호를 보낸다. 부교감 신경계 활동이 증가한다. 심박 변이도가 높아진다(바람직한 일이다). 미주신경 긴장도가 개선된다.

호흡을 바꾸면 마음이 바뀐다. 호흡을 통해 몸의 스트레스 각성 상태를 바꿀 수 있다. 불안을 씻어내며 우리를 편안하고 긍정적으로 변화시키고 회복시킨다.

하지만 이완만으로는 기본 스트레스 기준선이 크게 변화하지 않는다. 우리의 기본 기준선은 휴식보다는 스트레스에 더 가까울 가능성이 높다. 다시 말해 우리는 끊임없이 스트레스를 안고 살아간다. 우리에게 필요한 블루 마인드 상태에 머물지 않는다. 기준선을 옮기려면 회복의 시간이 필요하다. 오랫동안 회복의 시간을 가질 수 있다면 멋질 것이다. 하지만 짧은 회복의 시간이라도 매우 효과적일 수 있다. '축소판 휴양'이 큰 도움이 된다. 그러니 이제 숨을 고르자.

깊은 휴식에 도달하는 호흡법

오늘의 수련

이 수련에는 몇 가지 전제 조건이 있다. 이메일을 주고받거나 문자나 전화를 기대할 때는 깊은 휴식을 취할 수 없다. 안전하지 않거나 불안하다고 느끼는 곳에서는 깊은 휴식을 취할 수 없다. 깊은 휴식을 취하려면 고립과 안전감, 그리고 일상적인 요구와의 단절이 필요하다. 1단계에서는 공간을 준비하고 몸과 연결되어야 한다. 틱낫한 스님의 명언처럼 "깊이 숨을 쉬어 마음을 몸으로 가져오라."

공간을 준비하라

안식처를 조성하라! 가장 안전하고 편안한 장소를 선택하라. 프라이버시가 보장되고 업무나 집안일, 기타 요구사항으로부터 가장 멀리 떨어진 곳일 것이다. 어디를 선택하든 간에 비교적 조용하고 잡동사니가 없는 곳이어야 한다.
눕는 자세를 취해야 하니 요가 매트나 담요 등 편안하게 누울 수 있는 도구를 준비하라. 안대나 묵직한 담요, 목이나 무릎을 받칠 수 있는 베개가 있으면 준비하라. 하지만 소품이 없어도 괜찮다. 아이를 키우는 내 지인은 화장실(아무도 방해하지 않는 유일한 공간)에 큰 수건을 깔아놓는다고 한다.

회복을 위한 호흡법(4-6-8)

이 장의 앞부분에서 시도했던 더 느리고, 더 깊고, 더 의도적인 호흡법을 떠올려보라. 그것이 바로 천천히 호흡해야 한다는 사실을 기억하며 실천할 오늘의 과제다. 온전히 집중해 짧은 호흡 운동을 하면서 미주신경 긴장도와 산소 공급량을 높일 것이다.

타이머를 5분으로 설정한다(부드러운 음조의 음악이나 노래를 알림 소리로 선택할 것을 권한다). 원한다면 받침 베개를 사용해 편안한 자세로 매트나 담요에 눕는다. 눈을 감는다. 머릿속으로 벽돌 가방을 내려놓는 모습을 그릴 수 있다(2일 차 수련 참고).

준비가 됐다면 다음 호흡법을 실천해 보라.

● 4초 동안 코로 숨을 들이마신다.
● 6초 동안 숨을 참는다.
● 8초 동안 아주 천천히 숨을 내쉰다. 이 호흡법이 편안하게 느껴질 때쯤 입을 둥글게 오므린 채 숨을 내쉬어 보라.

4초 동안 들이마시고, 6초 동안 참고, 8초 동안 내쉰다

이 패턴을 반복하면서 횡격막 깊숙이 숨을 들이마시고 숨이 온몸을 돌아 손가락 끝과 발가락 끝까지 퍼져 나간다고 상상하라.

단 몇 분 동안의 깊은 이완 호흡만으로도 신경계에 큰 변화가 일어나 일종의 '리셋'을 할 수 있다. 마음이 재조정되어 안정되고 옐로 마인드에서 더욱 멀어진 하루를 되찾을 수 있다. 첫날에 즉각적인 효과가 나타나지 않더라도 포기하지 마라. 이런 수련의 효과는 시간이 흐를수록 커진다. 이 방법이 불편하게 느껴진다면 4-4-6(4초 동안 들이마시고 4초 동안 참았다가 6초 동안 내쉬는 호흡)부터 시작하라. 부드럽게 호흡하라. 포기하지 마라!

마음챙김으로 5퍼센트 더 이완하자

오늘 시간이 약간 여유롭다면 호흡 운동을 끝내고 5~10분 동안 잠시 마음챙김을 점검하라. 연구에 따르면 짧은 시간이나마 규칙적으로 마음챙김을 수련하면 주의력이 향상되고 스트레스가 감소한다. 아울러 몸과 마음에 어떤 스트레스 요인을 담고 있는지를 심층적으로 통찰할 수 있다.

간단히 말해 마음챙김이란 판단을 접어두고 순간순간의 경험에 주의를 기울이는 것이다. 단순하지만 쉽지만은 않다! 100퍼센트 헌신과 100퍼센트 용서를 온전히 담아야 한다. 마음챙김은 '실패'가 없는 수련이다. 우리 몸은 스스로 숨을 쉴 수 있으니 우리는 그저 이 과정을 관찰하기만 하면 된다. 마음이 편안해지는 풍부한 경험을 얻을 것이다.

● 숨에 주의를 기울여라. (지금부터는 수를 세는 데 신경 쓰지 말고 자연스럽게 호흡하라.) 공기가 들어오고 나갈 때 몸에서 느껴지는 호흡과 관련된 감각에 주목하라. 걱정이나 생각 쪽으로 마음이 배회한다면 호흡과 몸의 감각 쪽으로 주의를 돌려라.

몸으로 점검하라

● 어떤 감각과 어느 정도의 에너지를 느끼는가? 몸에서 조용한 에너지가 느껴지는가? 윙윙거림이나 진동이 느껴질 수 있다. 아직 스트레스가 남아 있는 곳은 어디인가? 첫 과제였던 '잡기와 놓기'를 기억하는가? 지금 이 대목에 적합한 수련이다. 숨을 쉬면서 몸에 쌓인 스트레스를 찾아 내려놓아라. 편안해지는 느낌에 주목하라.

● 숨을 들이마시면서 '회복'이라는 단어를 떠올려라. 숨을 내쉬며 생각하라. '긴장을 풀어라.' 또는 숨을 들이쉬고 내쉴 때마다 팽창하고 축소하는 다채로운 원이나 만다라(신의 모습이나 속성이 담긴 기하학적 도형 — 옮긴이)를 마음속에 그려보라. 내 신경계를 5퍼센트만 더 이완할 수 있을까?

● 그리고 마지막으로, 가능하다면 내일을 위해 안식처를 정리하고 거의 같은 시간에 이 수련을 반복할 계획을 세워라. 무의식적으로 긴장을 풀도록 몸을 조건화시킬 수 있다! 이 방법을 활용하자.

거의 같은 시간과 공간에서 감각적 자극(아로마테라피의 향기나 마음을 진정시키는 소리)을 이용해 이 수련을 하면 몸을 조건화함으로써 반복을 통해 휴식과 재생 상태로 더 빠르게 이동할 수 있다.

문제 해결

호흡법을 바꾸고 불안감이 느껴진다면

호흡에 관한 연구를 자세히 살펴보면 느린 호흡법을 새롭게 시작할 때 혈중 이산화탄소가 증가하기보다는 오히려 감소하는 바람에 미묘한 호흡 항진을 경험했다고 보고하는 사람이 많다. 다시 말해 편안함보다 불안감이 느껴질 수 있다. 천식이나 불안증이 있는 사람은 특히 그럴 것이다. 언뜻 들으면 앞뒤가 맞지 않는 말 같겠지만 빠른 해결책이 있다. 얕게(가볍게), 자연스럽게, 천천히 호흡하라. 심호흡은 피하라. 이런 지침만 지켜도 미주신경 호흡의 혜택을 곧바로 누릴 수 있다.[11]

불안 민감성이 높다면

일명 두려움에 대한 두려움이라고 일컫는 불안 민감성이 높은 사람이 있는데 이런 경우 불안할 때 과민한 신체 증상이 나타난다. 예를 들어 심장이 빨리 뛴다고 느낄 때 불안감이 더 커질 수 있다. 코로나19바이러스 기간 동안 불안 민감성이 높을수록 병원을 더 자주 찾고 불안과 우울증이 모두 악화될 가능성이 높았다.[12] 불안 민감성이 높은 사람은 특히 더 길고 느리게 호흡하도록 훈련해야 한다. 극단적인 경우 공황 장애를 앓는 사람이 호흡법을 바꾸면 공황 발작이 줄어들 가능성이 있다.[13]

호흡 훈련에 대한 연구에 따르면 이따금 상태가 악화되었다가 호전되는 사람들이 있다. 예컨대 느린 공명 호흡(분당 6회 호흡) 관련 연구에서 사람들(특히 불안이 심한 사람들)은 재훈련을 시작할 때 호흡 항진의 징조를 보이지만 몇 주 후에는 편안해진다. 그러니 천천히 시작해서 꾸준히 반복하라. 편안함보다 먼저 불안감이 느껴질 수 있으나 이를 감수할 만한 가치가 있다.

PART
7

DAY **7일 차**

처방

내 하루의
시작과 끝은
어떤 모습인가

일상에서 기쁨 포착하기

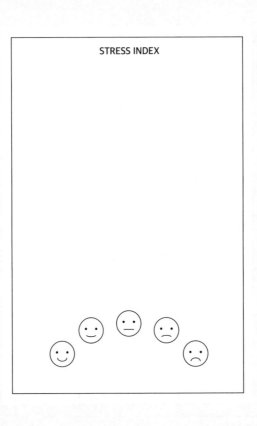

STRESS INDEX

아침에 눈을 떴을 때 가장 먼저 무슨 생각이 나는가?

알람 소리에 잠에서 깨어나자마자 '지금 몇 시지?' '지각하려나?'라고 생각하는가? 몸을 뒤척여 휴대폰을 집어 드는가? 아이나 애완동물의 소리에 잠에서 깨는가? 하루 일정을 떠올리면서 어떻게 그 일정을 모두 처리할지부터 궁리하는가? 잠에서 깨어날 때 새로운 하루를 깨끗한 백지 상태로 맞이하고 싶을 것이다. 가능성이 가득한 백지 상태로 하루를 새롭게 시작하는 것이다. 하지만 현실은 그렇지 못하다. 우리는 (어제 해결하지 못한 걱정거리와 오늘의 새로운 걱정거리 등) 처리해야 할 온갖 걱정들을 끌어안고 있다.

그러나 잠에서 깨는 방식과 눈을 뜬 후(마지못해 겨우 눈꺼풀을 떼는 날도 있다) 처음 몇 분간이 남은 하루뿐만 아니라 스트레스 회복력에도 큰 영향을 미친다. 하루를 마무리하는 방식도 마찬가지다. 이 두 번의 짧은 시간대(아침의 가장 첫 시간대와 저녁의 마지막 시간대)가 틀을 세워 나의 하루를 담는 북엔드와 같다고 생각하라. 이 짧은 순간들은 다음날이 오기 전에 그 하루를 위해 나를 어떻게 조정하는지, 하루를 어떻게 마무리하고 되돌아보는지(무엇에 집중하고 강조할지)를 선택하는 데 중요한 역할을 한다.

아침에 일어나 하루를 맞이하는 방식에 따라 스트레스 요인에 대한 반응이 조절된다. 하루를 마무리하는 방식이 수면과 회복에 영향을 미친다. 하루의 시작과 끝에서 어떤 선택을 하는지는 미토콘드리아(세포의 '배터리')의 기능에 영향을 미칠 수 있다. 이런 선택들 덕분에 그날 하루 기쁨을 더 많이 느낄 수 있다. 그리고 기쁨을 많이 느낄수록 스트레스를 덜 받을 수 있다. 그래서 오늘 우리는 기쁨에 대해 이야기할 것이다.

회복탄력성 높이기, 기쁨에 집중하라!

우리가 발견한 바에 따르면 일시적인 쾌락이 아닌 에우다이 모니아eudaemonia, 즉 '목적이 있는 행복'을 더 많이 경험할 때 아주 단순한 이유로 스트레스 회복력이 더 강해진다. 그냥 스트레스를 덜 느낀다. 스트레스에 대응하는 방법이나 회복 속도를 앞당길 방법을 열심히 연구할 필요가 없다. 면역력이 생겼기 때문에 애초에 스트레스를 받지 않는다.

이 책의 서두에서 우리는 얼마나 많은 스트레스가 불확실성에서 비롯되는지 살펴보았다. 무슨 일이 일어날지 모른다는 두려움, 미지의 대상에 대한 두려움, 최선의 계획이 잘못될 수 있다는 두려움 탓에 우리는 스트레스를 받는다. 한편 스트레스의 대부분이 사랑에서 비롯된다는 다른 관점으로도 이 문제를 바라볼 수 있다. 우리가 스트레스를 경험하는 것은 관심이 있기 때문이다. 우리는 사랑 때문에 움직인다. 사랑은 두려움 다음으로 우리 삶을 움직이는 주된 요인이다. 사랑하는 사람들에게 관심이 있기 때문에 우리는 스트레스를 받고 걱정한다. 직장에서 좋은 성과를 거두는 데 관심이 있다. 내가 사는 나라와 지구에 관심이 있다. 우리는 관심이 너무 많다. 잘못될 수 있는 일이 너무 많다. 내가 침몰하고 있다(스트레스가 너무 크다, 너무 많다, 너무 압도적이다)라고 느끼기 쉽다.

전직 소프트웨어 엔지니어이자 구글의 초창기 멤버인 차드 멍 탄은 다음과 같이 아름다운 비유를 들어 이를 표현한다. 우리는 마치 작은 배에 탄 것처럼 인생을 살아간다. 우리 배는 바다에 나가 파도를 타고 움직인다. 그런데 배는 떠 있다! 배는 물이 들어올 때만 가라앉는다. 여러분의 작은 배가 가라앉고 있다면 문제는 물 자체가 아니다. 물은 그저 존재할 뿐이다. 문제는 물이 안으로 들어왔다는 점이다.

우리는 누구나 스트레스와 고통의 바다에 둘러싸여 있다. 게다가 이 바다는 언제나 그곳에 존재할 것이다. 이 바다에서 물을 빼버릴 수 없다. 그럴 필요도 없다. 문제는 바다가 아니다. 바닷물이 밀려들어 올 때 문제가 발생한다. 그렇다면 우리는 어떻게 회복할 수 있을까? 어떻게 하면 바닷물을 내보내고 계속 떠 있을 수 있을까?

이는 중대한 문제다. 유난히 힘든 날이 있을 것이다. 하루 종일 작은 배에서 벗어나지 못하고 간신히 물에 떠 있는 느낌일 것이다. 궁극적으로 개인의 회복탄력성에는 여러 가지 요인이 작용한다. 개중에는 유전, 과거의 경험, 사회경제적 환경 등 우리가 통제할 수 없는 요인이 있다. 내 마음가짐이나 내가 주의를 기울이는 대상처럼 노력할 여지가 있는 요인도 있다. 이 책의 전반에서 우리는 특정한 중재술이 어떤 식으로 스트레스 반응을 변화시키고 우리가 더 편안하게 잘 떠 있도록 돕는지 살펴보았다. 연구에 따르면 스트레스 회복탄력성을 키우는 가장 강력한 한 가지 중재술은 기쁨에 초점을 맞추는 것이다. 특히 지금 우리 삶에 존재하는 긍정적인 것들과 긍정적인 미래를 창조하는 일에 초점을 맞추는 것이다.

이는 단순하지만 과학적으로 입증된 사실이다. 기쁨이 배를 띄울 것이다.

오늘은 우리가 함께하는 마지막 날이다. 바라건대 여러분이 가장 즐거운 하루를 보내면 좋겠다. 오늘의 초점은 기쁨이며 우리는 몇 가지 방법으로 기쁨을 경험할 것이다. 중대하거나 사소하거나를 막론하고 진정한 행복과 삶의 만족을 창조하는 것, 스트레스를 완화시키는 것, 배를 띄울 수 있는 것에 대해 이야기할 것이다. 기쁨을 키우기 위해 내 하루에 간단히 포함시킬 수 있는 몇 가지 사소한 것들(큰 효과를 발휘하는 작은 행동)을 함께 나눌 것이다. 오늘의 수련은 하루의 북엔드(잠에서 깬 후 처음 몇 분과 잠자리에 들기 전 마지막 몇 분)에 초점을 맞추어 진행할 것이다.

이를 하루의 지압점이라고 생각하라. 어디에 약간 노력을 기울여야 할지만 알면 신경계 전체가 반응할 것이다.

긍정적 마인드셋이
건강과 스트레스에 미치는 영향

누군가 우리 연구소의 스트레스 연구에 참여하면 우리는 하루에 두 차례, 아침과 밤에 설문지를 첨부해 문자 메시지를 보내고 그들은 전화로 설문지를 작성한다. 잠에서 깬 후 첫 생각과 잠들기 전 마지막 생각을 포착하는 것이 목적이다.

아침용 질문은 다음과 같다.

- 오늘이 얼마나 기대되는가?
- 오늘이 얼마나 두려운가?
- 기쁨이나 만족을 얼마나 자주 느끼는가?
- 걱정과 불안, 스트레스를 얼마나 자주 느끼는가?

하루를 마무리할 무렵 우리는 다시 문자를 보낸다.

- 오늘 일어난 일 중 어떤 일 때문에 스트레스를 가장 많이 받았는가?
- 그 일을 얼마나 자주 생각했는가? 얼마나 오랫동안 생각했는가?
- 오늘 일어난 가장 긍정적인 일은 무엇인가?
- 내게 일어난 좋은 일을 누군가에게 전했는가?

우리 연구진은 이 설문조사를 통해 매우 풍부한 데이터를 얻는다. 설문 결과에서 사람들의 스트레스 습관을 알 수 있다. 무엇보다 무작위로 사건들이 발생하다 보니 하루하루는 다를 수밖에 없지만 사람들에게는 개개인의 습관적인 사고방식이 존재한다. 어느 날 긍정적인 기분을 느끼며 잠에서 깨는 사람이라면 어떤 날이든 상관없이 대부분 그럴 가능성이 높다.

이런 자체 보고 설문조사의 결과와 연구소의 객관적인 생리적 데이터를 종합해 보면 긍정적인 감정을 스스로 불러일으켜 하루의 스트레스를 이겨낼 수 있는 원천을 파악할 수 있다. 특히 힘든 하루를 보낸 후 느끼는 일상적인 기분을 연구한 결과에 따르면 긍정적인 감정이 적으면(혹은 부정적인 감정이 많으면) 우울증, 심장병, 심지어 사망 같은 건강상의 문제가 일어날 것이라는 예측이 가능하다.[1] 또 다른 연구에서는 스트레스 요인을 경험한 후에 긍정적인 사고방식을 유지한 사람들이 이듬해에 염증이 생기거나 우울증에 걸릴 가능성이 적은 것으로 나타났다.[2] 3장에서 살펴보았듯이 이는 스트레스에 대한 긍정적인 반응(도전의식, 자신감, 희망)과 다르지 않다.

(만족감과 자족감부터 사회적 유대감, 감각적 쾌감에 이르기까지 다양한) 긍정적인 감정을 경험하면 즉시 스트레스에서 벗어났다는 해방감이 느껴진다. 짙푸른 숲으로 가거나 느린 호흡을 수련할 때와 비슷하게 행복은 신체에 생리적 영향을 끼친다. 스트레스를 완화시켜 스트레스의 영향을 약화시킨다.[3]

행복이 인지에 미치는 영향 또한 상당하다. 두뇌 기능, 특히 주의력을 형성하는 방식에 영향을 미친다. 인간의 뇌가 습관적으로 반추하며 집중력이 저하되면 긍정적인 감정(기쁨, 행복, 만족감, 편안함)이 해독제로 작용한다. 기쁨과 행복은 주의력을 넓히고 적응적 대처 능력(문제에 곧이곧대로 집착하지 않고 재구성하는 정신적 능력)을 향상시킨다.[4] (나쁜 상황에서 긍정적인 면에 초점을 맞추는) 재구성에는 약간의 정신적 노력이 필요하다. 인지적 여유가 있어야 재구성이 가능하다. 이를테면 팬데믹 때문에 일정이 또 한 번 취소되어 속상하다면 이렇게 생각을 바꿀 수 있다. '음, 난 항상 애들과 더 많은 시간을 보내고 싶었는데 이제야 그 시간이 생겼군. 애들은 금방 자라니까.' 전반적으로 행복감을 더 많이 느끼는 사람들은 대체로 주의를 기울이는 폭이 더 넓고 이처럼 관점을 선회할 수 있는 정신적 여유가 더 많으며 그 결과 만족감이 커지고 스트레스가 완화될 수 있다. 긍정적이고 행복한 감정을 느끼면 다음번에 발생하는 스트레스에 대한 감정적인 반응이 줄어든다.[5] 아울러 인지적인 면에서 다른 혜택도 따른다. 창의력이 증진된다. 문제 해결 능력이 향상된다. 다른 사람들과 관계를 더 잘 맺는다.[6]

긍정적인 마인드셋은 신체 건강에도 영향을 미친다. 이는 항염증제로 작용해 스트레스의 영향을 완화시킨다. 따라서 인생의 역경이 많았던 사람이라도 긍정적인 마인드셋을 개발하면 만성적인 전신 염증이 발생할 가능성이 낮아진다.[7] 긍정적인 감정을 더 많이 느끼면 심지어 감기에도 잘 걸리지 않는데 이는 긍정적인 감정이 면역력 향상에 이롭기 때문이다!8 건강과 기타 요인을 통제한 메타분석을 실시한 결과 긍정적인 감정은 수명과도 상관관계가 있는 것으로 나타났다.[9] 긍정적인 감정을 많이 느낄수록 수명이 길어질 가능성이 높다.

행복과 기쁨에 대한 과학적 근거는 매우 명확하다. 행복과 기쁨은 몸과 마음, 스트레스 회복탄력성에 이롭다. 그렇다면 어떻게 해야 행복과 기쁨을 더 많이 느낄 수 있을까?

행복의
구성 요소들

예일대학교에서 지금껏 가장 인기 있는 강좌는 무엇일까? 다름 아닌 행복 강좌다. 버클리대학교에서는 무엇일까? 행복 강좌다. 하버드대학교에서는 어떨까? 행복 강좌다. 명칭과 형식은 제각기 다르지만 이 강좌들은 하나같이 행복의 구성 요소에 초점을 맞추고 있다. 미시간대학교의 인기 강좌는 목적이다. 스탠퍼드대학교는 어떨까? 이 학교에서 역사적으로 가장 인기 있는 강좌의 주제는 스트레스다! 실제 강좌명은 '행동 생물학'이며 스트레스 연구의 선구자인 로버트 새폴스키 박사가 담당한다.

나는 이 강좌를 계기로 고통과 사랑, 그리고 잘 사는 법을 더욱 깊이 탐구하는 삶을 추구하게 되었다. 이 강좌에서 배웠듯이 사실 인간은 옷을 입은 원숭이와 다르지 않다. 우리는 스스로 인지하는 이상으로, 아니 인지하고 싶은 것 이상으로, 신경계, 호르몬, 신경

전달 물질과 그 밖에 눈에 보이지 않는 영향에 좌우되는 생존 본능에 따라 움직인다. 그런 동시에 생물학을 초월해 의미 있는 영적 삶을 영위할 수 있다.

하지만 이때 역설이 등장한다. 행복은 스트레스를 해소하는 훌륭한 치료제지만 우리가 행복을 찾아 나설 수는 없다. 연구에 따르면 "내 목표는 행복해지는 것"이라고 말할 때 실제로는 정반대 결과를 얻을 가능성이 높다. 하버드대학교에서 해당 강좌를 담당하는 탈 벤 샤하르는 행복 추구의 오류를 다음과 같이 묘사했다. "태양을 직접 바라볼 수는 없다. 하지만 태양 광선은 흡수할 수 있다." 아이러니하게도 미국에서는 '행복 추구권'이 독립 선언문에 명시되어 있다. 그러나 설문조사를 실시한 결과 행복을 적극적으로 추구하거나 행복이라는 개념을 과대평가하는 사람들이 가장 불행한 축에 속하는 것으로 나타났다.

긍정적인 감정은 강력하다. 하지만 행복을 단도직입적으로 추구할 수는 없다. 어떤 요인들이 실제로 행복을 창조하는지 알아야 한다.

벤 샤하르 박사는 영성spirituality, 신체 활동physical activity, 지적 활동intellectual activity, 양질의 관계high-quality relationships(피상적이지 않고 깊이 있는 관계), 긍정적인 정서적 경험positive emotional experiences을 의미하는 SPIRE라는 약어로 행복의 구성 요소를 설명한다. 행복의 이

구성 요소들은 삶의 여러 영역을 아우르며 따라서 여기에서 하루 만에 전부 다룰 수는 없다. 지금 SPIRE를 거론한 것은 지속적인 행복의 원천을 되새기기 위해서이다. 그러면 일상에서 놓치고 있거나 더 강화하고 싶은 요소를 파악할 수 있다. '행복'이라는 추상적인 개념을 좇는 대신에 의도적으로 이 SPIRE를 직접 경험함으로써 미래를 위한 장기적인 행복의 토대를 구축할 수 있다. 나아가 현재 어떤 식으로 SPIRE를 경험하고 있는지에 주의를 집중하면 자족감이 더 커질 것이다. 자족감은 지속적이고 견고한 행복의 형태이며 상대적으로 쉽게 경험할 수 있는 감정이다. 언제든 자족감에서 오는 행복을 느낄 수 있다.

감정에
이름표를 붙이자

진정한 기쁨은 돈으로 사거나 습득할 수 없다. 그것은 내면에서 우러나온다. 서양문화권에서 자란 사람이라면 지금껏 사회와 미디어로부터 받은 조건화와 상반되는 이 말을 선뜻 믿기 어려울 것이다.

몇 년 전 나는 스위스 다보스에서 열린 세계경제포럼World Economic Forum의 일환으로 스트레스 회복탄력성 수련회를 진행하는 한 집단에 참여할 기회가 있었다. 전 세계 금융 거대 기업들의 연례 회의인 세계경제포럼에서는 유명 인사의 공개 강연과 더불어 인수합병이나 세계 경제에 영향을 미치는 여타 계획을 논의하는 막후 회의가 많이 열린다. 우리는 정신없이 돌아가는 회의장에서 멀리 벗어나 알프스의 상쾌한 전경이 파노라마처럼 펼쳐지는 조용한 스키 로지에서 티베트의 고승 촉니 린포체의 진정한 행복에 관한 강연을 들었다. 린포체는 진정한 행복이란 물질적인 획득과 성취를 통해 얻을 수 있는 것이 아니라 이미 (자신의 가슴을 가리키며) 여기에 존재한다고 말했다. 그것은 더욱 온전히 발견되고 발현될 준비를 갖추고 개개인의 가슴속에 자리하고 있다.

관중석에서 한 남자가 손을 번쩍 들더니 고개를 세차게 가로저으며 이렇게 말했다. "아닙니다, 아니죠, 아니에요. 우리는 성취 지향적입니다. 목표에 도달함으로써 성취감을 얻고 물질적인 획득을 무척 좋아하죠. 그게 우리에게 행복을 안겨줍니다."

어떤 사람은 고개를 끄덕였고 몇 사람은 머리를 가로저었지만, 전반적으로 모든 사람의 관심은 한 곳에 집중되어 있었다. 강연장이 조용해졌다. 까다로운 문제가 제기된 것이었다. 린포체는 유쾌하게 웃음을 지었다. 그는 질문한 사람에게 가까이 다가갔다. 내 관심은 온통 그쪽으로 쏠렸다. 검은 정장 차림의 CEO와 붉은 가사를 입은 승려가 마주 보고 있었다.

린포체는 이렇게 말했다. "신형 아이패드 광고를 본 적이 있습니다. 아이패드를 든 남자 모델이 무척 매력적이고, 젊고, 강인해 보이더군요. 그의 배에는 식스팩이 선명했고 나는 그 사내처럼 되고 싶었습니다. 그래서 아이패드를 샀죠. 그걸 손에 넣으니 기분이 아주 좋아졌어요. 내 배에 식스팩이 생긴 것 같았습니다. 그런데 아래를 내려다보니 내 배는 불룩하고 물렁물렁하더라고요!"

그는 자기 배를 쓰다듬으며 웃음을 지었다. 모든 사람이 무장이 해제된 채로 소리 내어 웃었다.

"그러다 아이패드가 고장 났습니다. 이제 반짝이는 내 신형 아이패드가 망가졌고 그래서 내 행복은 사라져 버렸습니다."

우화에 가까운 단순한 이야기였지만 린포체는 계속해서 행복을 재물이나 심지어 특정한 목표와 연결 짓는 문제를 더욱 깊이 파고들었다. 몸담고 있는 분야에서 대가가 되고 목표를 성취하면 한동안 기분이 좋을 것이다. 그것이 행복과 삶의 목적으로 향하는 길의 한 부분일 수 있다. 하지만 큰 그림도 보아야 한다. 어느 정도 돈을 벌거나 어떤 물건(아이패드, 집, 자동차, 심지어 직장)을 얻으면 행복할 것이라고 생각하며 끊임없이 더 나은 것을 좇아다닐 수는 없다. 항상 새로운 것이 존재한다. 더 좋은 것이 존재한다. 더 큰 것이 존재한다. 나보다 더 많이 성취한 사람이 존재한다.

방금 달성한 목표 너머에 언제나 또 다른 목표가 있기 마련이다. 내가 통제할 수 없는 외부 환경이 내 행복을 좌우하도록 방치하지 말아야 한다. 다음 목표에 내 행복과 자존감을 지나치게 결부시키지 않고도 야심 차고 성취 지향적인 사람이 될 수 있다. 그리고 행복해지는 가장 좋은 방법은 뜻밖에도 부정적이거나 힘든 감정을 받아들이고 편안하게 여기는 것이다.

촉니 린포체는 '감정과의 악수handshake with emotion'라는 명상을 지도한다.[10] 이 명상에서는 감정적으로 스트레스를 받았던 최근의 경험을 떠올리고 그것이 몸에서 어떻게 느껴지는지 주목하며 기억을 더듬어 그 느낌을 다시 경험하도록 훈련한다. 그런 다음 부정적인 감정을 밀어내려고 애쓰기보다는 조용히 여유로운 마음으로 감정을 탐색하고 떠오르는 모든 것을 마주하고 받아들인다. 린포체는 고통스럽지만 통찰력과 지혜를 제공하는 이 방문객을 "친절한 괴물들friendly monsters"이라고 표현한다.

부정적인 감정에 마음을 열고 그것을 확인하면 그 감정에 편안하게 반응하고 나아가 포용하거나 감사할 수 있다. 신경과학에서는 이와 비슷하지만 더 간단한 '감정에 이름표 붙이기'라는 실습을 통해 지금 느끼는 감정을 두려움, 당혹감, 질투 등 말로 묘사해 보라고 요청한다. 부정적인 감정에 저항하거나 도망치는 대신 마주하고 끌어안을 때 그 감정이 가진 힘을 분해시킬 수 있다. 부정적인 감정이 사라짐에 따라 레드 마인드는 옐로 마인드로, 그리고 결국에는 그린 마인드로 변한다. 아울러 연구를 실시한 결과 다양한 감정을 느끼고 이름표를 붙일수록 스트레스에 대한 회복탄력성이 높아지고 염증이 줄어드는 것으로 나타났다.[11] 생물의 다양성과 마찬가지로 감정이 다양해지면 생태계에 적응력이 생긴다. 감정에 이름표를 붙이면 이런 다양성을 높이는 데 도움이 된다. 이때 핵심은 물질적 쾌락을 좇는 것은 행복과 무관하다는 점이다. 고통과 스트레스로부터 도망치는 것도 마찬가지다. 행복하려면, 만족과 기쁨에 주목하라.

쾌락과 행복의
균형 잡기

쾌락과 행복은 모두 행복에 중요한 요소지만 쾌락은 오래가지 않는다. 우리는 흔히 기분이 좋아지는 것(음식, 섹스, 소비재)을 소비해 도파민을 분비시킴으로써 쾌락을 얻는다. 도파민은 그 경험을 다시 추구하려는 욕구를 강화하지만 장기적인 행복에 이롭지만은 않다. 소비에서 얻는 쾌락은 오래 지속되지 않기 때문이다. 아주 행복한 사건을 경험한 후라도 행복감은 금세 일상적인 행복 수준으로 떨어진다. 반대로 비극적인 사건을 겪은 후에도 상당히 빠른 속도로 원래의 행복 수준으로 올라간다. 이것이 이른바 쾌락 적응hedonic adaptation이다. 우리는 심지어 수백만 달러 복권에 당첨된 사람이나 갑자기 하반신이 마비된 사람이 불과 2~3년 만에 행복의 기준선으로 돌아가는 사례를 목격했다.

오해하지는 말자. 쾌락이 나쁜 것은 아니다! 향기로운 목욕, 맛있는 음식, 마사지, 음악 감상 등 감각적 쾌락은 인간의 삶이라는 풍요로운 태피스트리에서 빼놓을 수 없는 부분이며 나아가 스트레스를 줄인다. 감각적 쾌락을 느끼는 순간에 정신을 집중하면 신경계가 재조정된다. 또 다른 강력한 예는 우리 뇌가 쾌락을 위해 설계한 가장 놀라운 방법으로 손꼽히는 섹스다. 연구에 따르면 성행위는 심혈관 건강 개선과 연관성이 있으며 스트레스를 완화시킨다. 일례로 오르가즘이나 신체적 친밀감을 느낄 때 분비되는 '사랑의 호르몬' 옥시토신은 혈압을 낮추는 효과가 있다. 그리고 아이를 키우는 부모를 대상으로 실시한 연구에서 밝혀졌듯이 성적 접촉이 잦은 부부들이 대체로 텔로미어가 더 길고 신진대사가 더 원활하다.

여전히 금기시되는 주제이기는 하지만 둘이서든 혼자서든 상관없이 성행위는 스트레스를 해소하는 건강상 중요한 행동으로, 스트레스 해소법 목록에 포함시켜야 한다. 부부를 대상으로 실시한 한 연구에 따르면 성적 만족도가 높을수록 스트레스 수준이 낮았으며[12] 독일 여성[13]을 대상으로 자위하는 이유에 대해 설문조사를 실시한 결과 67퍼센트가 휴식과 스트레스 해소라고 답했다. 이는 순수한 성적 만족(69퍼센트)에 버금가는 일반적인 이유였다.

그저 성행위 자체로 스트레스가 줄어드는 것은 아니다. 유명한 심리치료사이자 관계 전문가인 에스더 페렐은 성행위를 '에로스적인 관능erotic sensuality'이라고 일컫는다. 그녀의 설명을 인용하면 에

로스적인 감각 경험의 출발점은 자신이다. "에로스적인 자기 관리는 내면의 비판을 줄이고 스스로 아름답다고 느끼고, 혼자인 시간을 즐기고, 자신에게 더 공감하고 자신을 더 현실적으로 직시해도 좋다는 허용에서 시작된다."[14] 즐거운 감각적 경험은 주의를 환기하고, 몰입시키고, 미묘하거나 강력하거나 고요하거나 황홀한 기쁨을 선사한다. 이를테면 오븐에서 갓 꺼낸 맛있는 초콜릿 칩 쿠키의 맛, 여름밤 야외에서 살갗을 간질이는 부드러운 산들바람, 편안하고 느긋하게 즐기는 온수 샤워 등이 있다. 이런 순간에 더 오래 머물고, 주의를 기울이고, 감사하고, 경험하면 기쁨이 배가되며 그래서 스트레스가 눈 녹듯이 사라진다.

이런 감각적 즐거움의 순간, 몸 깊숙이 빠져드는 순간, 현재를 즐기는 순간을 감상하고 음미해야 한다. 이와 동시에 쾌락적 즐거움(소비나 소유를 통해 즐거움의 경험에서 얻은 쾌락)은 덧없고 무상할뿐더러 이를 끊임없이 추구한다고 해서 진정한 행복의 토대인 지속적인 만족감과 성취감을 얻을 수 없다고 되새겨야 한다. 사실 지나치게 쾌락을 추구하다 보면 오히려 비참해지고 여러 가지 중독이 유발된다.[15] 마치 롤러코스터에 몸을 실은 것 같다. 어느 순간 최고점에 오를 수 있지만 그 뒤에는 반드시 최저점이 따른다.

감정의 롤러코스터에서
내리기

　감정의 역학을 면밀히 관찰한 새로운 연구에 따르면 급격하게 변하는 긍정적인 감정보다 안정적인 기분이 건강에 더 이롭다. 아무리 '최고점'을 많이 경험하더라도 긍정적인 감정이 하루 종일 격렬하게 부침한다면 정신 건강이 악화되고[16] 미주신경 긴장도가 낮아져 더 고통스러울 것이다.[17] 긍정적인 감정이 밥 먹듯이 오르락내리락하면 심지어 수명이 단축될 수 있다.[18]

　따라서 우리는 높은 봉우리를 목표로 삼지 않는다! 봉우리가 있으면 골짜기가 있기 마련이고 오르막과 내리막이 반복되는 삶은 험난할 뿐이다. 우리가 목표로 삼는 것은 지속가능하면서도 충분히 높은 수준의 긍정적인 감정이며 이는 자족감, 만족감, 평정심처럼 더욱 안정적인 기쁨의 원천에서 생겨난다. 이런 감정들이 일상의 스트레스를 완화시키는 데 대단히 효과적이라는 사실은 과학적으로 입증되었다.

우리의 당면 목표는 '목적이 있는 행복'이며, 이는 자족하고 삶에 만족하며 목적으로 가득하다는 느낌으로 이어진다. 목적이 있는 행복은 대인관계에 뿌리를 두고 있으며 무엇보다 지속적이라는 점이 가장 중요하다. 쾌락적 행복(쾌락과 즐거움의 경험을 통해 얻는 행복)은 도파민에서 연료를 얻는 반면에 목적이 있는 행복은 세로토닌에 의해 조절된다.[19] 목적이 있는 행복은 영속적이다. 이따금 격렬하게 오르내리는 쾌락적 즐거움에 흔들리지 않는다.

누구나 기분이 좋아지기를 원한다. 안정적이고 자극이 적은 긍정적인 감정을 원한다. 이것이야말로 우리가 얻을 수 있고 지속 가능하며 몸과 마음에 가장 이로운 것이다. 멋진 말이다. 그런데 어디서 긍정적인 감정을 찾을 수 있을까?

지속가능한 행복으로 향하는 길은 다양하다. 나는 정서적 행복을 연구하는 국립보건원 연구 네트워크의 일원인데 이 네트워크의 첫 번째 임무는 누구나 동의할 만한 행복의 정의를 제시하는 일이었다. 결코 쉬운 임무가 아니다 보니 행복 전문가인 내 동료들이 한 가지 정의에 합의하기까지 수개월이 걸렸다. 지금도 여전히 발전을 거듭하는 중이지만 연구진은 결국 비슷한 맥락의 정의에 뜻을 모았다. 정서적 행복은 삶의 전반에 대해 일반적으로 느끼는 방식을 총망라할 만큼 복잡하다. 정서적 행복에는 일상적인 경험의 정서적 특성 같은 경험적 특징과 삶의 만족도, 사회적 관계, 의미에 대한 견해, 자아를 초월하는 목표를 추구할 능력 같은 성찰적 특징이 공존한다. 기쁨이라는 감정은 전반적인 행복의 한 가지 요소인 동시에 중요한 구성 단위다.

아래 요소 중 한 가지를 강화하면 행복도가 높아진다.

- 자족감, 기쁨 혹은 감사의 순간 알아차리기
- 긍정적인 사회적 관계 맺기
- 잠에서 깨며 그날의 목적의식 느끼기

이 시점에 한 가지 중요한 점을 짚고 넘어가고 싶다. 어떤 상황에서든 누구든 상관없이 기쁨의 감정을 느낄 수 있다. 이 책의 도입부에서 만난 내 친구 브라이언을 기억하는가? 청년 시절 그는 러시아 군대에 징집되어 지구상에서 가장 가차 없고 혹독한 것으로 손꼽히는 환경으로 파견되었다. 가족과 생이별해서 매일같이 생사가 오가는 상황에 처했다. 사랑하는 사람들을 다시 만나지 못할까 봐 마음을 졸였다. 극심한 추위와 고된 시간들, 그리고 자신에게 맡겨진 허드레 노동 때문에 끊임없이 고통을 받았다.

하지만 그가 자신이 처한 상황에 통제할 수 없는 부분이 있다는 사실을 온전히 받아들이자 더 지혜롭게 대처할 수 있는 힘이 생겼다. 그는 바꿀 수 없는 것에 맞서 싸우려고 애쓰지 않았으며 에너지를 어디에 쏟아야 하는지, 어떻게 힘든 시기를 견뎌내고 흔들리지 않을 것인지에 대한 소중한 교훈을 얻었다. 이제는 예상치 못한 일이나 스트레스, 두려운 일이 발생했을 때 벽돌담에 몸을 부딪치며 바꿀 수 없는 것을 바꾸려고 애쓰지 않는다. 변화하기 위해 노력해야 할 때와 적응하고 받아들여야 할 때를 구별한다. 이는 내가 경탄해마지 않는 매우 귀중한 기술이고 브라이언은 이를 훌륭하게 해냈다.

하지만 그에게 정말 놀라웠던 점은 가장 불확실하고 스트레스가 심한 시기에도 기쁨을 느낄 수 있는 능력이었다. 그의 이 능력에는 한계가 없어 보인다. 그가 내게 말했듯이 자신의 상황을 받아들이자 오랜 파병 기간 동안에도 환희의 순간들이 눈에 보였다. 예전에는 전혀 기쁘지 않았던 사소한 일들이 큰 기쁨으로 와 닿았다. 일주일에 한 번 쉬는 날이 오면 그는 산책을 나갔고 이 시간만큼은 마음이 가는 대로 선택할 수 있다는 사실에서 더할 나위 없는 행복을 느꼈다. 작은 시장에 가서 먹거리를 둘러보고 먹고 싶은 것이 있으면 무엇이든 사서 그 맛을 한껏 즐길 수 있었다. 길거리에서 마주친 사람에게 말을 걸고 (날씨에 대한 짧은 대화일지언정) 친절한 낯선 사람과 가벼운 대화를 나누는 것만으로도 기분이 날아갈 것 같았다. 빡빡한 일정과 감각 박탈, 혹독한 환경을 견뎌내야 하는 힘든 한 주를 보내고 나면 모든 소소한 즐거움이 더 크게, 더 밝게, 더 아름답게 증폭된 느낌이었다.

지금 브라이언은 샌프란시스코에서 편안하게 살고 있다. 북극 툰드라의 생존 장비는 더 이상 필요 없다. 그래도 그는 자신의 삶에서 소소한 즐거움을 증폭시킬 수 있는 능력을 잃지 않았다. 이 능력이 없었다면 무심히 흘려보냈을 순간과 경험을 음미한다. 그것들이 소중하다는 사실을 안다. 그리고 삶의 원동력임을 안다.

나는 우리네 인생이 공평하다고 눈가림하지 않을 것이다. 당연히 그렇지 않다. 훨씬 더 험난한 길을 걸어야 하는 사람이 있다. 설령 그렇다 해도 그 길에는 언제나 어떤 아름다움이 존재한다. 경치가 가장 멋지고 가장 순탄한 길을 걸으면서도 건너뛰어야 하는 웅덩이만 발견하는 사람이 있는가 하면 거칠고 험한 오르막길을 힘겹게 오르면서도 바위틈에 핀 꽃 한 송이를 발견하고 한껏 기뻐하는 사람도 있다. 후자에 가까워질수록 회복탄력성이 향상되며 이는 과학적으로도 입증되었다.

배우 짐 캐리는 이렇게 말한 적이 있다. "나는 모든 사람이 부자가 되고, 유명해지고, 꿈꿔온 모든 일을 해야 한다고 생각합니다. 그래야 그게 해답이 아니라는 걸 알 수 있잖아요." 명성과 부를 얻으면 자동으로 행복해지는 것이 아닌데도 끊임없이 이 두 가지를 열렬히 좇으면서 사는 사람이 많다. 우리에게 행복을 가져다주리라고 믿는 것과 실제로 그런 것 사이에는 큰 간극이 있다. 건강과 안전을 위해 기본적인 욕구는 충족되어야 한다. 하지만 연구에 따르면 일단 기본 욕구가 충족되고 나면 소득이 더 많아진다 해도 더 행복해지지 않는다.

기쁨을 돈으로 살 수는 없다. 하지만 매일 기쁨을 발견할 수는 있다.

일상에서
기쁨을 늘리는 법

이 분야의 초창기 개척자인 캘리포니아대학교 리버사이드캠퍼스의 소냐 류보머스키 박사는 30년간 행복에 관한 실험을 실시했다. 그녀가 이 연구에서 얻은 한 가지 결론은 '행복 수준'의 일정 부분은 유전적 요인과 생활환경에 따라 결정되지만 큰 부분은 우리가 통제할 수 있다는 점이다.[20] 의도적인 일상의 행동을 통해 행복과 안녕을 크게 향상시키고 나아가 장기적으로 유지할 수 있다. 더 좋은 소식을 전하자면 우리 삶에 떠들썩한 큰 변화를 일으키지 않아도 많은 기쁨을 찾을 수 있다(사소한 것들이 변화를 일으킬 수 있다). 행복을 증진시키는 최고의 방법으로 소소한 친절의 행동과 공감을 꼽을 수 있다. 자신이 아니라 다른 사람에게 친절한 행동을 할 때 나타나는 효과를 테스트한 연구에서는 친사회적 행동(다른 사람을 위한 친절한 행동)을 통해 스트레스가 감소하고 긍정적인 감정이 증가하는 것으로 나타났다.[21] 류보머스키는 이 결과를 바탕으로 염증 유전자의 발현이 감소하는 현상과 친절한 행동의 연관성을 발견했다.[22] 다른 사람을 위한 친절한 행동은 상대방에게 이롭고, 본인의 스트레스에 이롭고, 그리고 본인의 몸에도 이롭다.

인간관계는 건강과 행복에 중요하다. 사실 배우자나 가족, 혹은 친구와의 돈독한 관계는 안정적이고 목적이 있는 행복에 가장 중요한 요소로 손꼽힌다. 마법을 일으키는 한 가지 요소는 관계에서 주고받는 긍정적인 감정이다. 연구진은 실험실에서 부부가 갈등에 대처하는 방식을 조사한 결과, 갈등이 진행되는 동안 긍정적인 감정을 공유하는 사람들은 신경계 반응성 프로파일이 일치한다는 사실을 발견했다. 그리고 이처럼 일치하는 프로파일이 더 많이 나타날수록 관계의 질과 건강이 향상되었다.[23] 관계가 좋으면 건강하고 행복해질 것이라는 일관적인 예측이 가능하다. 친구나 가족, 배우자와 관계가 좋은 사람은 더 건강하고 더 오래 사는 경향이 있다.[24]

긍정적인 감정은 강력하다. 이따금 관계에서 가장 중요한 것은 소소한 상호작용이다. 낯선 사람과 잠깐 동안 스쳐 지나가며 주고받은 상호작용에서도 강력한 긍정의 기운을 느낄 수 있다. 미소가 기쁨의 원천이 될 수 있다! 진심에서 우러나는 환한 미소는 뇌에 작은 파티를 여는 것과 비슷하다. 뇌는 미소 짓는 얼굴 근육에 엔도르핀 같은 기분 좋은 화학 물질을 분비하며 반응한다. 호흡이 신경계에 '상향식' 영향을 끼치듯이 미소도 마찬가지다. 미소를 지으면 행복감이 커질 수 있다.[25] 이를 안면 피드백 가설facial feedback hypothesis이라고 일컫는다. 틱낫한 스님의 말처럼 "기쁨이 미소의 원천이 되기도 하지만 때로는 미소가 기쁨의 원천이 될 수도 있다."

호흡이 신경계 활동을 결정할 수 있듯이, 미소가 감정을 결정할 수 있듯이, 아침(사실 눈을 뜬 후 처음 몇 분)이 하루를 결정할 수 있다. 특히 하루의 스트레스 회복탄력성을 결정할 수 있다.

잠에서 깬 후 처음 몇 분이
하루를 결정한다

이 장의 도입부에서 나는 아침에 처음 잠에서 깰 때 무슨 생각을 하는지 곰곰이 돌아보라고 요청했다. 의식 속으로 밀려들어 온 여러분의 분주한 마음은 무엇을 향해 달려가는가?

'지금 몇 시지?' '언제 어디로 가야 하지?' '오늘 해야 할 일은 뭐지?'

이따금 나는 곧바로 첫 회의나 마감일로 향하지만 이내 방향을 바꾼다. 잠에서 깬 이후 잠깐 동안이 하루를 결정하는 데 중요하다. 우리 몸은 바로 그 시간에 스트레스와 에너지 체계를 조정한다. 잠에서 깨는 순간이나 심지어 그보다 약간 전에 무의식적으로 하루를 예상할 때 부신은 혈액에 코르티솔 반응을 일으킨다. 코르티솔은 뇌가 필요하다고 예측하는 만큼의 포도당을 동원한다(당질코르티코이드라는 이름이 붙은 데는 이런 이유가 있다). '오늘은 중요한 날인가? 그렇다면 코르티솔 수치를 크게 높이는 편이 좋겠다!' 코르티솔 요구량이 많고 몸에 포도당이 많이 필요할 때는 이편이 건강에 좋다! 잠에서 깨고 약 30분이 지나면 코르티솔이 최고치에 도달하고 오랫동안 그 상태에 머물 수 있다.

잠에서 깨는 시간의 코르티솔 수준을 결정하는 한 가지 중대한 요소는 업무 스트레스다. 과로는 힘든 주제지만 반드시 짚고 넘어가야 할 얘기가 있다. 직장에서 요구사항과 책임의 수준은 언제나 높기 마련인데 이때 지원과 존중 같은 보상이 따르지 않으면 결국 일종의 업무 번아웃 상태에 이르게 된다. 이를 전문용어로 '노력 보상 불균형effort reward imbalance'이라고 일컫는다. 잠에서 깰 무렵에는 대체로 코르티솔 수치가 높을 뿐 아니라 코르티솔 최고치 반응을 보이며 이 수치는 시간이 지나면서 서서히 내려간다.[26] 특히 정신적으로 업무에 과몰입하는 경우에 이런 현상이 나타나는데 과몰입이 우리가 생각하는 만큼 바람직한 것은 아니다. 과몰입이란 헌신이나 의지와는 달리 일에 대한 생각을 멈추지 못해 긴장이 지속되고 휴식을 취하지 못한다는 뜻이다. 업무에 과몰입하면 우리가 사수해야 할 중요한 시간대인 취침 전에 코르티솔 수치가 높아진다.

돌봄 제공자 또한 기상 시간에 이런 각성 상태를 경험한다. 그들은 특히 개인의 특수한 상황으로 인해 계획하고, 기대하고, 걱정하며 시간을 앞서가는 습관에 빠지기 쉽다. 건강한 중년의 부모를 대상으로 연구를 실시할 때 우리는 혈액 샘플을 채취해 세포 '나이'를 확인한다. 이와 동시에 (하루의 중요한 북엔드인) 기상할 때와 취침할 때 그들의 사고 패턴을 확인한다. 아울러 돌봄 제공 부모(자폐 진단을 받은 자녀를 둔 부모)와 정상 아동의 부모를 비교한다. 자녀가 어린 부모들은 너나 할 것 없이 모두 스트레스 수준이 높지만 돌봄 제공 부모들은 특히 세포 노화 속도가 더 빠르고 코르티솔 수치가 더 높다. 이때 한 가지 흥미로운 점이 있다. (기쁨을 느끼고, 돌봄 제공자라는 역할에 목적의식을 느끼고, 자신이 수행해야 하는 어려운 일에서 의미를 찾고, 하루 일과를 기대하는 등) 긍정적인 기분으로 아침을 맞이하는 돌봄 제공자는 세포 노화 프로파일이 더 긍정적이고 코르티솔 수치가 낮다. 그들은 기쁨을 지향하는 마인드셋을 가지고 있으며 이는 몸으로 나타난다. 회복탄력성이 더 강하다. 긍정적인 생각으로 하루를 시작하거나 긍정적인 감정으로 하루를 마무리하는 사람들은 '노화 방지 효소antiaging enzyme'인 텔로머레이즈telomerase가 더 많을 뿐만 아니라 미토콘드리아가 더 활발하게 활동하는 것으로 밝혀졌다.

미토콘드리아는 세포의 '발전소'로 알려져 있다. 이른바 세포의 배터리다. 아데노신 3인산adenosine triphosphate, ATP이라는 에너지를 생성하는데 이는 우리의 필수적인 모든 세포 활동에 연료를 공급한다. 젊은 시절 우리의 미토콘드리아는 크고 튼튼하며 효율적이지만 세월이 흘러 노화가 진행되면 산화스트레스를 더 많이 생성한다. 미토콘드리아가 노화하고 약화될수록 산화스트레스가 증가하고 에너지 생산량이 감소한다. 이는 몸과 마음의 중요한 연결점이다. 돌봄 제공 부모는 일반적으로 미토콘드리아의 질이 떨어져 에너지와 활력이 감소할 수 있다. 그러나 감정 프로파일이 긍정적인 돌봄 제공 부모는 정상 아동의 부모와 마찬가지로 미토콘드리아의 질이 우수하다.[27] 긍정적인 정서가 극심한 스트레스로부터 그들을 보호하는 일종의 갑옷이 된다.

충만하게 시작하고
충만하게 마무리하라

　　하루의 시작은 신경계를 조정할 효과적인 기회를 제공한다. 내가 가진 것, 내가 좋아하는 것, 내가 기대하는 것, 나를 자극하고 흥미롭게 하는 것 쪽으로 초점을 옮길 때 그날 하루의 경험이 결정된다. 이를테면 부엌에서 모닝커피를 즐기거나 반려동물을 쓰다듬으며 하루를 시작할 수 있다.

　　하루의 마무리 또한 강력한 영향을 끼친다. 정신없었던 하루의 기억과 부정적인 잔여물을 머릿속에 담지 않고 잠자리에 들어야 한다. 무의식적으로 스트레스를 받으며 밤을 보내지 않으려면 긴장을 풀고 회복해야 한다. 오늘 수련에서는 잠자리에 들기 바로 전에 마인드셋을 바꾸고, 몸과 환경에 맞춰 감각을 조율하고, 휴식을 취해도 좋다는 신호를 몸에 보내는 간단한 의식을 시도할 것이다.

　　보너스 수련에서는 오늘 느끼는 작은 기쁨의 불꽃에 주목할 것이다. 이 책 전반에서 우리가 수행한 모든 작업이 매우 중요하며 지금껏 연습한 이런 기술들은 스트레스 요인의 자극을 줄이는 데 효과적일 것이다. 하지만 기쁨에 관한 놀라운 한 가지 사실이 있다. 기쁨을 늘리면 스트레스를 줄일 필요가 없다. 스트레스 유발 요인이 작동조차 하지 않기 때문에(우리가 스트레스 역치를 높였기 때문에) '불같이 화를 내기'가 더 어려워진다.

목적이 있는 행복을 느끼면 스트레스 회복탄력성이 커진다. 정신적, 정서적인 예비 능력이 담긴 깊은 우물이 생기는 것이다. 스트레스 요인이 위협 반응을 유발하는 것은 우리가 '정신적 중증도 분류mental triage'를 제대로 수행하지 못했기 때문이다. 다시 말해 관점을 확대해 이성적으로 생각하면 닥친 상황이 분명 도전이기는 해도 위협은 아님을 알 수 있는데도 위협적이라고 인식했기 때문이다. 두려워하지 마라. 대대적인 위협 스트레스 반응을 준비할 필요가 없다. 행복과 감사하는 마음이 예비 능력을 제공한다. 우리의 배터리를 충전시킨다. 우리가 발 딛고 설 수 있는 탄탄한 토대가 되어준다. 관점을 확대하고, 건전한 관점을 취하고, 도전 과제를 파악하고, 유연성을 유지하고, 회복탄력성을 발휘할 자원을 제공한다.

따라서 오늘의 수련에서는 감사하는 마음으로 하루를 시작해 긴장을 풀고 내게 의미 있는 일에 집중할 것이다. 아침에는 어떤 하루를 기대하는지가 핵심이다. 저녁에는 하루 동안 경험한 기쁨과 만족의 순간을 되돌아보아야 한다. 힘든 하루라도 세심하게 들여다보면 이런 순간들을 발견할 수 있다. 오늘 하루에 초점을 맞추면 향상된 회복탄력성과 열린 마음, 기쁨으로 내일을 맞이할 수 있으니 내일은 오늘보다 나은 하루가 될 것이다.

아침저녁으로
행복 북엔드를 만들어라

오늘의 수련

연구에 따르면 감사 수련은 관점을 전환하는 매우 효과적인 방법이다. 고등학생들이 일주일에 10분씩 감사 연습(코치나 교사, 친구에게 편지를 써서 구체적인 일에 대해 고마움을 전하기)을 실천하면 유대감과 삶의 만족도가 높아지는 것으로 나타났다.[28] 감사는 쾌락 적응(기분 좋은 사건을 경험한 후에 전형적인 감정의 기준선으로 빠르게 돌아간다는 근거 있는 효과)을 상쇄한다. 특히 하루를 시작하고 마무리할 때 크고 작은 삶의 긍정적 요소에 세심하게 주의를 기울임으로써 쾌락 적응을 막을 수 있다.

이 시간대를 행복의 북엔드라고 생각하라. 오늘의 수련은 아침 수련과 저녁 수련으로 구성된다.

아침 수련

잠에서 깨자마자, 잠자리에서 나오기 전에, 전화기를 집어 들기 전에, 어떤 일을 시작하기 전에 5분 동안 오늘 하루의 긍정적인 궤도를 설정하라. 잠자리에 앉은 채로 각성 상태를 끌어올릴 수 있다. 느리고 편안한 호흡으로 몸을 부드럽게 잠에서 깨워 새로운 하루의 상쾌함을 맞이하라. 천천히 마음을 가다듬고 세 번 호흡한 후 스스로에게 물어보라.

'오늘 나는 무엇을 기대하는가?' '나는 무엇에 감사하는가?'

'진한 커피 한 잔을 기대하고 있다', '오늘 배우자가 장을 봐서 내게 개인적인 시간이 많아진 것이 고맙다', '오늘 내가 좋아하는 누군가와 점심 데이트를 할 수 있어서 행복하다'처럼 간단하게 답할 수 있다. (힘든 일을 계획하거나 두려워하며 정신적 에너지를 소비하고 하루의 힘든 부분만 실감하는 대신) 하루의 긍정적인 측면을 기대하면 '긍정적인 베개'로써 하루를 완충할 수 있다. 이런 소소한 일들이 하루하루 쌓여서 정신을 고양시키고 정신 건강을 향상시킬 수 있다.

잠에서 깨는 순간부터 해야 할 일을 떠올리더라도(머릿속에서 해야 할 일 목록을 추가하더라도) 걱정하지 마라. 그래도 괜찮다. 이는 우리의 자연스럽고 기본적인 사고방식이다. 오늘 하루 신경 쓰이는 일, 즉 내게 중요한 일을 떠올려라. 일상 속의 목적을 더 많이 느끼고 어떤 일이나 의무가 왜 의미 있는지를 되새기면 스트레스가 완화되며 수명에도 영향을 미친다.

혹여 잠에서 깨자마자 휴대폰을 집어 들었더라도 내동댕이치지 마라! 강박적으로 휴대폰을 집어 들었던 이유를 떠올렸다가 다시 내려놓은 다음, 몇 분 동안 긍정적인 궤도를 설정하는 소중한 시간을 가져라.

저녁 수련

잠자리에 들기 전, 기쁨 연습에 5분을 투자하라. 이때 임무는 오늘 일어난 가장 좋은 일로 마음을 채우는 것이다.

'오늘 나는 어떤 일에 감사한가?' '예상보다 잘 해결된 일이 있었는가?' '오늘 어떤 일 때문에 웃거나 기분이 좋았는가? 오늘 누군가를 웃게 만들었는가?'

이때 아주 작은 일이 큰 힘을 발휘할 수 있다. 힘든 날에도 소중한 사람의 포옹, 점원과 주고받은 친절한 대화, 동료와 함께 웃었던 일, 꽃 한 송이의 아름다움, 반려동물의 사랑 등 사소한 일들을 다시 떠올려라.

마지막으로, 우리의 정신은 되새기고 곱씹는다는 사실을 기억하라. 하루를 마무리할 때 이 정신의 특성을 내게 유리하게 활용하라. 오늘 밤 잠들기 전에 위 질문들에 대한 답을 떠올리며 오늘 기뻤던 순간, 조금 더 오래 음미하고 싶은 순간의 이미지로 마음을 채워라. 만족감과 편안함을 몸으로 느껴라. 이것이 우리가 '충만하게 마무리'하는 방식이다.

행복 북엔드를 가족 행사로 만들어라

저녁 식사 시간에 '저녁 수련'에서 소개한 질문들에 답해보라. 모든 가족이 번갈아가며 답한다.

더 강력한 효과를 원한다면 잠자리에 들기 전에 더 오랫동안 긴장을 풀어라

잠자리에 들기 전 1시간은 매우 중요하다. 마음을 가라앉혀 숙면을 취하고 다음날 스트레스를 줄일 수 있는 시간이다. 안전하고 한적한 공간을 만들어라. 내일 해야할 일 목록을 작성하고 전자기기의 전원을 끈다. 원한다면 요가, 스트레칭, 호흡, 차분한 음악 감상 등 심신 의식을 추가한다. 마음이 편안해진 지금은 감사 연습에 가장 이상적인 시간이다. 더 빨리 잠들거나 숙면을 취해 뇌를 재충전할 수 있다.

내일 다른 누군가를 위해 내가 할 수 있는 작은 친절의 행위를 떠올려 '긍정적인 감정'을 더욱 강화하라

사회적 관계가 기쁨을 선사한다. 대화를 나누거나 (미소나 의견을 나누는 것이든 상대방이 존중받는다고 느끼고 외로움은 덜 느끼게 만드는 것이든) 다른 사람을 위해 친절한 행위를 하는 것, 이것이 우리와 다른 사람들에게 실제로 긍정적인 감정을 일으키는 사소한 것들이다. 지인뿐만 아니라 누구에게나 친절을 베풀 수 있다. 낯선 사람을 향한 친절의 행위는 효과가 배가될 수 있는 작은 기적이다. 친절은 감정적으로 전염된다.

이따금 다른 누군가를 위해 작은 일을 베풀 때면 나는 우리 가족이 받은 작은 친절과 호의가 떠오른다. 이런 행동들은 베푼 사람조차 전혀 예상하지 못했던 큰 파급효과를 일으켰다. 1800년대 후반 어린 시절의 우리 증조할머니는 정식 서류도 없이 혈혈단신으로 떠돌아다니던 난민이었다. 그녀는 배를 타고 피난을 가려다 검표원에게 제지당했다. 때마침 지나가던 한 행인이 검표원에게 어떡해서든 증조할머니를 승선시켜 달라고 부탁했다. 그러자 잠시 망설이던 검표원이 고개를 끄덕이며 할머니에게 승선하라고 손짓했다. 검표원은 이 일을 잊었을지 모른다. 잊었든, 기억하든 그가 순간적으로 베푼 동정심에서 기쁨을 얻었기를 바란다. 그의 동정심이 아니었다면 나는 존재하지 않았을 테니 말이다. 가끔 오래전 낯선 사람들이 베풀었던 사소한 친절을 떠올리면 감사와 경탄의 마음이 밀려온다.

어쩌면 당신도 오늘 누군가에게 친절을 베풀 기회를 발견하게 될 것이다.

(문제 해결)

기쁨을 어디서 찾아야 할지 모르겠다면

스스로에게 이렇게 물어보라. 무엇이 내게 기쁨을 주는가? 이를테면 감사한 일이나 일상에서 발견하는 작은 기적이 기쁨을 준다. 한 번의 질문으로 그치지 마라. 완벽한 해답을 얻지 못할 것이다. 질문을 여덟 번 반복하고 질문할 때마다 되도록 빨리 답하라. 확실한 자극제가 필요할 때 이 방법을 이용하라. 망설이지 마라. 가장 먼저 떠오르는 답을 적고 다시 물어보라. 빠른 속도로 이 과정을 진행하면 내면의 검열을 피할 수 있다. 내 마음을 기습하라. 그리고 뜻밖의 답을 발견하라!

무엇이 내게 기쁨을 주는가?_____

무엇이 내게 기쁨을 주는가?_____

무엇이 내게 기쁨을 주는가?_____

무엇이 내게 기쁨을 주는가?_____

무엇이 내게 기쁨을 주는가?_____

무엇이 내게 기쁨을 주는가?_____

무엇이 내게 기쁨을 주는가?_____

무엇이 내게 기쁨을 주는가?_____

반복해서 빠르게 대답하면 '올바른' 답변을 준비하고, 판단하고, 생각할 가능성이 줄어들어 무엇이 내게 진정으로 기쁨을 주는지 확인할 수 있다. 우리 수련회에서는 참가자들이 짝을 지어 이 질문을 주고받는다. 질문을 되풀이하는 과정에 무엇이 튀어나올지 예상할 수 없다. 그래서 뜻밖의 사실을 알게 된다! 스스로도 깨닫지 못했던 답을 찾는다. 흔히 이전에는 인식하지 못했거나 소중하게 여기지 않았던 작은 것에서 기쁨을 발견한다.

이 실습을 마치고 나면 참으로 놀라운 변화가 일어난다. 참가한 거의 모든 사람의 에너지 수준이 올라가고 얼굴에 미소가 번진다. 사람들의 이야기가 멈추지 않는다. 그러면 우리는 다음과 같은 말로 실습을 마무리한다. "좋습니다. 발견한 내용을 적으세요. 이제 여러분은 이 기쁜 순간들에 더 많이 주의를 집중하게 될 겁니다."

심한 우울증에 시달리거나 정말 힘든 날에는

이 방법을 시도해 보라. 한줄기 빛이 보였는가? 누군가에게 친절했는가? 새롭게 배운 것이 있는가?

심각한 도전에 직면한 상황이라면 긍정적인 면을 보기가 힘들다. 그렇다 해도 하루나 한 주 동안 사소한 긍정적인 일 한 가지를 찾아 그것에 시선을 멈추어라. 그것을 음미하라. 심각한 우울증에 시달리는 사람이라면 지금 당장 기분이 나아지지 않을 수 있다. 그렇다면 순서를 바꾸어 기분이 좋아지는 소소한 활동을 계획한 다음 부정적인 생각과 감정이 고개를 들더라도 계획을 실천하라. 그러면 긍정적인 감정이 생겨나 우울함을 떨쳐낼 수 있을 것이다.

긍정적인 감정이 영원히 유지되지는 않는다. 힘들 때면 나는 좋아하는 몇몇 명언을 떠올리며 고진감래를 되새긴다. 조안나 메이시의 "부서지는 것은 그렇게 나쁜 일이 아니다. 사실 그것은 내 몸에 맞지 않는 껍질을 깨고 나오는 것만큼이나 성장과 정신적 변화에 필수적인 것이다."와 제인 허쉬필드의 "무엇이든 얻기 위해서는 먼저 모든 것을 잃어야 한다."가 그것이다.

우리는 역경을 통해 성장하고 (관계, 개인의 힘, 지혜 등) 의미 있는 것을 더 많이 얻는다. 하지만 그러려면 시간이 걸리며 그렇기 때문에 하루를 살아내는 일을 기준선으로 설정해야 한다. 무엇보다 자신을 어여삐 여겨라. 절친한 친구를 대하듯이 되도록 온화하고 친절하게 자신을 대하라.

처방전 갱신하기

우리는 휴식과 회복탄력성에 필요한 가벼운 도구들을 활용하는 수련으로 하루를 시작했다. 하루하루 새로운 '스트레스 회복탄력성 습관'을 길렀다. 수련을 거듭할수록 습관들이 더욱 단단해지며 지금껏 도움이 되지 않았던 낡은 존재 방식을 편안함과 평온함을 주는 습관으로 대체할 수 있다. 그날그날 실천한 수련을 통해 불확실한 미래와 내가 통제할 수 없는 모든 것에 대한 걱정, 내 뜻대로 흘러가지 않은 일에 대한 후회와 반추, 머릿속에서 홀로 이 모든 것과 맞서 싸우려는 시도 등 만성 스트레스의 가장 큰 원천을 제거할 수 있다.

이는 스트레스 회복탄력성을 키우는 과정에서 중요한 부분이다. 우리는 두 가지 유형의 불확실성을 경험한다. 미래를 알 길이 없다. 우리는 축소불가능 불확실성irreducible uncertainty과 함께 살고 있으며 앞으로도 그럴 것이다. 가장 평온하고 안정된 시기에도 이런 유형의 불확실성은 사라지지 않는다. 내년, 내주, 내일, 다음 한 시간 동안 어떤 일이 일어날지 '알 수 없는' 상존하는 불확실성이다. 이는 인간 조건의 일부로, 남녀노소를 막론하고 모든 사람이 이 불확실성에서 자유롭지 못하다. 여기에 변동성 불확실성volatile uncertainty이 더해진다. 불확실한 물리적, 사회적 세계로 말미암은 예측할 수 없는 급격한 변화를 의미하는 이 불확실성은 현재 세계가 직면한 도전 과제다.

우리는 새로운 차원의 변동성 불확실성을 경험하며 생존과 지구에 대한 위협을 마주한 역사상 이례적인 시점에 이르렀다. 지금 이 순간 모든 것이 불안정하게 느껴진다. (물리적, 자연적 세계와 사회적 세계 할 것 없이) 세계에 지각변동이 일어나는 듯이 보인다. 가속화하는 기후 위기, 정치적 분열과 불안정성, 극단주의와 잘못된 정보의 걷잡을 수 없는 확산, 누구도 예상치 못한 팬데믹과 그 밖의 더 많은 위협 등 매일같이 일어나는 모든 일을 떠올려보라.

압도적이다. 겸손해진다.

내가 연구를 통해 발견하고 주변 사람들에게서 관찰한 바에 따르면 우리는 이런 실존적 위기 속에서 길을 잃었고 젊은이들의 상황은 더욱 심각하다. 불확실한 미래 탓에 우리는 지금 그 어느 때보다 더 큰 위협을 마주하고 있다. 굳건한 절벽이 거친 파도에 침식되듯이 아무리 회복탄력성이 강한 사람이라도 이 위기를 겪으며 서서히 무너질 수 있다. 이따금 의미와 방향, 목적을 잃을 수 있다. 절망과 파국을 초래하는 사고에 취약해질 수 있다. 실존적인 위협을 느낄 때는 희망과 회복탄력성, 유연성, 건강한 도전 정신으로 자신의 입장을 견지하고 미래를 마주하기 어렵다.

그래도 우리는 위기를 극복하기를 원하며 실제로 극복할 능력이 있다. 아이들과 공동체, 우리 행성에는 우리의 가장 멋진 자아와 가장 창의적인 사고, 그리고 집합행위가 필요하다. 세상을 회복시키기 위한 어떤 행동이 스트레스를 물리치는 가장 강력한 방법으로 작용할 수 있다. 따라서 개인의 행복과 더 큰 대의를 위해 자연과 함께하는 '친환경 처방전'을 포함해 스트레스 처방전을 갱신하고 몸과 마음을 훌륭하게 관리해 심층적인 회복과 기쁨을 경험해야 한다. 바야흐로 진입하고 있는 미래에 생존하고 성장하려면 우리가 가진 자원을 총동원해야 한다. 회복탄력성을 키우고 평정심의 경지에 이를 수 있을 때 우리는 가능성의 국면plane of possibility1에 더욱 깊숙이 진입한다. 이 중요한 상태에서 개인적인 사고 습관에서 벗어나 우리의 상호연결성을 이해하고 새로운 가능성들을 발견할 수 있다.

이 책에서 마지막으로 회복탄력성 키우기를 다시 한번 강조하는 것은 이 때문이다. 내가 인지하는 스트레스와 내 몸에 상주하는 무의식적인 스트레스의 기준선을 모두 낮출 것이다. 깊은 회복에 접근하는 법을 이해할 것이다. 아울러 궁극적으로 우리가 이용할 수 있는 최고의 과학을 바탕으로 더 건강한 정신적 습관을 기를 것이다.

이제 이 목표를 달성하기 위해 현재 사용할 수 있는 도구를 요약해 보자.

당신의 비상 배낭에는 무엇이 들었는가?

이 책을 읽는 동안 여러분은 일곱 가지 새로운 방법을 시도했다. 나는 여러분이 이 방법을 통해 더 가볍고, 더 유연하고, 더 편안하고, 더 즐겁고, 잘 떠 있을 수 있는 능력이 더 향상되었다고 느꼈기 바란다. 이 스트레스 회복탄력성 훈련을 마칠 때쯤이면 일상 속에서 새로운 스트레스 접근법을 터득하기 바란다.

1일 차 예상치 못한 일은 일어나기 마련이며 그래도 괜찮다. 나는 내 기대를 낮출 수 있다. 몸을 뒤로 젖히고, 긴장을 풀고, 그저 경험을 받아들일 수 있다.

2일 차 통제할 수 없는 것을 내려놓을 수 있다. 불필요한 짐을 버릴 수 있다.

3일 차 스트레스도 흥미진진할 수 있다! 도전에 동기부여와 활력을 느낄 수 있다.

4일 차 긍정적인 스트레스를 느끼면서 긴장을 풀고 스트레스를 대사할 수 있다. 내 몸은 이로운 스트레스 반응을 무척 좋아한다.

5일 차 자연이 내 신경계를 재조정하도록 맡길 수 있다. 나는 자연의 일부다.

6일 차 나는 휴식을 취할 자격이 있다. 더 이상 수면과 깊은 휴식에 굶주리지 않을 것이다.

7일 차 기쁨은 스트레스를 줄인다. 내 컵을 기쁨으로 가득 채울수록 스트레스와 갈등의 쓴맛을 덜 느낄 수 있다.

이 책의 서두에서 말했듯이 스트레스는 우리가 헤엄치는 물이지만 물 위에 떠서 스트레스의 파도에 휩쓸리지 않을 전략을 배울 수 있다. 우리가 그간 배운 기술을 활용한다면 가능하다. 나는 이렇게 생각하고 싶다. 나는 지금 낯선 강 아래로 내 배를 인도하고 있다. 강물이 갈라지는 길목에서 어느 한쪽을 선택할 수 있으나 물살은 한 방향으로만 흐른다. 상황이 허락하면 물의 흐름을 약간 조작할 수 있지만 통제할 수는 없다. 상류로 거슬러 올라가려고 애쓴다면 내 몸만 지칠 뿐이다. 강 하류로 나를 이끌어가려면 예상치 못한 상황을 기꺼이 맞이하고, 내게 일어나는 경험을 받아들이고, 바위와 급류에 도전 마인드셋으로 대처하고, 내가 통제할 수 있는 것을 통제하고, 남은 시간 동안 물 위에 계속 떠 있어야 한다. 잠시 멈추어 주위를 부드럽게 맴도는 물살에 나를 맡길 수도 있다.

몸을 뒤로 젖혀 그린과 블루 마인드 상태로 전환하고 편안함과 만족감을 느끼면 세포에 휴식과 회복이 필요한 때라는 강력한 메시지가 전달된다.

자칫하면 압도당한다고 느끼며 레드와 옐로 마인드 상태로 시간을 보내기 쉽다. 상황은 항상 변화하고 미래는 통제할 수 없으며 우리는 최선을 다할 뿐이라는 사실을 깨달을 때 새롭게 떠오르는 것, 즉 그날 하루에 숨겨져 있는 기쁨에 마음을 열 수 있다.

다음은 지금까지 우리가 살펴본 스트레스 처방전들이다. 각 전

1일 차	**불확실성을 수용하라**	**체화된 스트레스 해소하기**	• 체화된 스트레스 확인하기 • 기대와 걱정 알아차리기 • 호흡을 통해 긴장 풀기
2일 차	**통제할 수 없는 것은 내려놓아라**	**스트레스 목록**	• 단순화하기: 무엇을 삭제할 수 있나? • 추가하기: 무엇이 가장 중요한가? • 내려놓기: 무엇을 받아들일 수 있나?
3일 차	**도전 속에서 설렘을 찾아라**	**스트레스 방패**	• 긍정적인 스트레스 마인드셋 • 내 가치관을 다시 확인하라 • 내 자원을 떠올리고 회복탄력성을 위해 재구성하라
4일 차	**몸의 스트레스를 대사하라**	**호르메틱 스트레스**	• HIIT나 빨리 걷기 • 냉수 샤워 • 핫 사우나 • 불편함 속에서 긴장 풀기
5일 차	**자연에 몰입하라**	**감각적인 몰입**	• 야생의 자연 • 도심의 자연 • 가정의 안식처
6일 차	**깊은 휴식을 경험하라**	**호흡을 통해 회복하라**	• 건강을 위한 (길고, 느리고, 깊은) 호흡법 • 리셋을 위한 4-6-8 호흡법 • 휴식을 위한 미주신경 호흡법
7일 차	**행복 북엔드를 만들어라**	**기쁨으로 충만하게 시작하고 마무리하라**	• 기쁨에 주목하기 • 일상적인 목적 실천하기 • 감사함 표현하기 • 내부와 외부를 향한 친절

략을 위한 수련의 제목을 보고 기억을 되살려보자. 냉장고에 붙여두는 것도 좋은 방법이다!

스트레스 회복탄력성을 위한 처방전들은 미지의 미래에 대비하는 기술 집합체다. 앞으로 닥칠 도전에 대처하기 위해서는 차분하고 유연한 사고방식이 필요하다. 그리고 마지막으로 희망이 필요하다.

매일 '오늘의 희망 서약'을 만들어라

극심한 불확실성은 인류와 미래에 대한 근본적인 희망을 파괴한다. 희망은 인간에게 가장 중요한 회복탄력성의 원천이다. 희망은 한낱 감정이 아니다. 희망의 핵심은 행동이다. 이를 '능동적인 희망'이라고 일컫는 생태철학자 조안나 메이시의 정의에 따르면 자신과 타인에 대한 보살핌이 여기에 포함된다. 요컨대, 자신을 돌보고, 회복할 시간을 갖고, 나아가 보답할 방법을 찾아라. 변화하라, (아무리 사소하게 느껴져도) 자신에게 중요한 일에서 주목할 만한 변화를 일으켜라. 그것이 내게 도움이 될 것이다. 조금씩 쌓일 것이다. 우리 모두에게 도움이 될 것이다.

메이시는 매일 자신의 목적을 되새기며 목적에 따라 행동하겠다고 서약한다. 달라이 라마에게도 목적에 따라 헌신적으로 살기 위한 일일 서약이 있다. 달라이 라마와 대화를 나눌 때 나는 현재 우리가 직면한 저항할 수 없는 실존적 문제 앞에서 어떻게 희망을 가질 수 있느냐고 물었다. 그는 우리가 아무리 작아도 이미 이룩한 진보를 인정하고 집중하면 희망의 필수적인 동반자인 용기와 자신감을 느낄 여유가 생길 것이라고 답했다. 이와 반대로 문제에 집착하면 명확하게 사고할 수 없다. 그는 자기만의 일상적인 전략을 공유했다. 매일 아침 인도의 대가인 샨티데바Shantideva의 서원을 암송한다. "제게 용기와 자신감을 주는 것은 따뜻한 마음을 끊임없이 되살리는 겁니다…… 이 구절을 묵상하면 큰 도움이 됩니다. 긍정적인 의도를 일상적으로 되살릴 방법을 찾아야 합니다." 그는 "세상의 모든 행복한 사람은 다른 사람의 행복을 바라는 마음 때문에 행복하다"2는 특정한 구절을 언급하며 "자신에게 너무 집중하면 이생에서도 행복하지 못할 테고 반면에 다른 사람의 행복에 관심을 가지면 큰 기쁨으로 향하는 관문이 열린다"3고 설명한다.

요즘은 힘든 시대다. 오늘의 희망 서약은 스트레스를 해소하고 하루를 활기차게 시작하는 또 하나의 지혜로운 방법이다. 내게 효과적이라고 생각되는 서약을 직접 만들 수 있다. 영적, 종교적 전통에 따른 서약도 있을 것이다. 나는 새로운 서약을 시도하고 다른 사람들이 이용하는 서약을 배우는 것이 무척 즐겁다. 다음은 내가 가장 좋아하는 하루의 서약으로, 시인 패드레이그 오 투아마의 기도문에서 발췌한 것이다.4

우리는 모든 잠재력과 가능성이 담긴 이 삶을 존중하며 홀로

하루를 시작합니다. 이 하루에 사랑, 친절, 용서, 정의가 담겨 있다는 사실을 알고 희망으로 하루를 시작합니다. 예상치 못한 일들을 위한 공간을 만들 수 있기를 바랍니다. 예상치 못한 일에서 지혜와 생명을 발견할 수 있기를 바랍니다.

능동적인 희망은 추상적인 희망보다 강하다. 쉽게 무너지지 않는다. 오래 견딘다. 보살피는 행동이 담긴 희망이다. 쉽게 사라지지 않는다. 불확실성과 위협에 침식되거나 씻겨 내려가지 않는다. 또한 다른 사람들이 본받도록 영감을 준다는 점에서 전염성이 강한 감정이다. 사회 변화를 확산시킨다. 아울러 스트레스, 고통, 슬픔, 불안, 분노에서 벗어날 강력한 방법이다. 그래서 우리는 이번 주를 갈무리하며 스트레스 회복탄력성을 위한 또 하나의 도구, 즉 목적의식을 추가할 것이다.

목적의식이 있으면 비상 배낭이 한결 더 가벼워진다. 목적의식이란 발걸음을 가볍게 만들어 나를 띄워주는 헬륨 가스와 같다.

당신만의 '북극성'을 찾아라

앞서 우리는 스트레스 요인(특히 스스로 부담을 떠안고 '반드시 해야 한다'고 믿는 것들)을 삭제하는 문제를 다루었다. 이를테면 사회적 의무와 직장이나 공동체에서 압박감을 느끼고 책임감과 스트레스를 스스로 가중시키는 종류의 '따라잡기' 활동이 이 범주에 속할 것이다. 우리는 이런 일에 계속 매달릴 것이다. 이런 스트레스를 조금이나마 덜어내어 생각할 수 있는 잠깐의 여유와 숨 쉴 수 있는 공간을 마련하라. '내게 진정으로 중요한 것은 무엇인가?' '내 삶의 에너지를 어디에 쓰고 싶은가?' '나의 북극성은 무엇인가?'

사람들은 흔히 '생존 모드'가 작동 중이라고 말한다. 개인생활이 엉망진창이라서 다른 일을 맡을 수 없다고 느낀다. 하지만 만사의 중심에는 일반 상식으로는 이해하기 어려운 진실이 있다. 자신에서 벗어난 어떤 일을 할 때 능동적인 희망과 목적이 생긴다. 그런 일이 우리의 정신을 고양시키고 스트레스를 줄인다. 스트레스를 잘 견디기 위해 무엇보다 필요한 것은 어쩌면 목적일 것이다.

모든 문제를 해결해야만 이 방법을 활용할 수 있는 것은 아니다. 우리는 흔히 다음과 같은 마음가짐으로 움직인다. '신변을 정리한 다음에 항상 꿈꾸었던 대의를 위한 일을 해보자.' 하지만 굳이 일상의 우여곡절을 해결하지 않아도 된다. 그것은 앞으로도 사라지지 않을 테니 말이다.

나는 웨스트코스트 사람들이 흡사 화성 같은 세상에서 아침을 맞이했던 2020년 어느 여름날을 평생 잊지 못할 것이다. 하늘은 벽돌처럼 붉었고 공기는 유독가스나 다름없었다. 파괴적인 산불이 내뿜는 짙은 연기가 샌프란시스코 상공에 내려앉아 햇빛을 차단했다.

우리 동네 집배원은 오전 10시에 헤드램프를 쓰고 우편물을 배달해야 했다.

갈수록 심각해지는 기후 문제에 대한 내 고민은 커져만 갔다. 나는 기후 위기를 깊이 생각했고 기후 이야기를 더 널리 전하고 싶었다. 하지만 '여력이 없었다'.

가족의 일원과 돌봄 제공자로서 내가 해야 할 역할과 더불어 교수로서 수업을 진행하고 연구소를 운영하는 일에 대한 요구는 언제나 그랬듯이 내 사정 따위는 봐주지 않았다. 하지만 어느 순간 나는 더 이상은 그렇게 살 수 없다는 사실을 깨달았다. 보탬이 될 수 있다면 모든 방법을 동원해 기후를 걱정하는 사람에서 기후를 위해 싸우는 전사로 변화하기로 결심했다.

기후 위기는 심각한 문제라 변화하기가 쉽지는 않다. 절망과 슬픔에서 희망과 기쁨까지 감정이 (메트로놈처럼) 심하게 요동치는 바람에 마치 채찍질을 당하는 것 같은 기분이 든다. 크든 작든 상관없이 우리에게 필요한 변화는 무척 많고 그래서 내가 영향력을 발휘하고 있다고 느끼기 어려울 때가 많다. 프로젝트에 대한 아이디어가 있었지만 그것으로는 충분하지 않을 것 같아 나는 막막했다. 그래도 (우리의 영향권 내에 있는 가시적인 요소인) 국지적인 변화가 실제로 전염성과 파급력이 있다는 비약적 사회변화 이론5을 배운 덕분에 희망을 키울 수 있었다. 이 이론에서 주장하듯이 우리는 힘을 모아 문화의 여러 측면을 변화시킬 수 있다. 비록 자신이 끼치는 영향력을 직접 확인할 수 없고 평생 그럴 수 없을지 모르지만 한 개인으로서 우리가 하는 일은 중요하다.

나는 프로젝트를 통해 기후 문제를 고민하는 사람들의 행동을 이끌어낼 예정이다. 이 특별수업에서는 사람들이 절망감이나 압박감을 느끼지 않고 변화할 수 있게끔 정보와 기술을 제공할 것이다. 우리는 지금껏 살펴본 원칙들(슬픔과 분노 속에서도 기쁨을 느끼고 목적에서 힘을 얻고 다른 사람들과 함께 일할 수 있다)을 활용하며 실제로 비약적 사회 변화를 일으키고 있다. 어떤 결과를 가져올지 모르지만 기후에 대한 절망감을 줄이는 최선의 방법은 어떤 형태든 간에 기후와 관련된 행동을 실천하는 것임을 안다.

삶의 목적이 스트레스 완화제라는 것은 과학적으로 입증된 사실이다. 기후 문제를 연구할 때면 나는 긍정적인 에너지를 느낀다. 지구에서 보낼 수 있는 시간이 얼마 남지 않았다는 사실을 깨달은 순간 선택할 법한 방식의 삶을 살며 충만하게 살고 있다고 느낀다. (내가 중요한 일을 하고 있다는) 이 확신이 인생의 다른 모든 불확실성에 더 현명하게 대처할 밑거름이 된다.

독자 여러분은 이미 의미 있는 목적에 헌신하고 있을 수 있다. 혹여 그렇지 않다면 지금껏 원해왔던 일을 떠올려보라. 내 열정을 불러일으키는 프로젝트에 일주일에 한 시간씩 더 투자하는 것도 의미가 있을 것이다.

지금 간신히 버티고 있는 중이라면 이미 바쁜 일상에 당장 어떤 일을 추가하기가 어려울 것이다. 다행히 새로운 일을 시도하지 않아도 목적이 주는 스트레스 완화 효과를 체험할 방법이 있다. 내가 목적을 이미 발견했고 지금 내가 실천하는 일들이 다른 사람에게 의미가 있다는 사실을 이따금 되새겨야 한다. 잠시 그런 일을 떠올려보자. 우리는 흔히 내가 어떤 영향을 끼치고 있는지 깨닫지 못한다.

당신은 이미 변화를 일으키고 있다

누구나 영향력을 발휘한다. 여러분은 수치로 환산할 수 없는 방식으로 주변 세계에 이바지하고 있으며 이를 통해 본인의 지식과 삶에 구애받지 않고 영향력과 파급력을 발휘할 수 있다.

나의 아버지 데이비드는 생물학 교수로 퇴직했다. 퇴임 기념 파티를 끝낸 후에 아버지는 20년 전에 가르쳤던 한 제자로부터 편지를 받았다. 물론 옛 제자가 소식을 전해왔다는 사실만으로도 기뻤지만 더욱 놀라웠던 것은 자신도 모르게 그 제자에게 영향을 끼쳤다는 사실이었다.

20년 전 제자는 심한 가면 증후군에 시달렸다. 작은 마을 출신으로 스탠퍼드대학교에 입학한 그는 마치 드넓은 바다의 작은 물고기처럼 소속감을 느끼지 못했다. 스탠퍼드에서 자신을 입학시킨 것이 실수라고 생각할 정도였다. 성적이 B, C 학점 수준이었던 그는 뛰어난 학생들의 틈바구니에서 우수생이라는 자부심을 느낄 수 없었다.

어느 여름날 그는 해양 생물학 연구 때문에 우리 아버지의 연구소를 방문해 연구에 뛰어난 소질을 보였다. 그의 성적표를 본 아버지는 이렇게 말했다. "음, 이건 아니야. 난 자네를 알아, 자네가 이거보다 잘 할 수 있다는 것도 알고."

이 학생은 곰곰이 생각한 끝에 아버지의 생각이 맞을 수 있다고 판단했다. 이후 그는 우수한 성적을 거두었고 마침내 세계적인 외과의사가 되었다. 그는 자신에 대한 신뢰를 표현한 단 한 번의 대화를 통해 인생 궤도가 완전히 바뀌었다는 사실을 전하고 싶어서 아버지에게 편지를 썼다고 했다. 아버지에게 이 모든 일은 그저 잠깐 동안의 상호작용(그가 학생들과 늘 하던 일)에 지나지 않았지만 그 영향력은 대단했다. 이 아름다운 편지는 다시 남모르는 영향을 끼쳤다. 아버지는 은퇴한 지 10년이 지난 지금까지 이 편지를 소중히 간직하고 있다.

이렇듯 나도 모르는 사이에, 혹은 남모르게 긍정적인 영향력을 발휘하는 사람이 무척 많다. 특정한 유형의 직업을 가져야만 대단한 영향력을 행사할 수 있는 것은 아니다. 아마추어 예술가라도 세상에 전하고 싶은 메시지가 있을 수 있다. 육아를 위해 직장을 그만둔 누군가가 이웃에게 사랑과 지원을 베풀 수 있다. 그렇게 해서 사소하지만 중대한 방식으로 세상에 선행을 베푸는 또 한 명의 인간을 탄생시킬 수 있다. 지금 내가 하는 일은 장기적으로 어떤 영향을 미칠까? 정확히 알 수는 없다. 그런데 사실 그것이야말로 아름다운 일이다.

우리는 여태껏 불확실성에서 발생하는 두려움에 대해 살펴보았다. 하지만 불확실성에서 발생하는 가능성도 존재한다. 우리가 어떤 영향을 미칠지, 친절과 아량을 베푸는 사소한 행동이 누군가에게 어떤 중대한 변화를 일으킬지, 그리고 공익을 위한 우리의 노력이 어떤 파급 효과를 일으킬지 우리는 알지 못한다. 심오한 결과가 일어날 수 있다. 우리가 손을 잡고 사회를 어떻게 변화시킬지는 모르지만 그럴 수 있는 가능성이 존재한다.

물론 불확실성이 스트레스를 일으킬 수 있다. 하지만 한편으로 그것은 인생에 놀라운 사건들이 일어날 가능성이 있다는 의미이기도 하다. 미래가 도전뿐만 아니라 아름다움, 경외감, 고마움, 기쁨을 선사할 것이라는 의미다. 정신이 회복탄력성을 발휘하면 가능성의 세계가 열린다. 자신도 모르게 긴장하고 있다면 이렇게 해보라. 긴장을 풀어라. 한 번도 내 것인 적이 없었던 통제력을 내려놓아라. 불확실성에 미소를 지어라. 불확실성에 담긴 또 다른 의미는 자유다.

무슨 일이든 일어날 수 있다.

여러분의 삶은 가능성으로 가득하다.

모든 도전을 해결하는 데 필요한 도구가 가득한 가벼운 비상 배낭을 집어 들고 밖으로 나가 그 도구를 사용하라.

감사의 글

분량은 적어도 많은 지원이 필요했던 이 책의 집필에 일조한 여러 동료와 친구에게 고맙다! 우선 7일 안에 스트레스를 해치울 수 있다는 낙관적인 태도와 나에 대한 신뢰를 보이고 이 책의 관리자 역할을 담당한 아이디어 설계사, 레이첼 노이만과 더그 에이브럼스, 특히 집필 과정을 환상적으로 지원하고 기쁨을 전파한 알리사 니커−보커에게 고마움을 전한다. 펭귄 라이프 에이미 선의 세심한 기획과 한 치의 오차도 허락지 않는 정확한 편집에 깊은 감사를 표한다.

세부적인 연구 결과를 정확하고 유용한 메시지로 변환하는 일을 비롯해 어떤 식으로든 이 책에 동참한 여러 동료들, 특히 아미트 번스타인, 조지 보난노, 알렉산드라 크로스웰, 알리아 크럼, 데이비드 크레스웰, 마티샤 홀, 대커 켈트너, 폴 레러, 로버트 러스티그, 소냐 류보머스키, 애슐리 메이슨, 패트릭 맥커운, 월러스 니콜스, 마틴 피카드, 엘리 퍼터먼, 찰스 레이슨, 마이클 사피로, 클리프 섀런, 샤우나 샤피로, 에밀리아나 사이먼 토머스, 빅터 스트레처, 줄리언 세이어, 카산드라 비텐, 그리고 에릭 지머맨에게 감사의 말을 전한다.

조사와 힘든 연구에 재미를 불어넣은 UCSF 센터의 긴밀한 협력자들인 애릭 프래더와 웬디 멘데스, 그리고 노화, 신진대사 및 감정 센터Aging, Metabolism and Emotion Center의 훌륭한 팀원들에게 각별한 고마움을 전한다. 수십 년간 우정을 쌓으며 분자에서 정신에 이르기까지 텔로미어의 회복탄력성에 대한 대화를 나누었던 엘리자베스 블랙번과 주에 린에게 고맙다. 과중한 업무와 화상회의에 대한 피로감에 시달리면서도 팬데믹 위기를 기회로 바꾼 정신의학과와 행동과학과의 여러 동료에게 고마움을 전한다. 특별한 지원을 아끼지 않은 리사 프리츠커, 사코 피셔, 윤준, 린 브릭과 빅터 브릭에게 감사를 표한다. 내 평생의 멘토인 낸시 애들러, 켈리 브라우넬, 필립 짐바르도, 고(故) 앨버트 반두라에게도 감사하다.

제임스 배러즈, 피터와 앨리슨 바우만, 마크 콜먼, 리처드 데이비슨, 이브 에크맨, 라마Lama(스승을 뜻하는 티베트어 ― 옮긴이) 윌라 밀러, 라마 툴트림 알리오네, 조니 크리엔스, 잭 콘필드, 트루디 굿맨, 잭 사울, 댄 시겔, 템펠 스미스, 비구 아날라요, 캐롤라인 웰치, 릭과 잰 핸슨, 존 카밧 진, 윌 카밧 진과 테레사 카밧 진, 다라 웨스트럽, 뉴로다르마NeuroDharma 그룹의 동료들 등 수년 동안 내 스트레스 회복탄력성에 직간접적으로 도움을 준 여러 친구와 헌신적인 스승에게 고마움을 전한다. 사랑하는 친구 수잔 바우어-우뿐만 아니라 마인드 앤드 라이프 연구소와 연구소 운영위원회의 훌륭한 동료들에게 깊은 경의를 표한다. 이들이 함께 열어준 소중한 포럼에서 과학과 명상의 지혜가 어우러지는 마법 같은 연금술이 펼쳐졌고 덕분에 내 마인드와 삶이 제 모습을 갖추었다.

캐시 캐플레너, 론 치아렐로, 엘리자베스 도링, 앤드류 드라이트서, 마크 고들리, 제네트 아이코빅스, 에이미 라우어, 로버트 러스티그, 댄 미어, 특히 린 커틀러 등 무엇보다 본인의 수련 경험을 바탕으로 초고를 한 단계 높여준 독자들이 있다는 사실은 내게 선물이었다.

내 멋진 가족인 데이비드와 로이스 에펠, 여동생 샤론 에펠과 안드레아 리버스타인, 대니 글레이, 그리고 빼놓을 수 없는, 사랑하는 잭 글레이저에게 고맙다. 그리고 마지막으로, 내 조언을 믿고 열린 마음으로 여러 아이디어를 활용해 새로운 것을 시도한 독자 여러분에게 감사의 마음을 전한다. 이 책을 통해 한 번뿐인 여러분의 소중한 삶이 더욱 여유로워지기를 기도한다.

참고문헌

여는 글

1   Jue Lin and Elissa Epel, "Stress and Telomere Shortening: Insights from Cellular
    Mechanisms," *Ageing Research Reviews* 73 (January 2022): 101507,
    https://doi.org/10.1016/j.arr.2021.101507.

2   David M. Almeida, Susan T. Charles, Jacqueline Mogle, Johanna Drewelies, Carolyn
    M. Aldwin, Avron Spiro III, and Denis Gerstorf, "Charting Adult Development through
    (Historically Changing) Daily Stress Processes," *American Psychologist* 75, no. 4 (May–
    June 2020): 511–24,
    https://doi.org/10.1037/amp0000597.

3   Achim Peters, Bruce S. McEwen, and Karl Friston, "Uncertainty and Stress: Why It
    Causes Diseases and How It Is Mastered by the Brain," *Progress in Neurobiology* 156
    (September 2017): 164–88, https://doi.org/10.1016/j.pneurobio.2017.05.004.

4   Alexandra Crosswell, Stefanie Mayer, Lauren Whitehurst, Sheyda Zebarjadian, Martin
    Picard, and Elissa Epel, "Deep Rest: An Integrative Model of How Contemplative
    Practices Enhance the Body's Restorative Capacity"(under review).

5   Jos F. Brosschot, Bart Verkuil, and Julian F. Thayer, "Generalized Unsafety Theory of
    Stress: Unsafe Environments and Conditions, and the Default Stress Response," in
    "Stress and Health," ed. Mark Cropley, Birgitta Gatersleben, and Stefan Sütterlin,
    special issue, *International Journal of Environmental Research and Public Health* 15,
    no. 3 (March 7, 2018): 464,
    https://doi.org/10.3390/ijerph15030464.

6   His Holiness the Dalai Lama, "Mind and Life Conversation: Embracing Hope, Courage,
    and Compassion in Times of Crisis," interview by Elissa Epel and Michelle Shiota,

moderated by John Dunne, Mind and Life Institute, December 8, 2021, 1:18:01,
www.mindandlife.org/event/embracing-hope-courage-and-compassion/.

PART 01
일이란 어긋나기 마련이다

1   Natalia Bobba-Alves et al. "Chronic Glucocorticoid Stress Reveals Increased Energy
    Expenditure and Accelerated Aging as Cellular Features of Allostatic Load," *BioRxiv*
    (2022), https:// doi.org/10.1101/2022.02.22.481548.

2   Archy O. de Berker, Robb B. Rutledge, Christoph Mathys, Louise Marshall, Gemma
    F. Cross, Raymond J. Dolan, and Sven Bestmann, "Computations of Uncertainty
    Mediate Acute Stress Responses in Humans," *Nature Communications* 7 (March 29,
    2016): 10996, https://doi.org/10.1038/ncomms10996.

3   Dilek Celik, Emre H. Alpay, Betul Celebi, and Aras Turkali, "Intolerance of Uncertainty,
    Rumination, Post-Traumatic Stress Symptoms and Aggression during COVID-19: A
    Serial Mediation Model," *European Journal of Psychotraumatology* 12, no. 1 (August
    13, 2021): 1953790, https://doi.org/10.1080/20008198.2021.1953790.

4   Yuanyuan Gu, Simeng Gu, Yi Lei, and Hong Li, "From Uncertainty to Anxiety:
    How Uncertainty Fuels Anxiety in a Process Mediated by Intolerance of Uncertainty,"
    in "Stress Induced Neuroplasticity and Mental Disorders 2020," ed. Fang Pan, Lee
    Shapiro, and Jason H. Huang, special issue, *Neural Plasticity* 2020 (October 1, 2020):
    8866386, https://doi.org/10.1155/2020/8866386

5   Jessica C. Jimenez, Katy Su, Alexander R. Goldberg, Victor M. Luna, Jeremy S. Biane,
    Gokhan Ordek, Pengcheng Zhou et al., "Anxiety Cells in a Hippocampal- Hypothalamic
    Circuit," *Neuron* 97, no. 3 (February 7, 2018):670–83.e6,
    https:// doi.org/10.1016/j.neuron.2018.01.016..

6   Marc-Lluís Vives and Oriel FeldmanHall, "Tolerance to Ambiguous Uncertainty
    Predicts Prosocial Behavior," *Nature Communications* 9 (June 12, 2018): 2156,
    https:// doi.org/10.1038/s41467- 018- 04631-9.

7   Jeroen M. van Baar, David J. Halpern, and Oriel FeldmanHall, "Intolerance of
    Uncertainty Modulates Brain-to-Brain Synchrony during Politically Polarized
    Perception, *Proceedings of the National Academy of Sciences* 118, no. 20 (May 13,
    2021): e2022491118, https://doi.org/10.1073/pnas.2022491118.

8   Andreas B. Neubauer, Joshua M. Smyth, and Martin J. Sliwinski, "When You See It
    Coming: Stressor Anticipation Modulates Stress Effects on Negative Affect," *Emotion*
    18, no. 3 (April 2018): 342–54, https://doi.org/10.1037/emo0000381.

9   Kirstin Aschbacher, Aoife O'Donovan, Owen M. Wolkowitz, Firdaus S. Dhabhar, Yali Su, and Elissa Epel, "Good Stress, Bad Stress and Oxidative Stress: Insights from Anticipatory Cortisol Reactivity," *Psychoneuroendocrinology* 38, no. 9 (September 2013): 1698–708, https://doi.org/10.1016/j.psyneuen.2013.02.004.

10   Roxane Cohen Silver, E. Alison Holman, and Dana Rose Garfin. "Coping with Cascading Collective Traumas in the United States," *Nature Human Behavior* 5, no. 1 (January 2021): 4–6, https://doi.org/10.1038/s41562-020-00981-x.

11   Roxane Cohen Silver, E. Alison Holman, Judith Pizarro Andersen, Michael Poulin, Daniel N. McIntosh, and Virginia Gil-Rivas, "Mental-and Physical-Health Effects of Acute Exposure to Media Images of the September 11, 2001, Attacks and the Iraq War," *Psychological Science* 24, no. 9 (September 2013):1623–34, https:// doi.org/10.1177/0956797612460406.

PART 02
내 삶의 진정한 통제력 갖기

1   Stephanie A. Robinson and Margie E. Lachman, "Perceived Control and Aging: A Mini-Review and Directions for Future Research," *Gerontology* 63, no. 5 (August 2017): 435– 42, https:// doi.org/10.1159/000468540.

2   Shevaun D. Neupert, David M. Almeida, and Susan Turk Charles, "Age Differences in Reactivity to Daily Stressors: The Role of Personal Control," *Journals of Gerontology: Series B* 62, no. 4 (July 2007): P216–25, https://doi.org/10.1093/geronb/62.4.p216.

3   Laura L. Carstensen, Yochai Z. Shavit, and Jessica T. Barnes, "Age Advantages in Emotional Experience Persist Even under Threat from the COVID- 19 Pandemic," *Psychological Science* 31, no. 11 (November 2020): 1374–1385, https:// doi.org/10.1177/0956797620967261.

4   Carol A. Shively and Stephen M. Day, "Social Inequalities in Health in Nonhuman Primates," *Neurobiology of Stress* 1 (January 2015): 156–63, https://doi.org/10.1016/j.ynstr.2014.11.005.

5   Jay R. Kaplan, Haiying Chen, and Stephen B. Manuck, "The Relationship between Social Status and Atherosclerosis in Male and Female Monkeys as Revealed by Meta-analysis," in "Special Issue on Nonhuman Primate Models of Women's Health," ed. Carol A. Shively and Thomas B. Clarkson, *American Journal of Primatology* 71, no. 9 (September 2009): 732–41, https://doi.org/10.1002/ajp.20707.

6   Janice K. Kiecolt-Glaser, Phillip T. Marucha, W. B. Malarkey, Ana M. Mercado, and

Ronald Glaser, "Slowing of Wound Healing by Psychological Stress," *The Lancet* 346, no. 8984 (November 4, 1995): 1194–96, https://doi.org/10.1016/S0140- 6736(95)92899-5.

7   Saher Hoda Kamil and Dawn I. Velligan, "Caregivers of Individuals with Schizophrenia: Who Are They and What Are Their Challenges?," *Current Opinion in Psychiatry* 43, no. 3 (May 2019): 157–63, https://doi.org/10.1097/YCO.0000000000000492.

8   Anna Sjörs Dahlman, Ingibjörg H.Jonsdottir, and Caroline Hansson, "The Hypothalamo-pituitary-adrenal Axis and the Autonomic Nervous System in Burnout," in "The Human Hypothalamus: Neuropsychiatric Disorders," ed. Dick F. Swaab, Ruud M. Buijs, Felix Kreier, Paul J. Lucassen, and Ahmad Salehi, *Handbook of Clinical Neurology* 182 (2021): 83–94, https://doi.org/10.1016/B978- 0-12-819973- 2.00006-X.

9   Christina Maslach and Michael P. Leiter, *The Burnout Challenge: Managing People's Relationships with Their Jobs* (Cambridge, MA: Harvard University Press, 2022).

10   Annie Dillard, *The Writing Life* (New York: HarperCollins, 1989)

11   Hsiao-Wen Liao and Laura L. Carstensen, "Future Time Perspective: Time Horizons and Beyond," in "Future Time Perspectives," special issue, *GeroPsych* 31, no. 3 (September 2018): 163– 67, https://doi.org/10.1024/1662-9647/a000194.

12   Marsha M. Linehan, *DBT Skills Training Mannual*, 2nd ed. (New York: Guilford Publications, 2015). DBT, or Dialectical Behavioral Therapy, includes the practices of Radical Acceptance.

13   Alexandra D. Crosswell, Michael Coccia, and Elissa S. Epel, "Mind Wandering and Stress: When You Don't Like the Present Moment," *Emotion* 20, no.3 (April 2020): 403– 12, https:// doi.org/10.1037/emo0000548.

14   Elissa S. Epel, Eli Puterman, Jue Lin, Elizabeth Blackburn, Alanie Lazaro, and Wendy Berry Mendes, "Wandering Minds and Aging Cells," *Clinical Psychological Science* 1, no. 1 (January 2013): 75–83, https://doi.org/10.1177/2167702612460234.

15   Steven Hayes and Spencer Smith, *Get out of Your Mind and into Your Life: The New Acceptance and Commitment Therapy* (Oakland, CA: New Harbinger Publications, 2015).

16   Emily K. Lindsay, ShinzenYoung, Joshua M. Smyth, Kirk Warren Brown, and J. David Creswell, "Acceptance Lowers Stress Reactivity: Dismantling Mindfulness Training in a Randomized Controlled Trial," *Psychoneuroendocrinology* 87 (January 2018): 63– 73, https://doi.org/10.1016/j.psyneuen.2017.09.015.

17   Emily K. Lindsay, Brian Chin, Carol M. Greco, Shinzen Young, Kirk W. Brown, Aidan G. C. Wright, Joshua M. Smyth, Deanna Burkett, and J. David Creswell, "How Mindfulness Training Promotes Positive Emotions: Dismantling Acceptance Skills Training in Two

Randomized Controlled Trials," *Journal of Personality and Social Psychology* 115, no. 6 (December 2018):944–73, https:// doi.org/10.1037/pspa0000134.

18   Nora Görg, Kathlen Priebe, Jan R. Böhnke, Regina Steil, Anne S. Dyer, and Nikolaus Kleindienst, "Trauma-Related Emotions and Radical Acceptance in Dialectical Behavior Therapy for Posttraumatic Stress Disorder after Childhood Sexual Abuse," *Borderline Personality Disorder and Emotion Dysregulation* 4 (July 13, 2017): 15, https:// doi.org/10.1186/s40479-017-0065-5; and Jenny Thorsell Cederberg, Martin Cernvall, JoAnne Dahl, Louise von Essen, and Gustaf Ljungman, "Acceptance as a Mediator for Change in Acceptance and Commitment Therapy for Persons with Chronic Pain?," *International Journal of Behavioral Medicine* 23, no. 1 (February 2016): 21–29, https:// doi.org/10.1007/s12529- 015- 9494-y.

PART 03

회피할까, 정복할까

1   Elissa S. Epel, Alexandra D. Crosswell, Stefanie E. Mayer, Aric A. Prather, George M. Slavich, Eli Puterman, and Wendy Berry Mendes, "More Than a Feeling: A Unified View of Stress Measurement for Population Science," *Frontiers in Neuroendocrinology* 49 (April 2018): 146–69, https://doi.org/10.1016/j.yfrne.2018.03.001.

2   Stefanie E. Mayer, Agus Surachman, Aric A. Prather, Eli Puterman, Kevin L. Delucchi, Michael R. Irwin, Andrea Danese, David M. Almeida, and Elissa S. Epel, "The Long Shadow of Childhood Trauma for Depression in Midlife: Examining Daily Psychological Stress Processes as a Persistent Risk Pathway," *Psychological Medicine* (March 26, 2021): 1–10, https://doi.org/10.1017/S0033291721000921.

3   Joanna Guan, Elaz Ahmadi, Bresh Merino, Lindsay Fox, K. Miller, J. Kim, and Stefanie Mayer. "Developing Stress Resilience in Everyday Life Examining Stress Appraisal Effects of an Ecological Mindfulness Intervention Developed for Midlife Women with a History of Early Life Adversity."(Poster presentation online at the 7th International Symposium on Resilience Research, International Resilience Alliance Intresa, September 2021).

4   Elissa Epel, Jennifer Daubenmier, Judith Tedlie Moskowitz, Susan Folkman, and Elizabeth Blackburn, "Can Meditation Slow Rate of Cellular Aging? Cognitive Stress, Mindfulness, and Telomeres," *Annals of the New York Academy of Sciences* 1172, no. 1 (August 2009): 34–53, https://doi.org/10.1111/j.1749-6632.2009.04414.x; and Aoife O'Donovan, A. Janet Tomiyama, Jue Lin, Eli Puterman, Nancy E. Adler, Margaret Kemeny, Owen M. Wolkowitz, Elizabeth H. Blackburn, and Elissa S. Epel, "Stress

Appraisals and Cellular Aging: A Key Role for Anticipatory Threat in the Relationship between Psychological Stress and Telomere Length," *Brain, Behavior, and Immunity* 26, no. 4 (May 2012): 573– 79, https:// doi.org/10.1016/j.bbi.2012.01.007.

5   Jeremy P. Jamieson, Matthew K. Nock, and Wendy Berry Mendes, "Mind over Matter: Reappraising Arousal Improves Cardiovascular and Cognitive Responses to Stress," *Journal of Experimental Psychology: General* 141, no. 3(August 2012): 417– 22, https:// doi.org/10.1037/a0025719.

6   Jeremy P. Jamieson, Wendy Berry Mendes, Erin Blackstock, and Toni Schmader, "Turning the Knots in Your Stomach into Bows: Reappraising Arousal Improves Performance on the GRE," *Journal of Experimental Social Psychology* 46, no. 1 (January 2010): 208– 12, https://doi.org/10.1016/j.jesp.2009.08.015.

7   Alia J. Crum, Peter Salovey, and Shawn Achor, "Rethinking Stress: The Role of Mindsets in Determining the Stress Response," *Journal of Personality and Social Psychology* 104, no. 4 (April 2013): 716–33, https://doi.org/10.1037/a0031201. Items shown are adapted from Dr. Crum's Stress Mindset Measure.

8   Dena M. Bravata, Sharon A. Watts, Autumn L. Keefer, Divya K. Madhusudhan, Katie T. Taylor, Dani M. Clark, Ross S. Nelson, Kevin O. Cokley, and Heather K. Hagg. "Prevalence, Predictors, and Treatment of Impostor Syndrome: A Systematic Review," *Journal of General Internal Medicine* 35, no.4 (April 2020): 1252– 75, https:// doi.org/10.1007/s11606-019-05364-1.

9   Mirjam Neureiter and Eva Traut-Mattausch, "An Inner Barrier to Career Development: Preconditions of the Impostor Phenomenon and Consequences for Career Development." *Frontiers in Psychology* 7 (February 2016): 48, https://doi.org/10.3389/fpsyg.2016.00048.

10   Patricia K. Leach, Rachel M. Nygaard, Jeffrey G. Chipman, Melissa E.Brunsvold, and Ashley P. Marek, "Impostor Phenomenon and Burnout in General Surgeons and General Surgery Residents," *Journal of Surgical Education* 76, no. 1 (2019): 99–106.

11   Özlem Ayduk and Ethan Kross, "From a Distance: Implications of Spontaneous Self- Distancing for Adaptive Self- Reflection," *Journal of Personality and Social Psychology* 98, no. 5 (May 2010): 809–29, https://doi.org/10.1037/a0019205.

12   Jenny J. W. Liu, Natalie Ein, Julia Gervasio, and Kristin Vickers, "The Efficacy of Stress Reappraisal Interventions on Stress Responsivity: A Metaanalysis and Systematic Review of Existing Evidence," *PLoS One* 14, no. 2(February 2019): e0212854, https:// doi.org/10.1371/journal.pone.0212854.

13   Jennifer Daubenmier, Elissa S. Epel, Patricia J. Moran, Jason Thompson, Ashley E. Mason, Michael Acree, Veronica Goldman, et al. "A Randomized Controlled Trial of a Mindfulness-Based Weight Loss Intervention on Cardiovascular Reactivity to Social-Evaluative Threat Among Adults with Obesity." *Mindfulness* vol. 10,12 (2019): 2583–2595. doi:10.1007/s12671-019-01232-5.

14   Kevin Love, "NBA's Kevin Love: Championing Mental Health for Everyone," Commonwealth Club, January 19, 2021, video, 1:07:31, January 27, 2021, https://www.commonwealthclub.org/events/archive/video/nbas-kevin-love-championing-mental-health-everyone.

15   Kevin Love, "Everyone Is Going through Something," *The Players' Tribune*, March 6, 2018, https://www.theplayerstribune.com/articles/kevin-love-everyone-is-going-through-something.

16   Geoffrey L. Cohen and David K. Sherman, "The Psychology of Change: Self Affirmation and Social Psychological Intervention," *Annual Review of Psychology* 65 (January 2014): 333– 71, https:// doi.org/10.1146/annurev-psych-010213-115137.

17   Arghavan Salles, Claudia M. Mueller, and Geoffrey L. Cohen, "A Values Affirmation Intervention to Improve Female Residents' Surgical Performance," *Journal of Graduate Medical Education* 8, no. 3 (July 2016): 378–83, https:// doi.org/10.4300/JGME-D-15-00214.1; and J. Parker Goyer, Julio Garcia, Valerie Purdie-Vaughns, Kevin R. Binning, Jonathan E. Cook, Stephanie L. Reeves, Nancy Apfel, Suzanne Taborsky-Barba, David K. Sherman, and Geoffrey L. Cohen. "Self-Affirmation Facilitates Minority Middle Schoolers' Progress along College Trajectories," *Proceedings of the National Academy of Sciences of the United States of America* 114, no. 29 (July 2017):7594– 99, https:// doi.org/10.1073/pnas.1617923114.

18   J. David Creswell, Suman Lam, Annette L. Stanton, Shelley E. Taylor, Julienne E. Bower, and David K. Sherman. "Does Self-Affirmation, Cognitive Processing, or Discovery of Meaning Explain Cancer-Related Health Benefits of Expressive Writing?," *Personal and Social Psychology Bulletin* 33, no. 2 (February 2007): 238– 50, https:// doi. org/10.1177/0146167206294412.

19   Cohen and Sherman, "The Psychology of Change."

20   "Giving Purpose," www.givingpurpose.org/.

PART 04
회복탄력성 기르기

1   Elissa S. Epel, "The Geroscience Agenda: Toxic Stress, Hormetic Stress, and the Rate of Aging," *Ageing Research Reviews* 63 (November 2020): 101167, https:// doi.org/10.1016/j.arr.2020.101167.

2   Caroline Kumsta, Jessica T. Chang, Jessica Schmalz, and Malene Hansen, "Hormetic

Heat Stress and HSF-1 Induce Autophagy to Improve Survival and Proteostasis in C. elegans," *Nature Communications* 8 (February 15, 2017): 14337, https:// doi. org/10.1038/ncomms14337.

3   David G. Weissman and Wendy Berry Mendes, "Correlation of Sympathetic and Parasympathetic Nervous System Activity during Rest and Acute Stress Tasks," *International Journal of Psychophysiology* 162 (April 2021):60–68, https:// doi.org/10.1016/j.ijpsycho.2021.01.015.

4   Elissa S. Epel, Bruce S. McEwen, and Jeannette R. Ickovics, "Embodying Psychological Thriving: Physical Thriving in Response to Stress," *Journal of Social Issues* 54, no. 2 (Summer 1998): 301–22, https://doi.org/10.1111/0022- 4537.671998067.

5   Manuel Mücke, Sebastian Ludyga, Flora Colledge, and Markus Gerber, "Influence of Regular Physical Activity and Fitness on Stress Reactivity as Measured with the Trier Social Stress Test Protocol: A Systematic Review," *Sports Medicine* 48, no. 11 (November 2018): 2607–22, https://doi.org/10.1007/s40279-018-0979-0.

6   Ethan L. Ostrom, Savannah R. Berry, and Tinna Traustadóttir, "Effects of Exercise Training on Redox Stress Resilience in Young and Older Adults," *Advances in Redox Research* 2 (July 2021): 10007, https://doi.org/10.1016/j.arres.2021.100007.

7   Benjamin A. Hives, E. Jean Buckler, Jordan Weiss, Samantha Schilf, Kirsten L. Johansen, Elissa S. Epel, and Eli Puterman, "The Effects of Aerobic Exercise on Psychological Functioning in Family Caregivers: Secondary Analyses of a Randomized Controlled Trial," *Annals of Behavioral Medicine* 55, no. 1 (January 2021): 65–76, https:// doi.org/10.1093/abm/kaaa031.

8   Hives et al., "The Effects of Aerobic Exercise on Psychological Functioning."

9   Eli Puterman, Jordan Weiss, Jue Lin, Samantha Schilf, Aaron L. Slusher, Kirsten L. Johansen, and Elissa S. Epel. "Aerobic Exercise Lengthens Telomeres and Reduces Stress in Family Caregivers: A Randomized Controlled Trial—Curt Richter Award Paper 2018," *Psychoneuroendocrinology* 98 (December 2018): 245– 52, https:// doi. org/10.1016/j.psyneuen.2018.08.002.

10   Matthijs Kox, Monique Stoffels, Sanne P. Smeekens, Nens van Alfen, Marc Gomes, Thijs M. H. Eijsvogels, Maria T. E. Hopman, Johannes G. van der Hoeven, Mihai G. Netea, and Peter Pickkers, "The Influence of Concentration/Meditation on Autonomic Nervous System Activity and the Innate Immune Response: A Case Study," *Psychosomatic Medicine* 74, no. 5 (June 2012): 489– 94, https:// doi.org/10.1097/PSY.0b013e3182583c6d.

11   Matthijs Kox, Lucas T. van Eijk, Jelle Zwaag, Joanne van den Wildenberg, Fred C. G. J. Sweep, Johannes G. van der Hoeven, and Peter Pickkers, "Voluntary Activation of the Sympathetic Nervous System and Attenuation of the Innate Immune Response in

Humans," *Proceedings of the National Academy of Sciences of the United States of America* 111, no. 20 (May 20, 2014): 7379–84, https:// doi.org/10.1073/pnas.1322174111.

12   G. A. Buijze, H. M. Y. De Jong, M. Kox, M. G. van de Sande, D. Van Schaardenburg, R. M. Van Vugt, C. D. Popa, P. Pickkers, and D. L. P. Baeten, "An Add-On Training Program Involving Breathing Exercises, Cold Exposure, and Meditation Attenuates Inflammation and Disease Activity in Axial Spondyloarthritis—a Proof of Concept Trial," *PLoS ONE* 14, no. 12 (December 2, 2019): e0225749, https:// doi.org/10.1371/ journal.pone.0225749.

13   Rhonda P. Patrick and Teresa L. Johnson, "Sauna Use as a Lifestyle Practice to Extend Healthspan," *Experimental Gerontology* 154 (October 15, 2021): 111509, https:// doi.org/10.1016/j.exger.2021.111509.

14   Maciel Alencar Bruxel, Angela Maria Vicente Tavares, Luiz Domingues Zavarize Neto, Victor de Souza Borges, Helena Trevisan Schroeder, Patricia Martins Bock, Maria Inês Lavina Rodrigues, Adriane Belló-Klein, and Paulo Ivo Homem de Bittencourt Jr., "Chronic Whole-Body Heat Treatment Relieves Atherosclerotic Lesions, Cardiovascular and Metabolic Abnormalities, and Enhances Survival Time Restoring the Anti-inflammatory and Anti-senescent Heat Shock Response in Mice," *Biochimie* 156 (January 2019): 33– 46, https:// doi.org/10.1016/j.biochi.2018.09.011.

15   Kay-U. Hanusch and Clemens W. Janssen, "The Impact of Whole-Body Hyperthermia Interventions on Mood and Depression—Are We Ready for Recommendations for Clinical Application?," *International Journal of Hyperthermia* 36, no. 1 (2019): 573– 81, https:// doi.org/10.1080/02656736.2019.1612103.

16   Clemens W. Janssen, Christopher A. Lowry, Matthias R. Mehl, John J. B. Allen, Kimberly L. Kelly, Danielle E. Gartner, Charles L. Raison et al., "Whole-Body Hyperthermia for the Treatment of Major Depressive Disorder: A Randomized Clinical Trial," *JAMA Psychiatry* 73, no. 8 (August 1, 2016): 789–95, https:// doi.org/10.1001/jamapsychiatry.2016.1031.

17   Ashley E. Mason, Sarah M. Fisher, Anoushka Chowdhary, Ekaterina Guvva, Danou Veasna, Erin Floyd, Sean B. Fender, and Charles Raison, "Feasibility and Acceptability of a Whole-Body Hyperthermia (WBH) Protocol," *International Journal of Hyperthermia* 38, no. 1 (2021): 1529–35.

PART 05

블루 마인드에 도달하기

1   The figures cited are from a YouGov survey of 4,382 UK adults (aged eighteen and up), May 2020, by the UK's Mental Health Foundation, which then released this helpful guide on using nature for wellness: https://www .mentalhealth.org.uk/campaigns/thriving-with-nature/guide.

2   Sarai Pouso, Ángel Borja, Lora E. Fleming, Erik Gómez-Baggethun, Mathew P. White, and María C. Uyarra, "Contact with Blue-Green Spaces during the COVID-19 Pandemic Lockdown Beneficial for Mental Health," *Science of the Total Environment* 756 (February 20, 2021): 143984, https://doi.org/10.1016/j.scitotenv.2020.143984.

3   Timothy D. Wilson, David A. Reinhard, Erin C. Westgate, Daniel T. Gilbert, Nicole Ellerbeck, Cheryl Hahn, Casey L. Brown, and Adi Shaked, "Just Think: The Challenges of the Disengaged Mind," *Science* 345, no. 6192 (July 4, 2014): 75– 77, https:// doi.org/10.1126/science.1250830.

4   William J. Brady, M. J. Crockett, and Jay J. Van Bavel, "The MAD Model of Moral Contagion: The Role of Motivation, Attention, and Design in the Spread of Moralized Content Online," *Perspectives on Psychological Science* 15, no. 4 (July 2020): 978– 1010, https:// doi.org/10.1177/1745691620917336.

5   Jeremy B. Merrill and Will Oremus, "Five Points for Anger, One for a 'Like': How Facebook's Formula Fostered Rage and Misinformation," *Washington Post*, October 26, 2021.

6   Sally C. Curtin, *State Suicide Rates among Adolescents and Young Adults Aged 10–24: United States*, 2000–2018, *National Vital Statistics Reports* 69, no. 11 (Hyattsville, MD: National Center for Health Statistics, 2020), 10, https:// www.cdc.gov/nchs/data/nvsr/nvsr69/nvsr-69-11-508.pdf.

7   Florian Lederbogen, Peter Kirsch, Leila Haddad, Fabian Streit, Heike Tost, Philipp Schuch, Andreas Meyer-Lindenberg et al., "City Living and Urban Upbringing Affect Neural Social Stress Processing in Humans," *Nature* 474, no. 7352 (Jun 23, 2011): 498– 501, https:// doi.org/10.1038/nature10190.

8   Łukasz Nicewicz, Agata W. Nicewicz, Alina Kafel, and Mirosław Nakonieczny, "Set of Stress Biomarkers as a Practical Tool in the Assessment of Multistress Effect Using Honeybees from Urban and Rural Areas as a Model Organism: A Pilot Study, *Environmental Science and Pollution Research* 28, no. 8 (February 2021): 9084– 96, https:// doi.org/10.1007/s11356-020-11338-2.

9   Michele Antonelli, Davide Donelli, Lucrezia Carlone, Valentina Maggini, Fabio Firenzuoli, and Emanuela Bedeschi, "Effects of Forest Bathing (Shinrinyoku) on Individual Well-Being: An Umbrella Review," *International Journal of Environmental*

Health Research (April 28, 2021): 1–26, https://doi.org/10.1080/09603123.2021.1919293; and Yuki Ideno, Kunihiko Hayashi, Yukina Abe, Kayo Ueda, Hiroyasu Iso, Mitsuhiko Noda, Jung-Su Lee, and Shosuke Suzuki, "Blood Pressure-Lowering Effect of Shinrin-yoku (Forest Bathing): A Systematic Review and Meta-analysis," *BMC Complementary and Alternative Medicine* 17, no. 1 (August 16, 2017): 409, https://doi.org/10.1186/s12906- 017- 1912-z.

10   E. R. Jayaratne, X. Ling, and L. Morawska, "Role of Vegetation in Enhancing Radon Concentration and Ion Production in the Atmosphere," *Environmental Science & Technology* 45, no. 15 (August 1, 2011): 6350–55, https://doi.org/10.1021/es201152g.

11   Tae-Hoon Kim, Gwang-Woo Jeong, Han-Su Baek, Gwang-Won Kim, Thirunavukkarasu Sundaram, Heoung-Keun Kang, Seung-Won Lee, Hyung-Joong Kim, and Jin-Kyu Song, "Human Brain Activation in Response to Visual Stimulation with Rural and Urban Scenery Pictures: A Functional Magnetic Resonance Imaging Study," *Science of the Total Environment* 408, no. 12 (May 15, 2010): 2600–607, https://doi.org/10.1016/j.scitotenv.2010.02.025; and Simone Grassini, Antti Revonsuo, Serena Castellotti, Irene Petrizzo, Viola Benedetti, and Mika Koivisto, "Processing of Natural Scenery Is Associated with Lower Attentional and Cognitive Load Compared with Urban Ones," *Journal of Environmental Psychology* 62 (April 2019): 1–11, https:// doi.org/10.1016/j.jenvp.2019.01.007.

12   Pooja Sahni and Jyoti Kumar, "Effect of Nature Experience on Frontoparietal Correlates of Neurocognitive Processes Involved in Directed Attention: An ERP Study," *Annals of Neurosciences* 27, no. 3–4 (July 2020): 136–47, https:// doi.org/10.1177/0972753121990143.

13   Justin S. Feinstein, Sahib S. Khalsa, Hung Yeh, Obada Al Zoubi, Armen C. Arevian, Colleen Wohlrab, Martin P. Paulus et al., "The Elicitation of Relaxation and Interoceptive Awareness Using Floatation Therapy in Individuals with High Anxiety Sensitivity," *Biological Psychiatry: Cognitive Neuroscience and Neuroimaging* 3, no. 6 (June 2018): 555–62, https://doi.org/10.1016/j.bpsc.2018.02.005; and Justin S. Feinstein, Sahib S. Khalsa, Hung-Wen Yeh, Colleen Wohlrab, W. Kyle Simmons, Murray B. Stein, and Martin P. Paulus, "Examining the Short-Term Anxiolytic and Antidepressant Effect of Floatation-REST," *PLoS One* 13, no. 2 (February 2, 2018):e0190292, https:// doi.org/10.1371/journal.pone.0190292.

14   Virginia Sturm, Samir Datta, Ashlin Roy, Isabel Sible, Eena Kosik, Christina Veziris, Tiffany E. Chow et al., "Big Smile, Small Self: Awe Walks Promote Prosocial Positive Emotions in Older Adults," *Emotion* (September 21, 2020)[Epub ahead of print]. doi: 10.1037/emo0000876: http://dx.doi.org/10.1037/emo0000876.

15   "Stress & Resilience with Elissa Epel and Dacher Keltner," *City Arts & Lectures*, KQED, May 11, 2021, 1:06:09, www.cityarts.net/event/stress-resilience/.

16   Michelle C. Kondo, Jaime M. Fluehr, Thomas McKeon, and Charles C. Branas, "Urban Green Space and Its Impact on Human Health," *International Journal of Environmental Research and Public Health* 15, no. 3 (March 2018):445, https:// doi.org/10.3390/ijerph15030445.

17   Gert-Jan Vanaken and Marina Danckaerts, "Impact of Green Space Exposure on Children's and Adolescents' Mental Health: A Systematic Review," *International Journal of Environmental Research and Public Health* 5, no. 12 (December 2018): 2668, https:// doi.org/10.3390/ijerph15122668.

18   Jean Woo et al. "Green Space, Psychological Restoration, and Telomere Length." *The Lancet* 373, no. 9660 (January 2009): 299–300, https://doi.org/10.1016/S0140-6736(09)60094-5.

19   Noëlie Molbert, Frédéric Angelier, Fabrice Alliot, Cécile Ribout, and Aurélie Goutte, "Fish from Urban Rivers and with High Pollutant Levels Have Shorter Telomeres," *Biology Letters* 17, no. 1 (January 2021): 20200819, https:// doi.org/10.1098/rsbl.2020.0819.

20   Juan Diego Ibáñez- Álamo, Javier Pineda- Pampliega, Robert L. Thomson, José I. Aguirre, Alazne Díez-Fernández, Bruno Faivre, Figuerola, and Simon Verhulst, "Urban Blackbirds Have Shorter Telomeres," *Biology Letters* 14, no. 3 (March 2018): 20180083, https://org/10.1098/rsbl.2018.0083.

21   Mark Coleman, *Awake in the Wild: Mindfulness in Nature as a Path of Self-Discovery* (Maui, HI: Inner Ocean Publishing, 2006)

22   Thich Nhat Hanh, *Peace Is Every Step* (New York: Bantam Books, 1992).

23   Brian Cooke and Edzard Ernst, "Aromatherapy: A Systematic Review," *British Journal of General Practice* 50, no. 455 (June 2000): 493–96, https://bjgp.org/content/50/455/493.long; and Hyun-Ju Kang, Eun Sook Nam, Yongmi Lee, and Myoungsuk Kim, "How Strong Is the Evidence for the Anxiolytic Efficacy of Lavender?: Systematic Review and Meta-analysis of Randomized Controlled Trials," *Asian Nursing Research* 13, no. 5 (December 2019):295–305, https://doi.org/10.1016/j.anr.2019.11.003.

24   Timothy K. H. Fung, Benson W. M. Lau, Shirley P. C. Ngai, and Hector W. H. Tsang, "Therapeutic Effect and Mechanisms of Essential Oils in Mood Disorders: Interaction between the Nervous and Respiratory Systems," *International Journal of Molecular Sciences* 22, no. 9 (May 1, 2021): 4844, https:// doi.org/10.3390/ijms22094844.

25   John Muir, *Our National Parks* (San Francisco: Sierra Club Books, 1991).

26 |Shigehiro Oishi, Thomas Talhelm, and Minha Lee, "Personality and Geography: Introverts Prefer Mountains," *Journal of Research in Personality* 58(October 2015): 55–68, https:// doi.org/10.1016/j.jrp.2015.07.001.

PART 06
가짜 휴식 vs. 진짜 휴식

1   James Nestor, Breath: *The New Science of a Lost Art* (New York: Riverhead Books, 2020).

2   Lisa Feldman Barrett, "The Theory of Constructed Emotion: An Active Inference Account of Interoception and Categorization," *Social Cognitive and Affective Neuroscience* 12, no. 1 (January 2017): 1–23, https://doi.org/10.1093/scan/nsw154.

3   E. S. Epel, E. Puterman, J. Lin, E. H. Blackburn, P. Y. Lum, N. D. Beckmann, E. E. Schadt et al., "Meditation and Vacation Effects Have an Impact on Disease- Associated Molecular Phenotypes," *Translational Psychiatry* 6, no. 8 (August 2016): e880, https:// doi.org/10.1038/tp.2016.164.

4   Shannon Harvey, *My Year of Living Mindfully* (Sydney: Hachette Australia, 2020).

5   Stefanie E. Mayer, Agus Surachman, Aric A. Prather, Eli Puterman, Kevin L. Delucchi, Michael R. Irwin, Andrea Danese, David M. Almeida, and Elissa S. Epel, "The Long Shadow of Childhood Trauma for Depression in Midlife: Examining Daily Psychological Stress Processes as a Persistent Risk Pathway," *Psychological Medicine* (March 26, 2021): 1–10, https://doi.org/10.1017/S0033291721000921.

6   Xiaoli Chen, Rui Wang, Phyllis Zee, Pamela L. Lutsey, Sogol Javaheri, Carmela Alcántara, Chandra L. Jackson, Michelle A. Williams, and Susan Redline, "Racial/ Ethnic Differences in Sleep Disturbances: The Multi-ethnic Study of Atherosclerosis (MESA)," *Sleep* 38, no. 6 (June 1, 2015): 877–88, https:// doi.org/10.5665/sleep.4732.

7   Tricia Hersey, *Rest Is Resistance: A Manifesto* (New York: Little, Brown Spark, 2022).

8   Nestor, *Breath*.

9   Patrick McKeown, *The Breathing Cure: Develop New Habits for a Healthier, Happier, and Longer Life* (New York: Humanix Books, 2021).

10   Andrea Zaccaro, Andrea Piarulli, Marco Laurino, Erika Garbella, Danilo Menicucci, Bruno Neri, and Angelo Gemignani, "How Breath-Control Can Change Your Life: A Systematic Review on Psycho-physiological Correlates of Slow Breathing," *Frontiers in Human Neuroscience* 12 (September 7, 2018): 353, https:// doi.org/10.3389/fnhum.2018.00353.

11   Mikołaj Tytus Szulczewski, "An Anti-hyperventilation Instruction Decreases the Drop in End-Tidal CO2 and Symptoms of Hyperventilation during Breathing at 0.1 Hz," *Applied Psychophysiology and Biofeedback* 44, no. 3 (September 2019): 247– 56, https:// doi.org/10.1007/s10484-019-09438-y; Paul Lehrer, E. Vaschillo, and Bronya Vaschillo, "Resonant Frequency Biofeedback Training to Increase Cardiac Variability:

Rationale and Manual for Training," *Applied Psychophysiology and Biofeedback* 25, no. 3 (2000): 177–191.

12   Juliana M. B. Khoury, Margo C. Watt, and Kim MacLean, "Anxiety Sensitivity Mediates Relations between Mental Distress Symptoms and Medical Care Utilization during COVID-19 Pandemic," *International Journal of Cognitive Therapy* 14, no. 3 (September 2021): 515–36, https://doi.org/10.1007/s41811- 021- 00113-x.

13   Alicia E. Meuret, Frank H. Wilhelm, Thomas Ritz, and Walton T. Roth, "Feedback of End- Tidal pCO2 as a Therapeutic Approach for Panic Disorder," *Journal of Psychiatric Research* 42, no. 7 (June 2008): 560–68, https://doi.org/10.1016/j.jpsychires.2007.06.005.

PART 07
내 하루의 시작과 끝은 어떤 모습인가

1   Jennifer R. Piazza, Susan T. Charles, Martin J. Sliwinski, Jacqueline Mogle, and David M. Almeida, "Affective Reactivity to Daily Stressors and Long Term Risk of Reporting a Chronic Physical Health Condition," *Annals of Behavioral Medicine* 45, no. 1 (February 2013): 110–20, https://doi.org/10.1007/s12160-012-9423-0; and Daniel K. Mroczek, Robert S. Stawski, Nicholas A. Turiano, Wai Chan, David M. Almeida, Shevaun D. Neupert, and Avron Spiro III, "Emotional Reactivity and Mortality: Longitudinal Findings from the VA Normative Aging Study," *Journals of Gerontology: Series B* 70, no. 3 (May 2015): 398– 406. https:// doi.org/10.1093/geronb/gbt107.

2   K. Aschbacher, E. Epel, O. M. Wolkowitz, A. A. Prather, E. Puterman, and F. S. Dhabhar, "Maintenance of a Positive Outlook during Acute Stress Protects against Pro-inflammatory Reactivity and Future Depressive Symptoms," *Brain, Behavior, and Immunity* 26, no. 2 (February 2012): 346–52, https:// doi.org/10.1016/j.bbi.2011.10.010.

3   Judith T. Moskowitz, Elizabeth L. Addington, and Elaine O. Cheung, "Positive Psychology and Health: Well-Being Interventions in the Context of Illness," *General Hospital Psychiatry* 61 (November–December 2019): 136–38, https:// doi.org/10.1016/j.genhosppsych.2019.11.001.

4   Eric L. Garland, Barbara Fredrickson, Ann M. Kring, David P. Johnson, Piper S. Meyer, and David L. Penn, "Upward Spirals of Positive Emotions Counter Downward Spirals of Negativity: Insights from the Broaden-and-Build Theory and Affective Neuroscience on the Treatment of Emotion Dysfunctions and Deficits in Psychopathology," *Clinical Psychology Review* 30, no 7 (November 2010): 849– 64, https:// doi.org/10.1016/ j.cpr.2010.03.002.

5   Judith T. Moskowitz, Elaine O. Cheung, Karin E. Snowberg, Alice Verstaen, Jennifer Merrilees, John M. Salsman, and Glenna A. Dowling, "Randomized Controlled Trial of a Facilitated Online Positive Emotion Regulation Intervention for Dementia Caregivers," *Health Psychology* 38, no. 5 (May 2019): 391– 402, https:// doi. org/10.1037/hea0000680.

6   Barbara Fredrickson, "The Broaden-and-Build Theory of Positive Emo tions," *Philosophical Transactions of the Royal Society B* 359, no. 1449 (September 29, 2004): 1367– 78, https:// doi.org/10.1098/rstb.2004.1512.

7   Dusti R. Jones and Jennifer E. Graham-Engeland, "Positive Affect and Peripheral Inflammatory Markers among Adults: A Narrative Review," *Psychoneuroendocrinology* 123 (January 2021): 104892, https://doi.org/10.1016/j.psyneuen.2020.104892.

8   Sheldon Cohen, William J. Doyle, Ronald B. Turner, Cuneyt M. Alper, and David P. Skoner, "Emotional Style and Susceptibility to the Common Cold," *Psychosomatic Medicine* 65, no. 4 (July– August 2003): 652–57, https://doi.org/10.1097/01.psy.0000077508.57784.da.

9   Yujing Zhang and Buxin Han, "Positive Affect and Mortality Risk in Older Adults: A Meta- analysis," *Psychology Journal* 5, no. 2 (June 2016): 125–38, https:// doi. org/10.1002/pchj.129.

10 Tsoknyi Rinpoche, *Open Heart, Open Mind: Awakening the Power of Essence Love* (New York: Harmony Books, 2012). This book describes in more detail the Handshake with Emotion and other practices that promote inner joy.

11 Anthony D. Ong, Lizbeth Benson, Alex J. Zautra, and Nilam Ram, "Emodiversity and Biomarkers of Inflammation," Emotion 18, no. 1 (February 2018): 3–14, https:// doi. org/10.1037/emo0000343; and E. J. Urban-Wojcik, J. A. Mumford, D. M. Almeida, M. E. Lachman, C. D. Ryff, R. J. Davidson, and S. M. Schaefer, "Emodiversity, Health, and Well-Being in the Midlife in the United States (MIDUS) Daily Diary Study," *Emotion* (April 9, 2020): https:// doi.org/10.1037/emo0000753.

12 Inês M. Tavares, Hera E. Schlagintweit, Pedro J. Nobre, and Natalie O. Rosen, "Sexual Well-Being and Perceived Stress in Couples Transitioning to Parenthood: A Dyadic Analysis," *International Journal of Clinical and Health Psychology* 19, no. 3 (September 2019): 198–208, https://doi.org/10.1016/j.ijchp.2019.07.004.

13 |Andrea Burri and Ana Carvalheira, "Masturbatory Behavior in a Population Sample of German Women," *Journal of Sexual Medicine* 16, no. 7 (July 2019): 963– 74, https:// doi.org/10.1016/j.jsxm.2019.04.015.

14 Esther Perel, "Why Eroticism Should Be Part of Your Self-Care Plan," *Esther Perel* (blog), accessed May 17, 2022, https://www.estherperel.com/blog/eroticism- self- care- plan.

15 Robert H. Lustig, *The Hacking of the American Mind: The Science Behind the*

Corporate Takeover of Our Bodies and Brains (New York: Avery, 2017).

16   June Gruber, Aleksandr Kogan, Jordi Quoidbach, and Iris B. Mauss, "Happiness Is Best Kept Stable: Positive Emotion Variability Is Associated with Poorer Psychological Health, *Emotion* 13, no. 1 (February 2013): 1–6, https://doi.org/10.1037/a0030262.

17   Peter Koval, Barbara Ogrinz, Peter Kuppens, Omer Van den Bergh, Francis Tuerlinckx, and Stefan Sütterlin, "Affective Instability in Daily Life Is Predicted by Resting Heart Rate Variability," *PLoS One* 8, no. 11 (November 29, 2013): e81536, https:// doi.org/10.1371/journal.pone.0081536.

18   Anthony D. Ong and Andrew Steptoe, "Association of Positive Affect Instability with All-Cause Mortality in Older Adults in England," *JAMA Network Open* 3, no. 7 (July 1, 2020): e207725, https://doi.org/10.1001/jamanetwork open.2020.7725.

19   Lustig, *The Hacking of the American Mind*.

20   Kennon M. Sheldon and Sonja Lyubomirsky, "Revisiting the Sustainable Happiness Model and Pie Chart: Can Happiness Be Successfully Pursued?," *Journal of Positive Psychology* 16, no. 2 (2021): 145–54, https://doi.org/10.1080/17439760.2019.1689421.

21   S. Katherine Nelson, Kristin Layous, Steven W. Cole, and Sonja Lyubomirsky, "Do unto Others or Treat Yourself? The Effects of Prosocial and Self-Focused Behavior on Psychological Flourishing," *Emotion* 16, no. 6 (September 2016): 850– 61, https:// doi.org/10.1037/emo0000178.

22   S. Katherine Nelson-Coffey, Megan M. Fritz, Sonja Lyubomirsky, and Steve W. Cole, "Kindness in the Blood: A Randomized Controlled Trial of the Gene Regulatory Impact of Prosocial Behavior," *Psychoneuroendocrinology* 81 (July 2017): 8–13, https:// doi.org/10.1016/j.psyneuen.2017.03.025.

23   Kuan-Hua Chen, Casey L. Brown, Jenna L. Wells, Emily S. Rothwell, Marcela C. Otero, Robert W. Levenson, and Barbara L Fredrickson, "Physiological Linkage during Shared Positive and Shared Negative Emotion," *Journal of Personality and Social Psychology* 121, no. 5 (November 2021): 10.1037/pspi0000337, https:// doi.org/10.1037/pspi0000337; Jenna Wells, Claudia Haase, Emily Rothwell, Kendyl Naugle, Marcela Otero, Casey Brown, Jocelyn Lai et al., "Positivity Resonance in Long-Term Married Couples: Multimodal Characteristics and Consequences for Health and Longevity," *Journal of Personality and Social Psychology* (January 31, 2022), https://doi.org/10.1037/pspi0000385.

24   Jaime Vila, "Social Support and Longevity: Meta-Analysis-Based Evidence and Psychobiological Mechanisms," *Frontiers in Psychology* 12 (September 13, 2021), https://doi.org/10.3389/fpsyg.2021.717164.; and Ted Robles, Richard Slatcher, Joseph Trombello, and Mehgan McGinn, "Marital Quality and Health: A Meta-analytic Review," *Psychological Bulletin* 140, no 1 (January 2014): 140– 87. https://10.1037/a0031859.

25 Nicholas A. Coles, Jeff T. Larsen, and Heather C. Lench, "A Meta-analysis of the Facial Feedback Literature: Effects of Facial Feedback on Emotional Experience Are Small and Variable," *Psychological Bulletin* 145, no. 6 (June 2019): 610– 55, https://doi.org/10.1037/bul0000194; Nicholas A. Coles, David Scott March, Fernando Marmolejo-Ramos, Jeff T. Larsen, Nwadiogo C. Chisom Arinze, Izuchukwu L. G. Ndukaihe, Megan L. Willis et al., "A Multi-lab Test of the Facial Feedback Hypothesis by the Many Smiles Collaboration," *PsyArXiv Preprints* (February 4, 2019): 1– 54, https://doi.org/10.31234/osf.io/cvpuw.

26 Pennie Eddy, Eleanor H. Wertheim, Matthew W. Hale, and Bradley J. Wright, "A Systematic Review and Meta-analysis of the Effort-Reward Imbalance Model of Workplace Stress and Hypothalamic-Pituitary-Adrenal Axis Measures of Stress," *Psychosomatic Medicine* 80, no. 1 (January 2018):103–13, https:// doi.org/10.1097/PSY.0000000000000505.

27 Martin Picard, Aric A. Prather, Eli Puterman, Kirstin Aschbacher, Yan Burelle, and Elissa S. Epel, "A Mitochondrial Health Index Sensitive to Mood and Caregiving Stress," *Biological Psychiatry* 84, no. 1 (July 1, 2018):9–17, https:// doi.org/10.1016/j.biopsych.2018.01.012.

28 Christina Armenta, Megan Fritz, Lisa Walsh, and Sonja Lyubomirsky, "Satisfied Yet Striving: Gratitude Fosters Life Satisfaction and Improvement Motivation in Youth," *Emotion* (September 10, 2020): https://doi.org/10.1037/emo0000896.

책을 마치며

1 Daniel J. Siegel, IntraConnected: *MWe (Me + We) as the Integration of Self, Identity, and Belonging* (IPNB) (New York: W. W. Norton & Company, 2022).

2 Shantideva, *The Way of the Bodhisattva* (Boston: Shambhala, 2006), chapter 8, verse 129.

3 "Embracing Hope, Courage, and Compassion in Times of Crisis," His Holiness the 14th Dalai Lama of Tibet, December 8, 2021, https://www.dalailama.com/news/2021/embracing-hope-courage-and-compassion-in-times-of-crisis

4 Pádraig Ó Tuama, Daily Prayer with the Corrymeela Community (Norwich, UK: Canterbury Press, 2017).

5 Karen O'Brien, *You Matter More Than You Think: Quantum Social Change for a Thriving World* (Oslo, Norway: cChange Press, 2021).

7일 만에 끝내는

스트레스
처방전

초판 1쇄 인쇄   2023년 11월 8일
초판 1쇄 발행   2023년 11월 15일

지은이   엘리사 에펠
옮긴이   이미숙

펴낸이   한선화
책임편집   이미아
디자인   onmypaper
홍보   김혜진
마케팅   김수진

펴낸곳   앤의서재
출판등록   제2022-000055호
주소   서울 서대문구 연희로 11가길 39, 4층
전화   070-8670-0900
팩스   02-6280-0895
이메일   annesstudyroom@naver.com
인스타그램   @annes.library

ISBN   979-11-90710-68-8 03180